Klaus Hurrelmann
Erik Albrecht

GENERATION
GRETA

Prof. Dr. Klaus Hurrelmann ist der bekannteste Kindheits- und Jugendforscher in Deutschland. Er ist Professor of Public Health and Education an der Hertie School of Governance in Berlin, Buchautor und Herausgeber zahlreicher Jugendstudien, u.a. der Shell Jugendstudie. Gemeinsam mit Erik Albrecht Autor des Buches *Die heimlichen Revolutionäre* über die Generation Y (Beltz 2014).

Erik Albrecht arbeitet als freier Journalist und Berater in der Medienentwicklungshilfe. Er hat bereits aus Russland, der Ukraine und Großbritannien für den öffentlich-rechtlichen Rundfunk berichtet. Zudem beschäftigt er sich mit den Auswirkungen der Digitalisierung auf den Journalismus und Fragen der Medienkompetenz für Jugendliche.

Klaus Hurrelmann
Erik Albrecht

GENERATION GRETA

Was sie denkt, wie sie fühlt und
warum das Klima erst der Anfang ist

Dieses Buch ist erhältlich als:
ISBN 978-3-407-86623-3 Print
ISBN 978-3-407-86628-8 E-Book (EPUB)

1. Auflage 2020

© 2020 im Beltz Verlag
in der Verlagsgruppe Beltz · Weinheim Basel
Werderstraße 10, 69469 Weinheim
Alle Rechte vorbehalten

Lektorat: Katharina Theml, Wiesbaden
Umschlaggestaltung: Vietmeier Design, München

Herstellung: Sonja Frank
Satz: Publikations Atelier, Dreieich
Druck und Bindung: Beltz Grafische Betriebe GmbH, Bad Langensalza
Printed in Germany

Weitere Informationen zu unseren Autor_innen und Titeln
finden Sie unter: www.beltz.de

INHALT

VORWORT

»Wir sind jung, wir sind laut, weil ihr uns die Zukunft klaut!«
Seit Ende 2018 schallt dieser Spruch Freitag für Freitag durch
Deutschlands Straßen. Wer derzeit durch die Republik fährt und
mit Jugendlichen spricht, hört überall ähnliche Aussagen: »Mir
ist der Klimawandel wichtig«, sagt die 15-jährige Madeleine*,
die an einer Berliner Oberschule das Abitur anstrebt. »Ich habe
Angst, was in 100 Jahren sein wird«, fügt Friedrich hinzu, der
mit zwölf Jahren gerade erst auf die Oberschule gekommen ist
und die Mittlere Reife machen will. »Ich finde es wichtig, dass
wir jüngere Generation aufstehen und sagen: ›Halt, stopp, so
könnt ihr nicht weitermachen‹«, sagt Markus aus Frankfurt an
der Oder. »Wir wollen auch noch was von der Erde haben.«

Jugendforschung ist Zukunftsforschung. Lange bevor Entwicklungen die gesamte Gesellschaft erfassen, sind sie schon aus
Jugendstudien herauszulesen. Wer sein Leben noch vor sich hat,
ist für das, was kommt, sensibler als Ältere. Wer weder Besitz

---

* Aus Gründen des Persönlichkeitsschutzes haben wir die Namen von jugendlichen Interviewpartnern geändert.

noch Privilegien zu verteidigen hat, ist freier darin, kreative Lösungen zu finden.

Nach Jahren einer Großen Koalition, die viele Zukunftsthemen liegen ließ, lautet die gute Nachricht: Junge Menschen interessieren sich wieder verstärkt für Politik. Sich zu engagieren gilt sogar wieder als cool. Die weniger gute Nachricht lautet allerdings: So, wie Jugendliche die deutsche Politik heute wahrnehmen, gefällt sie ihnen immer weniger. Das hängt auch mit der Klimapolitik zusammen. Angela Merkel war zu Beginn ihrer vier Amtszeiten einmal als Klimakanzlerin angetreten. Am Ende ihrer langen Regierungszeit hat sie ihre selbst gesteckten Klimaziele kleinlaut wieder einkassiert.

Das macht junge Menschen misstrauisch. Sie verlieren das Vertrauen in die regierenden Politikerinnen und Politiker und ihre Parteien. Die Generation Z, wie die nach dem Jahr 2000 Geborenen oft bezeichnet werden, weil sie auf die Generation Y folgen, hat das Gefühl, die Sache selbst in die Hand nehmen zu müssen. In Zeiten von Klimawandel und Digitalisierung spürt sie: Politik müsste heute die Weichen für die Zukunft stellen. Stattdessen verliert sie sich im Klein-Klein des täglichen Regierens und fährt auf Sicht.

Die junge Generation will einen Aufschub wichtiger Entscheidungen nicht länger hinnehmen. »Wenn man heute von der ›Zukunft‹ spricht, denkt niemand weiter als bis 2050«, schreibt die schwedische Schülerin Greta Thunberg, geboren am 3. Januar 2003, die zur Initiatorin der weltweiten Klimabewegung Fridays for Future (FFF) wurde. Dann fügt sie hinzu: »Zu der Zeit werde ich im besten Fall noch nicht mal mein halbes Leben gelebt haben.«[1]

Es ist dieser Unterschied in der Lebensperspektive, der die Jugend schon immer zum Seismografen für zukünftige Entwicklungen gemacht hat. Doch noch nie zuvor in der Geschichte sind so junge Menschen so massiv auf die Straße gegangen, um ihren Anliegen Nachdruck zu verleihen. Noch nie zuvor hatten junge Menschen in solch einem Maß das Gefühl, keine Zeit mehr verlieren zu dürfen. Denn vielen von ihnen wird angst und bange, wenn sie derzeit in die Zukunft blicken.

Während die Parteien und ihre im Schnitt deutlich älteren Wählerinnen* in den starren Abläufen des politischen Betriebs gefangen scheinen, sind es die ganz Jungen, die die Zeichen der Zeit erkannt haben.

Die Kompromisslosigkeit, mit der sie ihre Forderungen vortragen, zeigt einen grundlegenden Wandel in den Generationen. Auf die beiden politisch sehr zurückhaltenden Generationen X und Y, deren Angehörige heute zwischen 20 und 35 beziehungsweise zwischen 35 und 50 Jahre alt sind, folgt jetzt eine junge Generation Z, die sich laut zu Wort meldet. Wir nennen sie »Generation Greta«, weil die junge Schwedin Greta Thunberg diese Generation mit ihrem Klimaprotest schon jetzt geprägt hat.

Als die deutsche Politik Anfang 2019 den Schulstreik der FFF-Bewegung kontrovers diskutierte, erklärte FDP-Chef Christian Lindner den protestierenden Schülern altväterlich, sie sollten die Rettung unseres Planeten doch lieber den Profis überlassen. Doch wer die Generation Greta ernst nimmt, kommt nicht umhin, zu denken: »Hätten wir doch (früher) auf sie gehört.«

Dieses Buch will das nachholen – mit einem Porträt der Generation Greta: Was sie denkt, wie sie fühlt und warum das Klima erst der Anfang ist.

---

* Wir verwenden männliche und weibliche Formen im Wechsel, wenn das Geschlecht unbekannt ist.

Kapitel 1

WARUM DAS KLIMA DER ANFANG IST

Freitage für die Zukunft

»Kein Leben auf dem Saturn« steht auf einem Plakat, das Camilla in der Dortmunder Innenstadt hochhält. Darunter: »Jetzt die Erde retten.« Die Aktivistin Anfang 20 steht vor der Filiale des gleichnamigen Elektronikmarkts. Etwa zwei Dutzend Klimaaktivisten haben sich für die Aktion notdürftig verkleidet. Ein wenig Glitzer-Make-up auf den Wangen, über der Stirn leuchtet die Goldfolie einer zerschnittenen Wärmedecke aus einem Erste-Hilfe-Kasten – das muss reichen, um als Außerirdische von unserem Nachbarplaneten erkannt zu werden.

Während Camilla wie angemeldet die Mahnwache vor dem Kaufhaus besetzt hält, geht der Rest der Gruppe shoppen. Das Ein-Mann-Sicherheitsteam des Marktes hat dem Ansturm der außerirdischen Aktivisten wenig entgegenzusetzen. Auf der Rolltreppe gleiten sie mit spacigen Bewegungen langsam in die oberen Etagen. Bald schon tanzen sie zwischen Kaffeemaschinen und Hi-Fi-Anlagen durch die engen Gänge, rufen Käufer und Mitarbeiter zum Klimastreik auf. Am Ende leuchtet der Appell von zahlreichen Computerbildschirmen. In der Drogeriemarktfiliale nebenan bekommen Camillas Mitstreiter bei einer ähnlichen Aktion Hausverbot.

Seit Ende 2018 demonstrieren Schülerinnen und Schüler freitags während des Unterrichts für das Klima. Die ersten Schülerinnen verabredeten sich am 7. Dezember 2018 in Bad Segeberg zum politischen Schuleschwänzen. In Berlin versammelten sich eine Woche später etwa 300 Schüler vor dem Bundestag. »Sie kamen alle, ohne zu wissen, worauf das hinauslaufen sollte«, erinnert sich die Mitinitiatorin Luisa Neubauer. »Auf einen Erfolg oder einfach nur eine verschwendete Fehlstunde und den entsprechenden Stress mit Eltern und Lehrer*innen.«[1] Von Januar 2019 an griff die Bewegung auf ganz Deutschland über. Schnell bildeten sich Dutzende Ortsgruppen, oft mithilfe der Schülervertretungen organisiert. Schon Ende Januar 2019 kamen in Berlin 5000 Schülerinnen zur Freitagsdemo. Sie schlossen sich zur Bewegung »Fridays for Future Deutschland« (FFFD) zusammen. Am 1. März 2019 nahm Greta Thunberg in Hamburg erstmals an einer deutschen Demonstration teil. Inzwischen ist FFFD mit etwa 600 Ortsgruppen eine der größten sozialen Bewegungen in Deutschland.

Fridays for Future (FFF) hat seitdem in fast allen europäischen Ländern Fuß gefasst und auf andere Kontinente ausgestrahlt. Im Frühjahr 2019 konnte die Bewegung bereits weltweit über 1,6 Millionen Menschen auf die Straße bringen – in der Mehrzahl Schülerinnen und Schüler. Greta Thunberg sprach vor dem EU-Parlament, dem Weltwirtschaftsforum und den Vereinten Nationen. »Keine Jugendbewegung hat jemals so viel globale Aufmerksamkeit bekommen«, schreibt der schwedische Soziologe Mattias Wahlström, der mit einem internationalen Team von Protestforschern die Bewegung untersucht.[2] Das wurde bei der Klimakonferenz in Madrid im Dezember 2019 deutlich. Wieder war FFF in allen Messehallen präsent, wieder trat Greta Thunberg auf, die Delegierten der 197 Vertragsländer kamen an ihnen und ihren Argumenten gar nicht vorbei. Junge Leute aus allen Kontinenten waren angereist und kämpften mit ihrem Slogan »What do we want? Climate Justice!« lautstark für schnelle internationale Vereinbarungen.

In Deutschland folgte dem Staunen über die neue Jugendbewegung eine öffentliche Debatte um die Frage: »Müssen die nicht in der Schule sein?« Doch die Schülerinnen hatten ihre Protestform bewusst gewählt. 90 Prozent von ihnen waren überzeugt, ihre Regierung brauche einen Weckruf, um endlich in Sachen Klima aktiv zu werden.[3] Der Schulstreik schien ihnen da deutlich effektiver, als am Wochenende zu demonstrieren. Schließlich geht es um ihre Zukunft.

Durch den Schulstreik als gezielten Akt des zivilen Ungehorsams erfuhren ihre Demonstrationen eine gewaltige öffentliche Aufmerksamkeit. Zunächst bei ihren eigenen Eltern, die letztlich die Entschuldigungen für die Schule schreiben mussten, dann bei den Lehrerkollegien, den Schulbehörden und nicht zuletzt den Medien. »Schulschwänzen« wurde so zum provokativen Mittel zum Zweck. Und der Zweck, Druck auf die Klimapolitik der Regierung auszuüben, rückte immer mehr in den Mittelpunkt der öffentlichen Diskussion.

Seit der Anti-Atomkraft-Bewegung der 1970er-Jahre streitet Deutschland über seine Energiepolitik. Sah es nach dem Ausstieg aus der Kernenergie eine Zeit lang so aus, als könne das Land per Energiewende zum weltweiten Vorreiter in der Nutzung erneuerbarer Energie werden, hat sich mittlerweile Ernüchterung breitgemacht. Der Ausbau der Windenergie etwa ist zuletzt kaum noch vorangekommen.

Fridays for Future reiht sich damit in eine lange Reihe sozialer Bewegungen ein, die für eine klimaneutrale Energiepolitik kämpfen, und baut auf ihnen auf. Seit 2015 protestiert »Ende Gelände« gegen die Braunkohleförderung in der Lausitz und im rheinischen Revier. 2018 machten die Proteste für den Hambacher Forst Schlagzeilen. Der Urwald zwischen Köln und Aachen sollte dem Tagebau Garzweiler II weichen – der Forst würde unwiederbringlich zerstört für eine Technologie, die zu den klimaschädlichsten überhaupt gehört. Zehntausende Menschen demonstrierten dagegen und konnten nach mehreren Wochen einen Aufschub der Rodung erreichen.

Und doch hat es erst Fridays for Future vermocht, den Klimawandel ganz oben auf die politische Agenda zu bringen. Die Bewegung setzte mit Großdemonstrationen, die weit über die Schülerschaft hinausgingen, die Regierung unter Zugzwang. Ihr war es von Anfang an gelungen, über die eigenen Eltern die älteren Generationen von der Relevanz ihrer Ziele und der Ernsthaftigkeit ihrer Absichten zu überzeugen. Der Wahlerfolg der Grünen bei der Europawahl 2019 zeigte: Mit Klima- und Umweltpolitik lassen sich Wahlen gewinnen. Plötzlich war nur allzu klar, wie blank Union und SPD bei dem Zukunftsthema waren.

Entsprechend groß war die öffentliche Aufmerksamkeit am 20. September 2019. Die Klimaschützer von FFF – unter diesem Kürzel war die Bewegung Fridays for Future inzwischen ein Begriff – hatte zum weltweiten Aktionstag aufgerufen. Allein in Berlin zogen über 100 000 Menschen aus allen Generationen vom Brandenburger Tor bis zum Alexanderplatz. Bundesweit schätzte FFF die Zahl der Demonstranten auf 1,4 Millionen. Während sich vor dem Brandenburger Tor die Menschen zur größten Klimademo versammelten, die Berlin seit Langem gesehen hatte, ging das Klimakabinett der Bundesregierung gerade duschen. Fast 19 Stunden, die ganze Nacht hindurch, hatten die Spitzen der Koalition um ihr »Klimapaket« gerungen. Was dabei herauskam, war alles andere als »der große Wurf«, den SPD-Finanzminister Olaf Scholz zuvor versprochen hatte. Selbst Wirtschaftsverbände kritisierten die Maßnahmen als zu zaghaft – gemeinsam mit Wissenschaftlern, Umweltverbänden und der Opposition. Wahrscheinlich hatten auch bei Fridays for Future nur wenige damit gerechnet, dass die Große Koalition ihre Forderungen voll und ganz erfüllen würde. Doch dass das Klimapaket nur so ein kleines Päckchen werden würde, war für viele bitter.

Seitdem ist es wahrscheinlicher geworden, dass Deutschland auch die von der Regierung selbst gesteckten Klimaziele für 2030 verfehlt. Trotzdem: Politisch führt an dem Thema seit dem 20. September 2019 kein Weg mehr vorbei. Das ist schon jetzt mehr, als viele andere Bewegungen erreicht haben.

Plötzlich politisch?

Wenn die Pausenglocke durch die gründerzeitlichen Flure der Sophie-Scholl-Oberschule hallt, fliegen die Türen zu den Klassenräumen auf. Die gewölbten Decken der Korridore werfen die Stimmen von gut 1000 Schülerinnen wider. Vom Siebtklässler bis zur Abiturientin im 13. Jahrgang ist alles vertreten. Die Treppenhäuser des Gründerzeitbaus in Berlin-Schöneberg schleusen die Massen zu den Unterrichtsräumen für die nächste Stunde. Schulalltag in der »Integrierten Sekundarschule« – freitags nicht weniger als an anderen Wochentagen.

Nur sehr wenige Schüler gehen hier regelmäßig zu den Fridays-for-Future-Protesten in den Berliner Invalidenpark. »Ich würde da gerne öfter hingehen«, sagt Adrian aus der achten Klasse über die Schülerproteste. »Aber oft passt das nicht. Letztes Mal hatten wir gerade eine Klassenarbeit.«

Und doch sind die Themen Umweltschutz und Klimawandel auf den Gängen der Schule allgegenwärtig. Während die dicken Mauern des Altbaus nur langsam die Wärme des mitteleuropäischen Sommers mit seinen Temperaturrekorden abstrahlen, brennt in Brasilien der Amazonas. Sie fände die Haltung des brasilianischen Präsidenten Bolsonaro furchtbar, sagt Samira aus der gleichen Klasse. »Der hat halt nicht verstanden, was da passiert.« Und Adrian fügt hinzu: »Was ich blödsinnig finde, ist, dass der sogar abgelehnt hat, dass sie Hilfe zum Löschen bekommen.«

Adrians Mutter kauft seit Fridays for Future keine Lebensmittel in Plastikverpackungen mehr, um umweltbewusster zu leben. Das hat Adrian durchgesetzt. Doch er weiß auch, dass es nicht reicht. »Das war es eigentlich schon«, räumt er ein. »Man selber kann als Person ja gar nicht viel machen«, erklärt Adrian und fordert: »Die Politik muss sich ändern.«

Es ist eine der Grundforderungen der Jugend, die auf die Straße geht. Sie weiß: Individueller Verzicht wird das Klima nicht retten. Deshalb verlangt sie mehr Regulierung durch die Politik. Ob Industrie und Verkehr, Konsum und Landwirtschaft, Gebäudesanierung und Flugreisen – die Klimawende muss fast alle Bereiche unseres Lebens erfassen, wollen wir die Klimakrise noch stoppen oder zumindest ihre Folgen abmildern.

Seit einigen Jahren wird die Jugend wieder politischer. Gab um die Jahrtausendwende gerade einmal jeder dritte Jugendliche an, sich für Politik zu interessieren, ist es heute mit 45 Prozent knapp jeder Zweite. Damit hat das politische Interesse zwar noch nicht wieder die Höhe von 1991 erreicht – damals zu Zeiten der Wiedervereinigung interessierten sich 57 Prozent der jungen Leute für Politik –, dafür ist heute der Anteil der »sehr« Interessierten besonders hoch.[4] Und damit nicht genug: In der jungen Generation der 12- bis 25-Jährigen ist Politik wieder hip geworden. 35 Prozent sagen, es sei »in«, sich auch aktiv einzumischen.[5]

So überraschend der politische Aktivismus der Jugend für die breite Öffentlichkeit kam, so langfristig hat er sich angekündigt. Schon die World Vision Kinderstudien in den Jahren 2007 und 2010 zeigten für Grundschulkinder ein hohes Selbstbewusstsein und ein großes Interesse, an der Gestaltung ihres Alltags in Familie und Schule mitzuwirken. Auch fielen die Sorgen und Ängste der befragten Sechs- bis Elfjährigen vor Terror und Krieg, wachsender Armut, aber besonders auch vor zunehmender Umweltverschmutzung auf.[6]

Die junge Generation spürt, dass Deutschland vor wichtigen Zukunftsfragen steht, und sie will nicht länger untätig zuschauen. Klar, Klimaschutz oder eine ökologische Landwirtschaft waren auch den jungen Menschen der Generation Y, den heute 20 bis 35 Jahre alten »Millennials«, wichtig. Doch niemals wären sie dafür massenhaft auf die Straße gegangen. »Das bringt doch eh nichts«, hätte wohl manch ein Millennial zwischen Masterstudium, Praktikum und erstem Job mit Zeitvertrag ein wenig verschämt abgewunken. Sie waren unter dem Eindruck des Beinahe-Zusammenbruchs des Weltfinanzsystems 2007 und der dadurch ausgelösten Wirtschaftskrise sowie der historisch hohen Arbeitslosigkeit zu Beginn der 2000er-Jahre damit beschäftigt, ihre eigene Schullaufbahn zu optimieren, um in Ausbildung und Beruf zu kommen. So wurden sie zu »Egotaktikern«, die sich gezwungen sahen, ihre eigenen Bedürfnisse in den Vordergrund zu stellen. Viele hatten nicht das Gefühl, grundsätzlich etwas verändern zu können. Stattdessen kämpften sie in den Jahren vor Fridays for Future still und leise, fast »heimlich«, an ihrer Schule oder in ihrem Betrieb dafür, persönlich so leben und arbeiten zu können, wie sie wollten. Privat kauften sie Bio-Produkte oder teilten eine Petition auf Facebook. In der Zeit ihres Erwachsenwerdens ist das Radfahren deutlich populärer geworden. Sie riefen zum stillen Boykott von umweltschädlich produzierter Kleidung auf. Doch vieles davon verbuchten sie eher als bewusste private Konsumentscheidung denn als politischen Akt.[7]

Die Generation der Post-Millennials, den nach der Jahrtausendwende Geborenen, ist da anders. Sie sieht sich vom Klimawandel existenziell bedroht und versucht, die politisch Verantwortlichen unter Handlungsdruck zu setzen. Individueller Verzicht ist ihr nicht genug. Sie erwartet Regulierung durch die Politik. Ihr gesellschaftliches Engagement ist alles andere als heimlich, es ist im Gegenteil explizit und klar.

Die Millennials waren Egotaktiker, sie sind Ökotaktiker. Die Millennials waren leise, sie sind laut. Ihre Forderungen hallen seit Monaten Freitag um Freitag von den Plätzen der Republik. Ihr Vertrauen in die Regierung ist dabei denkbar gering. Keine drei Prozent derer, die auf die FFF-Demos gehen, wollen sich darauf verlassen, dass die Regierung den Klimawandel von alleine ernsthaft angeht.[8] Sie kritisieren die politisch Machthabenden scharf, aber sie glauben an die Demokratie. Die Zustimmung zur Demokratie ist in der jungen Generation auf ein Allzeithoch von 77 Prozent gestiegen.[9] Sie wollen die radikale politische Wende innerhalb des existierenden politischen Systems.

Eine politische Bewegung von dieser Kraft hat es zuletzt in den 1960er- und 1970er-Jahren gegeben. Damals speiste sich das

Engagement aus einer Unzufriedenheit mit den politischen Prozessen.

Die Ökotaktiker von heute würdigen Deutschland als eine friedliche, wohlhabende und sozial gerechte Gesellschaft und bewerten die Entwicklung des Landes durch und durch positiv, wie die letzte Shell Jugendstudie zeigt.[10] Deshalb glauben sie auch daran, die Politik mit Mitteln des Protests zu einer nachhaltigen Umweltpolitik bewegen zu können. Dafür schmieden sie Allianzen mit anderen gesellschaftlichen Gruppen und Bewegungen.

Sorgen um Umwelt und Klima

Die Shell Jugendstudie macht deutlich, wie wichtig Umweltverschmutzung und Klimawandel in der Wahrnehmung der jungen Generation geworden sind. Unter den Themen, »die einem Angst bereiten«, haben sie sich immer weiter nach vorne geschoben. 2002 stuften 62 Prozent der Befragten Umweltverschmutzung als besonders Angst machend ein, 2019 waren es schon 71 Prozent. Der Klimawandel beunruhigt 65 Prozent, ebenfalls mit steigender Tendenz. Andere Themen sind dagegen in den Hintergrund getreten. Die Gefahr von Terroranschlägen macht noch 66 Prozent der jungen Leute Angst (2002: 71 Prozent). Auch die wirtschaftliche Lage und steigende Armut (noch 52 statt 66 Prozent) und ein Krieg in Europa (noch 46 statt 59 Prozent) verlieren an Bedeutung.[11]

Umweltverschmutzung und Klimakrise trüben den Blick der jungen Generation in die Zukunft. Über zehn Jahre schaute sie von Jugendstudie zu Jugendstudie immer optimistischer auf ihr Leben. Nun ist der Trend gebrochen. 2019 glauben zwar immer noch 58 Prozent der 12- bis 25-Jährigen an ihre Zukunft, doch das sind drei Prozent weniger als vier Jahre zuvor. Vor allem die Bildungsstarken aus oft gut situierten Elternhäusern sind skeptischer geworden.[12] Sie kennen die Szenarien der wissenschaftlichen Klimaforschung und beobachten irritiert, wie fahrlässig die Politik sie ignoriert. Mit einer Lebenserwartung von 90 Jahren und mehr werden sie die Folgen der Erderwärmung mit Sicherheit selbst erleben.

Aus dieser Sorge erwächst ihre politische Aktivität. Nach ihrer Einschätzung müssen heute die Weichen für die Zukunft gestellt werden, ohne Verzug und sofort. Sie verzweifeln daran, dass die Regierungen zaghaft und unschlüssig sind.

Dabei brauchte es für viele, die bei Fridays for Future aktiv sind, nicht erst eine Greta Thunberg, um sich zu politisieren. Bei den Protesten der Bewegung gibt Studien zufolge etwa jeder zweite Schüler an, die schwedische Klima-Aktivistin habe sein Interesse für Klimafragen gesteigert.[13]

Luzia ist im Organisationskomitee von FFF in Aschaffenburg aktiv. »Ich war schon länger politisch engagiert und war auch auf Demos«, erzählt sie über die Zeit vor Fridays for Future, während sie sich auf dem Sommerkongress der Bewegung an einer der großen Wasserstationen ihre Flaschen nachfüllt. »Ich habe dann aber irgendwann gemerkt: Das interessiert hier gerade alle. Alle wollen auf die Straße gehen. Jetzt können wir richtig was bewegen.« 1200 Schülerinnen und Schüler kamen bei der ersten Fridays-for-Future-Demo in ihrer Heimatstadt. »Damit hatte niemand gerechnet.«

Auch Luzia träumt davon, dass Deutschland als reiches Land Klimapolitik sozialverträglich umsetzt. »Wir sind alle wütend und haben Angst vor dem Klimawandel«, sagt die 16-Jährige. Im

Gespräch mit ihr ist zu spüren, wie leicht die Zufriedenheit mit dem demokratischen System umschlagen kann: »Wenn wir weiter ignoriert werden, könnte ich mir vorstellen, dass wir auch mehr zivilen Ungehorsam machen und radikaler werden.«

»Wir rebellieren nicht gegen unsere Eltern«, schreiben Luisa Neubauer, eine der Führungsfiguren von FFF in Deutschland, und ihr Co-Autor Alexander Repenning in ihrem Buch *Vom Ende der Klimakrise*. »Wir haben heute eher das Gefühl, unsere Eltern, die im Zuge ihrer Rebellion allzu verantwortungslos geworden sind, erziehen zu müssen. Wir sollten ihnen erklären, dass ihr und unser Lebensstil nicht mehr bezahlbar sind, es eigentlich nie war.« Die Hoffnung, ihren Kindern werde es besser gehen als ihnen selbst, werde ohne einen radikalen Wandel zerplatzen. »Sie müssen sehen, dass sie uns ins offene Messer laufen lassen, wenn sie jetzt nicht aufwachen.«[14]

Es ist fast eine verkehrte Welt, in der die Jungen die Argumente der Vernunft auf ihrer Seite haben und die Alten zur Ordnung rufen, die sich wie ein trotziges Kind aufführen, dem FFF sein spritfressendes SUV und die Pauschalreise nach Fernost abnehmen will.

»Wie kann es sein, dass wir wissenschaftliche Gewissheit darüber haben, dass wir seit Jahrzehnten auf die größte Katastrophe der Menschheitsgeschichte zusteuern, aber, statt einzulenken, das Tempo sogar noch erhöhen?«, fragen Neubauer und Repenning.[15]

Die Bewegung Fridays for Future fordert konkret, dass die Ziele der Pariser Weltklimakonvention eingehalten werden, um die Erderwärmung auf 1,5 Grad zu begrenzen. Dafür braucht es ihrer Ansicht nach ein Ende der Subventionen für fossile Energieträger, das sofortige Aus für ein Viertel der Kohlekraftwerke, den völligen Ausstieg aus der Kohleverstromung bis 2030 und eine 100-prozentige Umstellung auf erneuerbare Energien bis zum Jahr 2035. Auf alle Treibhausgasemissionen soll eine Steuer erhoben werden, langfristig in Höhe von 180 Euro pro Tonne. Die Bewegung fordert die Regierungen auf kommunaler, Landes- und Bundesebene auf, schnellstens zu handeln und grundlegende Veränderungen vorzunehmen. Das solle vor allem in den Bereichen Energieerzeugung, Wohnen und Bauen, Industrie, Transport und Verkehr und Landwirtschaft geschehen.

Zur eigenen Rolle als junge Generation heißt es: »Es darf nicht die alleinige Aufgabe der Jugend sein, Verantwortung für die Priorisierung des Klimaschutzes zu übernehmen. Da die Politik diese kaum wahrnimmt, sehen wir uns gezwungen, weiter zu streiken, bis gehandelt wird.«[16]

Erst der Anfang

Die junge Generation wird in einer Zeit erwachsen, in der der Publizist Sascha Lobo den westlichen Gesellschaften einen »Realitätsschock« attestiert. »Eine neue, hyperkomplexe Wirklichkeit ist eingebrochen in die zuvor einigermaßen fassbare Welt«, schreibt Lobo in seinem gleichnamigen Buch. Zwar sei auch zum Ende des 20. Jahrhunderts nicht alles unkompliziert gewesen. »Aber Digitalisierung und Globalisierung haben vorher Unverbundenes vernetzt, vorher Übersehenes sichtbar gemacht und uns die Hoffnung geraubt, Politik, Wirtschaft und Eliten hätten eine gewisse Kontrolle über den Lauf der Dinge.«[17] Es gebe nur noch wenige Großprobleme, die keinen globalen und digitalen Hintergrund hätten.

Eben diese globale Dimension ist es, die Lösungen so aussichtslos erscheinen lassen. Die Reaktion darauf ist häufig Resignation. Das gilt für den Klimaschutz, bei dem mit den USA der größte Verursacher von CO_2-Emissionen die Ergebnisse von Jahrzehnten der Klimaforschung infrage stellt. Das gilt aber ebenso für die Regulierung des Internets, Migrationsfragen, fairen Handel zwischen Nord und Süd oder den Übergang zu einer ökologischen Landwirtschaft.

Der Klimaprotest ist weder ein auf Deutschland beschränktes Phänomen, noch ist das Klima das einzige Thema, bei dem die Jugend Probleme angeht, die die älteren Generationen längst als unlösbar abgehakt haben. In einer Welt, die mit gewaltigen Herausforderungen kämpft, gehen die Impulse für Veränderung immer häufiger von der jungen Generation aus. Sie besitzen den Optimismus, trotzdem noch für eine bessere Welt zu kämpfen. Nicht nur in Deutschland.

»Puschkin ist unser Ein und Alles«, preist ein russisches Sprichwort den Nationaldichter des Landes. »Putin ist unser Für-Immer«, setzte schon vor Jahren die Pointe eines politischen Witzes den Gedankengang fort. Die Botschaft scheint 20 Jahre nach Amtsantritt des Kremlchefs wahrer denn je. Vor der Präsidentschaftswahl 2018 schien Putins Wiederwahl ein abgekartetes Spiel. Kaum jemand glaubte, eine vierte Amtszeit Putins verhindern zu können, indem er sich auf den Straßen der russischen Hauptstadt den hochgerüsteten Spezialeinheiten der Polizei entgegenstellte. Die OMON wird bei der Bekämpfung von Terroristen eingesetzt – und bei Demonstrationen. Doch dann trat plötzlich eine Generation auf den Plan, die den Status quo nicht akzeptieren wollte, gerade weil er der einzige war, den sie kannte. Zehntausende von Schülerinnen und Studierenden demonstrierten plötzlich gegen das Regime. Auch hier war Protest noch nie so jung. Wo die älteren Generationen sich längst mit einem Leben unter Wladimir Putin abgefunden hatten, das ihnen zwar nicht unbedingt gefiel, aber dennoch unabänderlich schien, begehrten die Jungen auf.

In Parkland, Florida, eröffnet der 19-Jährige Nikolas Cruz am 14. Februar 2018 das Feuer auf Schüler in seiner ehemaligen Highschool. Er tötet 17 Menschen und verletzt 17 weitere, bevor er flieht. Eine Stunde später wird er festgenommen. Es war ein Amoklauf, wie ihn die Vereinigten Staaten viel zu oft erleben. In keinem Industrieland sterben so viele Menschen durch Schusswaffen. Doch die Waffenlobby NRA dominiert seit Jahren die öffentliche Debatte. Die Chance auf eine Verschärfung der Waffengesetze schien mit dem Amtsantritt von Präsident Trump endgültig vertan. Auch hier sind es Schüler, meist unter 20-Jährige, die trotz allem versuchen, die Macht der amerikanischen Waffenlobby zu brechen. Und wie bei Fridays for Future ist der Protest weiblich. Bei einer Demo für schärfere Waffengesetze rief die 19-jährige Emma Gonzáles den Mächtigen entgegen. »Die Menschen in der Regierung, die an die Macht gewählt worden sind, lügen uns an. (...) Und wir Kinder scheinen die Einzigen, die es merken und den Schwindel auffliegen lassen.«[18]

»Die größere Bedeutung der FFF-Bewegung liegt in ihrer Fähigkeit, so viele junge Leute zu mobilisieren, die – durch ihren Klima-Aktivismus – engagierte Bürger werden«, schreiben die Protestforscher um Mattias Wahlström. In jungen Jahren könne politische Partizipation so prägen, dass die Personen ihr gesamtes Leben über politisch engagiert blieben.[19]

In Deutschland dürfte das Klima zunächst das Kernthema der Generation Greta bleiben. Doch der Kampf gegen die Klimakrise legt schon durch seine innere Logik den Grundstein für mehr Aktivismus. Denn wer CO_2 einsparen will, muss zwangsläufig neue Visionen dafür entwickeln, wie wir wohnen, uns ernähren, reisen und selbst wie wir digital kommunizieren wollen. Damit kann die Generation Greta ihr Themenspektrum jederzeit ausweiten. So könnten eines Tages Themen wie die verschleppte Digitalisierung, die mangelhaften Investitionen in Bildung, die fehlende Absicherung des Rentensystems oder die hohe Schuldenlast des Staates hinzukommen. Das Klima wird erst der Anfang sein.

Jobchancen steigern Politisierung

Es ist vor allem der Wandel auf dem Arbeitsmarkt, der der jungen Generation den nötigen Freiraum zum politischen Engagement gibt. Im Vergleich zur Jahrtausendwende haben Jugendliche heute ihre Sorge verloren, einen Arbeitsplatz zu bekommen. Die deutsche Wirtschaft ist fast ein Jahrzehnt lang ununterbrochen gewachsen. Hinzu kommt der demografische Wandel. In den kommenden Jahren werden die geburtenstarken Babyboomer in Rente gehen. Die Lücke, die sie hinterlassen, ist riesig: Auf 1,4 Millionen Babyboomer pro Geburtsjahrgang kommen nicht einmal 750 000 Angehörige der heutigen jungen Generation.

Für lange Zeit werden also deutlich mehr Menschen in den Ruhestand gehen als junge nachkommen. Vielerorts suchen Betriebe schon heute händeringend nach Mitarbeitern – und nicht nur nach hoch qualifizierten Überfliegern: Bäcker fehlen ebenso wie Ärzte, Elektriker sind ähnlich rar wie Apotheker. Immer mehr Ausbildungsstellen bleiben unbesetzt. Die junge Generation blickt damit ohne berufliche Existenzsorgen in die Zukunft. So hat sie den Kopf frei für die großen gesellschaftlichen Fragen und kann politisch werden.

Protest nicht obwohl, sondern gerade weil es jungen Leuten gut geht – auf den ersten Blick scheint das überraschend. Doch auch in Deutschland ist das Phänomen nicht neu. Als das Land nach dem Zweiten Weltkrieg wiederaufgebaut wurde, blieben die jungen Menschen weitgehend unpolitisch – zu tief saß das Trauma der Nazi-Diktatur und des Zusammenbruchs, der folgte. In beiden deutschen Staaten waren sie in erster Linie damit beschäftigt, sich eine neue Existenz aufzubauen. Helmut Schelsky hat die Jahrgänge 1925 bis 1940 in der ersten Jugendstudie der Nachkriegszeit für die frühere Bundesrepublik befragt. Am Ende des Zweiten Weltkriegs ist Deutschland ideologisch bankrott, kriegszerstört und auch wirtschaftlich am Boden. Jugendliche, die kurz zuvor noch im Geist des Nationalsozialismus erzogen worden waren, erleben plötzlich den Zusammenbruch des Regimes und die Entnazifizierung. Schelsky nennt sie die »Skeptische Generation«. »Diese Generation ist in ihrem sozialen Bewusstsein und Selbstbewusstsein kritischer, skeptischer, misstrauischer, glaubens- oder wenigstens illusionsloser als alle Jugendgenerationen vorher«, schreibt er in seiner Analyse. »Sie meistert das Leben in der Banalität, in der es sich dem Menschen stellt, und ist darauf stolz.«[20] Die illusionslose Haltung schloss nicht aus, dass sich junge Leute zu einzelnen Fragen klar positionierten und zum Bespiel in großer Zahl gegen eine atomare Bewaffnung Deutschlands auf die Straße gingen.

Schelsky konnte mit seiner Studie zum ersten Mal anschaulich belegen, wie gemeinsam erlebte, als schicksalhaft empfundene Ereignisse zusammen mit historisch neuen politischen und kulturellen Lebenskonstellationen sehr ähnliche Persönlichkeitszüge, emotionale Einstellungen und Zukunftsperspektiven bei vielen Angehörigen der betroffenen Jahrgänge prägen.

Das gilt auch für die nachfolgende Generation, die zwischen 1940 und 1955 Geborenen, die sogenannten 1968er. Sie fand völlig veränderte Lebensbedingungen vor und wurde nicht nur punktuell, sondern dauerhaft politisch aktiv. In ihrer Jugendzeit hielt der Konsum in Deutschland Einzug. Der Westen erlebte sein Wirtschaftswunder. Die DDR machte sich an den Aufbau des Sozialismus. Im Wettstreit der Systeme richtete die Führung später auch dort die Produktion stärker auf den Konsum aus. Die junge Generation profitierte von der Aufbauleistung ihrer Vorgänger und fand sehr gute berufliche Entfaltungsmöglichkeiten vor. Wirtschaftliche Sorgen traten in den Hintergrund, die materielle Sicherheit war weitgehend wiederhergestellt. Genau diese Ausgangslage ermöglichte den jungen Leuten die Auseinandersetzung mit gesellschaftlichen Fragen. Die 68er-Studentenbewegung entstand – bis heute der Maßstab für politisches Engagement, an dem sich jede nachfolgende Generation messen lassen musste.

Diese historischen Beispiele zeigen: Ob eine junge Generation politisch aktiv wird und Gestaltungsmacht anstrebt, hängt eng mit den wirtschaftlichen und beruflichen Zukunftschancen zusammen, die sie vorfindet. Politisches Interesse und politisches Engagement entstehen bei jungen Menschen am ehesten dann, wenn sie Chancen für ihre persönliche und berufliche Zukunft sehen.

Wirtschaftliche Not und berufliche Zukunftsunsicherheit machen junge Menschen dagegen in der Regel nicht politisch, sondern führen dazu, sich auf die eigene Lebenssicherung zu konzentrieren. Nur selten gibt es politische Konstellationen von materieller Unsicherheit und politischem Aktivismus, die anders gelagert sind. Die Indignados, die im Spanien der Eurokrise gegen ihre Prekarisierung auf die Straße gingen, sind hierfür ein Beispiel. Sie taten dies explizit, weil ihrer Generation großflächig materielle Teilhabe in der Gesellschaft verwehrt wurde.

Junge Generationen in Deutschland sind meist aus gesellschaftlichen Motiven auf die Straße gegangen, nicht für materielle Forderungen. Die 68er kämpften für eine Öffnung der verkrusteten Gesellschaft, die neuen sozialen Bewegungen für die Rechte von Frauen, Schwulen oder Lesben.

Auch den Klimastreiks von Fridays for Future (FFF) liegen altruistische Motive zugrunde. Und doch trägt FFF etwas Neuartiges auf die Straße. Die 68er begehrten gegen ihre Eltern auf, um neue Freiheiten zu erkämpfen. Die heutige junge Generation will – wie Luisa Neubauer und Alexander Repenning es ausdrücken – ihre Eltern zu einem bewussten Lebensstil erziehen. Es geht ihr nicht darum, neue Freiheiten zu erschließen, sondern umweltschädigende Freiheiten einzuschränken. Konsum, Energieverbrauch, Verkehr – überall habe unsere Gesellschaft schon viel zu lang weit über ihre Verhältnisse gelebt, und deshalb gehe es jetzt um kluge Einschränkungen und nachhaltiges Handeln.

Eine soziale Bewegung

Fridays für Future fordert keine Privilegien für sich selbst. Die Bewegung will durch Restriktionen und Regulierung das Überleben der Menschheit sichern. Am ehesten ist sie noch mit früheren Umweltbewegungen wie etwa der Anti-Atomkraft-Bewegung vergleichbar. Auch sie forderte eine Abkehr von der westdeutschen Konsumgesellschaft.

Wie die 68er-Bewegung positioniert sich auch FFF eindeutig außerparlamentarisch. Viele ihrer Aktivistinnen und Aktivisten sind grün und links eingestellt, einige sogar Parteimitglieder. Trotzdem bleibt die Bewegung selbst auf Distanz zur offiziellen Politik. Selbst Umweltorganisationen und Aktionsbündnisse wie der BUND, Greenpeace und Campact unterstützen FFF zwar, halten sich aber im Hintergrund. Auch deshalb konnten die Klimaproteste so groß werden. Gleichzeitig kann sich FFF punktuell mit radikalen Bewegungen wie Ende Gelände oder Extinction Rebellion solidarisieren, ohne eine verbindliche Allianz einzugehen. Das alles gibt ihr einen großen Spielraum für spontanes Handeln.

Die Bewegung will etwas für das Gemeinwohl erreichen, das allen zugutekommt und allen offensteht. Auffällig ist ihre basisdemokratische Organisation. Bemerkenswert auch, dass an ihrer Spitze überdurchschnittlich viele Frauen stehen. Bei der letzten großen politischen Massenbewegung, den 68ern, führten Männer Regie. Redner wie Rudi Dutschke waren die Helden der Bewegung – auf den Demos und in den Universitäten.

Fridays for Future setzt auf völlig andere Formen des Protests. Die Bewegung fühlt sich eher vom Christopher Street Day als vom Straßenkampf inspiriert: bunte und stimmungsvolle Demonstrationen mit Party, die Lebensgefühl und Politik miteinander verbinden. Ihre Demonstrationen wirken wie ein Straßenfest mit Tanz und Musik. Politik soll Spaß machen, jeder darf mitmachen. Politik setzt sich aus Sicht der Bewegung für etwas ein, aber sie muss sich auch gut anfühlen. Jede Form von Gewalt ist verpönt.

Diese Form des Protestes ist für ihre Gegner schwer angreifbar. Wer hetzen will, wirkt gegen die gut gelaunte Menge der Demonstranten albern und isoliert. Die Proteste machen deutlich, dass Politik direkt mit dem Alltag verbunden ist – zum Beispiel dem Kaffee im Plastikbecher.

Politik auf Faktenbasis

Nach dem Ende der Aktion im Elektromarkt ziehen die Aktivisten geschlossen in Richtung Dortmunder Hauptbahnhof. Immer wieder fallen sie in Sprechchöre ein. Mal fordern sie Klimagerechtigkeit, dann wieder ein Verbot von Einweg-Kaffeebechern oder SUVs. Ratternd bringt die S2 die Aktivistinnen zurück in ihr Sommerlager.

Auf den Parkwiesen ziehen junge Menschen in kleinen Gruppen zwischen Küchenzelt, Awareness-Punkt und Tagungsräumen hin und her. Bunte Pfeile auf den Pfaden weisen ihnen den Weg. Vor dem Kioskzelt bildet sich gegen Mittag eine kleine Schlange, um Fair-Trade-Limonade und vegane Müsliriegel zu erstehen. Der hügelige Park wirkt wie ein Sommeridyll. Fridays for Future hält einen Moment inne, um dann umso entschlossener das Klima zu retten.

Am Nachmittag leert sich der Platz um das Küchenzelt langsam. Die Aktivisten treffen sich zu Workshops. Gemeinsam mit den anderen ziehen auch Catriona und Nora zur Wilhelm-Busch-Realschule und zum Reinoldus- und Schiller-Gymnasium, wo die zu Seminarräumen umfunktionierten Klassenräume »Scheuers Mautstation« oder »Seehofers Asyltourismusbüro« heißen. Es gibt den »Winterkorn Wintergarten«

und die »AKK Shooting Range«. Die beiden Mädchen kommen aus Dortmund. Es hätte genauso gut ihre Schule sein können.

Wohl kaum ein Journalist hat die Pointe ausgelassen, dass Fridays for Future zwar seit Jahresbeginn freitags den Unterricht schwänzen, dafür aber ausgerechnet in den Sommerferien auf ihrem Sommerkongress freiwillig die Schulbank drücken.

Doch den Aktivistinnen ist es ernst. Sie sind nach Dortmund gekommen, um zu lernen und den Klimawandel besser zu verstehen. In einer Zeit, in der gesellschaftliche Debatten immer erhitzter geführt werden, in der Fake News und »gefühlte Wahrheiten« verstärkt Konjunktur haben, setzen die klimabewegten Schülerinnen und Schüler auf Fakten – allein das ist ein Statement.

Und so geht es in den Workshops auch weniger um die Zukunft der Bewegung als um Themen wie »Digitalisierung der Energiewende – Schulnote Mangelhaft«, »Die Nachhaltigkeitskrise jenseits der Klimakrise« oder »System Change im Bildungssystem«. Und natürlich geht es auch um die Wurst, »den Klimakiller Fleisch«.

Neben Wissen rund um Fragen des Klimas und der Nachhaltigkeit vermitteln viele Workshops handfeste Fähigkeiten für die Arbeit als Aktivist: »Wie du eine Rede hältst« oder »Kreative politische Aktionen«. Insgesamt füllt der Stundenplan des Sommerkongresses zwei große eng beschriebene Tafeln.

Catriona und Nora stehen ein wenig unentschlossen vor einer der Tafeln am Eingang des Reinoldus- und Schiller-Gymnasiums. Die beiden 16-Jährigen würden am liebsten mehrere Workshops besuchen – einen zum Feminismus in sozialen Bewegungen etwa, doch viele laufen parallel. Am Ende entscheiden sie sich für »Mein T-Shirt und schmelzende Polkappen?!«. Danach wollen sie noch zum »Klimakiller Fleisch«.

So sehr die Generation Greta der Politik misstraut, so sehr vertraut sie der Wissenschaft. Bei Umfragen während Fridays-for-Future-Protesten glaubten fünf von sechs Aktivisten, dass die Wissenschaft helfen könne, Umweltprobleme zu lösen.[21] Ihr politisches Interesse speist sich aus Themen und Fakten. Und zwar in erster Linie aus solchen, von denen sie sich emotional betroffen fühlen. Das sind vor allem Umweltschutz und Klimawandel.

Nach den Hitzesommern der vergangenen Jahre hat die junge Generation das Gefühl, einen Vorgeschmack auf den Klimawandel bekommen zu haben. Sie bangt um ihre Existenzgrundlage und scheut sich nicht, Schuldige zu benennen: Schließlich hat sich die Bundesregierung zu den Zielen des Pariser Klimaabkommens verpflichtet, dann aber viel zu wenig für ihre Einhaltung getan.

Deshalb bezieht die junge Generation Stellung. Zwar tut sie das umsichtig und abwägend; man erkennt deutlich das Bemühen, alle Positionen zunächst einmal gedanklich nachzuvollziehen, um dann eine eigene zu formulieren. Am Ende aber stehen streitbare politische Überzeugungen. Das ist ein demonstrativ anderer Geist als der, mit dem die Bundesregierung in der Ära Merkel immer wieder politische Entscheidungen technokratisch als »alternativlos« oder mit vermeintlichen »Grenzen des Machbaren« begründete.

Auf dem Klima-Camp in Dortmund wird klar, wie breit Fridays for Future den Kampf gegen die Erderwärmung denkt. Im Workshopraum 8A, der von den Aktivisten nach der Genetikerin Barbara McClintock benannt ist, hat Constantin bereits einen Stuhlkreis aufgebaut. Während die Teilnehmer eintrudeln, richtet der 18-Jährige noch kurz den Beamer ein. Constantin hat gerade erst Abitur gemacht. Doch sein Aktivismus in Sachen Textil reicht bis ins Jahr 2016 zurück. Damals eröffnete die Billigtextilkette Primark in seiner Heimat Ingolstadt eine Filiale. Der Gymnasiast recherchierte erst im Internet. Später reiste er quer durch Deutschland und sprach mit Experten über Ökobilanz und Arbeitsbedingungen in der Textilbranche. Die Ergebnisse stellte er an einem Projekttag an seiner Schule vor.

»Ein T-Shirt legt im Schnitt im Laufe seiner Produktion 18 000 bis 50 000 Kilometer zurück«, referiert er nun. »Die Textilindustrie ist damit der zweitgrößte Umweltverschmutzer weltweit.« Dann bittet er seine Teilnehmer, sich in der Reihenfolge aufzustellen, in der sie ihr letztes Kleidungsstück gekauft haben. Die Teilnehmerinnen diskutieren lebhaft untereinander, während sich langsam eine Reihe aus der Gruppe herausformt. Nur an dem Ende mit den jüngsten Käufen gibt es bis zum Schluss noch Bewegung. Dann kehrt auch dort Ruhe ein. »Du hast noch nach Montag ein Kleidungsstück gekauft?«, fragt Constantin die äußerste Teilnehmerin, und kurz blitzt ein wenig Überraschung in seinem Blick auf. Doch ohne zu werten fragt er: »Online oder im Laden?«

Die Antworten der Aktivistinnen zeigen, wie unterschiedlich die persönlichen Konsequenzen sind, die sie selbst ziehen. Einige legen beim Kauf Wert auf Fair Trade und Bio-Label, andere tragen bewusst Secondhand-Mode. Viele ernähren sich vegetarisch oder vegan und wollen das auch auf ihre Kleidung übertragen. »Klimaschutz geht nur vegan«, ist schließlich eine der Forderungen, die immer wieder bei den FFF-Protesten zu lesen ist.

Während Constantin die Reihe abschreitet, sind immer wieder die Namen von großen Modeketten zu hören, die schon oft wegen ihrer Produktionsbedingungen in der Kritik standen. Wer hier in den Workshop gekommen ist, will mehr über ethisch richtiges Verhalten, aber auch die grundsätzlichen Probleme der Branche lernen. Niemandem geht es darum, sich seine moralische Überlegenheit als kritischer Kunde bestätigen zu lassen. Trotzdem können wohl nur wenige Klara am Ende der Reihe in Sachen Nachhaltigkeit etwas vormachen: Ihr schwarzes Top hat bereits ihre Oma getragen – als junges Mädchen.

Gut zwei Stunden dauert der Workshop. Ständig wird lebhaft, aber konzentriert diskutiert. Beim Blick in die Runde fällt auf, wie ähnlich sich die Aktivisten sind. Die meisten im Raum sind weiß, junge Menschen mit anderer Hautfarbe oder einem Migrationshintergrund sind die Minderheit – dabei hat jeder Dritte in der Generation Eltern oder Großeltern, die nicht in Deutschland geboren sind. Die meisten kommen von Gymnasien oder den Gymnasialen Oberstufen anderer Schulformen und streben das Abitur an. Schülerinnen von Realschulen und anderen Sekundarschulen sind selten.

Kann Fridays for Future so wirklich eine ganze Generation prägen?

Kapitel 2

GRETAS GENERATION

Das Gesicht der Klimabewegung

»Greta kommt.« Trotz Ferienzeit sind etwa 2000 Menschen auf die Demo von Fridays for Future (FFF) in den Berliner Invalidenpark gekommen. Immer wieder fallen sie in Sprechchöre ein, tanzen, halten ihre Transparente hoch. Oben auf der Bühne wechseln sich in schneller Abfolge die Redner ab. Als sich ein Schüler verhaspelt, unterstreicht dies nur, wie eloquent jeder und jede die Botschaften auf den Punkt bringt.

Doch wer ausschließlich wegen Greta Thunberg gekommen ist, dürfte enttäuscht worden sein. Erst gegen Ende der Veranstaltung spricht die schwedische Klima-Aktivistin. Auf der Bühne wirkt sie trotz ihrer 16 Jahre zwischen den übrigen Jugendlichen fast kindlich, deutlich kleiner. Sie spricht frei, selbstsicher, aber nüchtern. Sie spricht auf Englisch. Erst zum Schluss startet sie selbst einen Sprechchor. Es wirkt, als hätte sie dabei ihre Komfortzone verlassen – und wäre ein wenig stolz darauf.

Die junge Schwedin ist das Gesicht der weltweiten Klimabewegung. Auf dem Weltwirtschaftsforum in Davos hat sie der versammelten Wirtschaftselite ihr »I want you to panic!« entgegengeschleudert. Sie sprach auf der Klimakonferenz in Katowice, vor den Vereinten Nationen in New York und vor dem EU-Parlament in Straßburg. Die Reise nach New York kostete sie zwei Wochen. Thunberg reiste per Rennjacht, um CO_2 zu vermeiden. Die Rückreise mit Katamaran zur Weltklimakonferenz in Madrid im Dezember 2019 dauerte drei Wochen.

Ohne Greta Thunberg wäre wohl kaum eine Schülerin auf die Idee gekommen, an einem Freitag für das Klima zu demonstrieren – zu einer Zeit, zu der normalerweise Schule ist. Doch hier im Berliner Invalidenpark redet Thunberg gerade einmal fünf Minuten – von »Greta-Kult«, wie die Wochenzeitung *Die Zeit* schrieb[1], keine Spur. Greta ist eine von vielen, die sich zu Wort melden.

Fridays for Future will basisdemokratisch sein. Schon innerhalb der deutschen Bewegung gibt es immer wieder Kritik daran, dass sich eine kleine Führungsclique gebildet habe, die zu viel Einfluss besäße. Die etwa 600 Ortsgruppen arbeiten selbstständig. Wöchentliche Telefonkonferenzen zwischen ihnen koordinieren die Arbeit landesweit.

Auf Greta Thunberg angesprochen, rutscht einem jungen Fridays-for-Future-Aktivisten in Ludwigsburg spontan heraus: »Das ist gerade dieses Personenkult-Ding, oder?« Dann überlegt er kurz und fügt hinzu: »Ich finde es nicht schlimm, wenn Fridays for Future in Greta eine Art Repräsentantin hat. Aber sie ist immer nur die, die damit angefangen hat. Sie ist nicht die ganze Bewegung. Ihre Meinung sollte nicht auf uns alle übertragen werden.«

Generation Greta? Die Angehörigen der jungen Generation halten sich für viel zu individualistisch, um sich bedingungslos hinter einer Führungsfigur zu versammeln. Schon die Beziehung des klimabewegten Spektrums der Bewegung zu ihr ist ambivalent. In manchen Schulklassen geht bei »Generation Greta« ein

Stöhnen durch die Reihen – obwohl ihnen Klimaschutz wichtig ist. Es sei schon schwierig, dass der Name Greta eine ganze Generation auf eine Person reduziere, gibt Paul zu bedenken, der in Berlin in der Sophie-Scholl-Schule ein Jahr vor dem Abitur steht. Und doch: Greta Thunberg ist zur Ikone der gesamten Bewegung geworden. An ihr kommen weder die Aktivisten noch der Rest der jungen Generation vorbei.

Bewegungen wie Fridays for Future sind der Stoff, aus dem Generationen entstehen. Sie erreichen nie alle Gruppen der Bevölkerung. Das ist auch nicht nötig, um Veränderungen anzustoßen. Auch bei den Studentenprotesten von 1968 war bei Weitem nicht die gesamte Jugend auf der Straße. Im Gegenteil: Etwa zehn Prozent der Studierenden waren damals genug, um die bundesdeutsche Gesellschaft nachhaltig zu verändern. Schon damals hat das nicht allen gefallen. Konservative Politiker erklärten sich gar im Nachhinein zu »alternativen 68ern«.[2]

Ohne Greta Thunberg gäbe es die Klimabewegung Fridays for Future so nicht. Sie hat der Bewegung den Namen gegeben, sie ist der Grund dafür, dass zum ersten Mal in der Geschichte Schüler eine einflussreiche Rolle im gesellschaftlichen Diskurs spielen. Dass ausgerechnet ein damals 15-jähriges Mädchen eine politische Bewegung mit einer solchen Wirkung lostreten konnte, sagt einiges über ihre Generation. Zumal sie auch ein Jahr nach Beginn ihres *Skolstrejk för klimatet* immer noch nichts von ihrer moralischen Autorität verloren hat – das ist deutlich länger, als manche Parteivorsitzende in der bundesdeutschen Politik es derzeit schaffen.

Schon lange sind Umweltschutz und Klimapolitik die wichtigsten Themen für den Großteil der Jugendlichen. Greta Thunberg hat ihre Generation gezwungen, eine Haltung zur Klimapolitik und den Protesten von Fridays for Future zu entwickeln. So machte sie ihre Generation zur »Generation Greta«.

Der Generationenbegriff

Die Sozialwissenschaften sprechen seit den 1920er-Jahren von Generationen. Damals konzipierte der Soziologe und Philosoph Karl Mannheim diesen Begriff.[3] Seine Annahme: Menschen, die innerhalb eines bestimmten Zeitraums aufwachsen, werden in ihrer Jugendzeit von den Zuständen ihrer Gesellschaft in einer solchen Weise geprägt, dass sich auffällig viele gemeinsame Werte, Einstellungen und Verhaltensweisen ausbilden. Besonders deutlich wirke sich diese Prägung bei Menschen aus, die in Krisen- und Kriegszeiten erwachsen werden.

Mannheim formulierte seine Theorie unter dem Eindruck des Ersten Weltkriegs, der als historisches Großereignis junge Männer – für Mannheim standen vor allem sie im Fokus – nachhaltig formte. Aber auch einschneidende technische, politische, wirtschaftliche und kulturelle Ereignisse oder Entwicklungen können ihre Spuren hinterlassen. Die erwähnte Studie von Helmut Schelsky über die Jugend nach dem Zweiten Weltkrieg hat diesen Ansatz zum ersten Mal empirisch aufgenommen.

Die entscheidende Forschungsfrage ist: Welche Entwicklungen sind stark genug, um junge Menschen nachhaltig zu prägen? Nicht jedes Großereignis forme automatisch eine junge Generation, gibt die Historikerin Ulrike Jureit zu bedenken. So fehle in Deutschland etwa eine Generation der 1989er, obwohl das Ende des Kalten Krieges als globales Großereignis gelten müsse. Welche Zuschreibungen funktionierten und welche nicht, sage damit nicht nur etwas über die jeweilige Generation aus, sondern auch über die Gesellschaft als Ganzes.[4]

Der Generationenbegriff ist also mit Vorsicht einzusetzen. Zumal bis heute empirisch nicht nachgewiesen ist, dass Werte, Einstellungen und Verhaltensweisen aus der Jugendzeit ein Leben lang erhalten bleiben.

Kritiker sprechen deshalb auch von einem »Generationenmythos«[5] und warnen davor, den Begriff ohne genaue Definition in der wissenschaftlichen Diskussion zu verwenden. Mehrere Analysen weisen darauf hin, dass junge Leute zwar durchaus von ihren Lebensumständen geprägt werden, sich hierin aber immer auch ganz allgemeine zeitgeschichtliche Effekte spiegeln, die irgendwann auf alle Altersgruppen der Bevölkerung zutreffen. Auch die Abgrenzung von historischen Zeiträumen mit jeweils verschiedenartigen politischen, wirtschaftlichen und kulturellen Einflüssen ist oft willkürlich.[6]

Tatsächlich aber ist der Generationenbegriff im Alltag inzwischen so populär, dass ganz unterschiedliche Phänomene darunter verstanden werden. Marketing-Experten oder Journalisten rufen schnell einmal die »Generation Umhängetasche« oder die »Generation Maybe« aus, um Modetrends oder neue Konsumgewohnheiten abzubilden. Mit dem differenzierten Generationenbegriff Karl Mannheims hat das nichts mehr zu tun.

Trotz der berechtigten Kritik verwenden wir in diesem Buch den Generationenbegriff im Sinne von der modernen Sozialisationsforschung. Sie versteht die Persönlichkeitsentwicklung eines Menschen als ständige produktive Verarbeitung der inneren und der äußeren Realität, also der körperlichen und psychischen Dispositionen auf der einen und der sozialen und ökologischen Lebensbedingungen auf der anderen Seite. Diese aktive Auseinandersetzung, diese intensive Arbeit an der eigenen Person, hat ihren Kulminationspunkt im Jugendalter. In der Zeit nach der Pubertät denken Menschen besonders sensibel über das eigene Leben nach und sehen sich reflexiv mit den Augen der anderen. Das, was sie in dieser Phase erleben – historische Ereignisse, politische, wirtschaftliche, kulturelle und technische Gegebenheiten –, schreibt charakteristische, erstaunlich ähnliche Muster in der Persönlichkeit von vielen von ihnen fest.[7]

Greta Thunberg trifft einen Nerv in der Gesellschaft. Ohne ein weitverbreitetes Gefühl von Stillstand in der Klimapolitik als entscheidende Zukunftsfrage wäre ihre Generation niemals zu derjenigen geworden, die sie ist. Ihr Aktivismus baut auf der Arbeit unzähliger Menschen älterer Jahrgänge auf, die sich teils seit Jahrzehnten für mehr Klimaschutz engagieren oder umweltbewusst leben. Ohne die seit Langem schwelende Angst junger Leute vor dem Klimawandel wären Thunbergs Botschaften nicht so wirkungsvoll gewesen.

Um diese Muster nachzuzeichnen, ziehen wir empirische Jugendstudien heran, die auf der Basis von repräsentativen Stichproben eine genaue Beschreibung der Werte, Einstellungen, Merkmale und Verhaltensweisen der Angehörigen der jungen Generation ermöglichen. Diese Studien ergänzen wir um persönliche Interviews mit und teilnehmende Beobachtung von Jugendlichen, die authentische Äußerungen und Ereignisse einfangen.

Die Generationen der Nachkriegszeit

Eine zeitliche Abgrenzung von historischen Phasen, die sich so stark voneinander unterscheiden, dass von veränderten politischen, wirtschaftlichen, kulturellen und technischen Bedingungen gesprochen werden kann, ist praktisch unmöglich. Deshalb schließen wir uns an eine verbreitete Tradition der Generationsforschung an und bedienen uns des Kunstgriffs, jeweils eine Periode von fünfzehn Jahren für eine Generation festzulegen.

Gehen wir so vor, lassen sich in der Zeit nach dem Zweiten Weltkrieg in Deutschland insgesamt sechs Generationen identifizieren:

- Die Nachkriegsgeneration der Geburtsjahrgänge 1925 bis 1940, von dem Soziologen Helmut Schelsky als »Skeptische Generation« bezeichnet.
- Die hochpolitisierten »1968er«, geboren etwa zwischen 1941 und 1955, die sich mit dem autoritären Erbe ihrer Eltern kritisch auseinandersetzten.
- Die Babyboomer, 1956 bis 1970 geboren, in beiden Teilen Deutschlands die geburtenstärksten Jahrgänge. Heute sind sie die Generation an den Schalthebeln in Politik und Wirtschaft.
- Die Generation X, 1971 bis 1985 geboren und zur Zeit der Wiedervereinigung in wirtschaftlich und politisch unsicheren Zeiten erwachsen geworden.
- Die Generation Y, 1986 bis 2000 geboren. Als Digital Natives werden sie in wirtschaftlichen und politischen Krisenzeiten groß und erleben in ihrer Jugend die Weltwirtschaftskrise und die Terroranschläge von New York.
- Die Generation der nach 2000 Geborenen, die bisher in der Literatur als »Generation Z« bezeichnet wird.[8] Wir nennen sie Generation Greta.

Alle bisherigen Bezeichnungen der Generationen sind symbolisch gemeinte Metaphern (»Skeptiker« für die nüchtern agierende Nachkriegsjugend, »X« nach einem Buchtitel für eine rätselhafte Generation, »Y« für die sondierende und egotaktische Frage nach dem Sinn, dem Why/Warum) oder demografisch-historische Bezeichnungen (»Babyboomer« für die Angehörigen der größten Jahrgänge, »1968er« für die Studentenproteste von 1968). Dass die jüngste Generation bisher mit dem Buchstaben Z bezeichnet wird, passt dazu nicht. Das Z taugt weder zur Metapher, noch bildet es demografische oder historische Gegebenheit ab.

Der Name Greta aber tut das. Gewiss, es ist der Name einer konkreten Person. Aber diese Person ist inzwischen zu einem Sinnbild für ein ungewöhnliches politisches Engagement geworden, das eng mit der jüngsten Generation verbunden ist. Greta Thunberg steht stellvertretend für die historisch unverwechselbaren Einstellungen und Haltungen einer ganzen Generation und ist somit durchaus geeignet, ihr den Namen zu geben.

Wer ist Greta Thunberg?

Im Mai 2018 gewinnt ein Mädchen namens Greta Thunberg im Alter von 15 Jahren einen Schreibwettbewerb zu Umweltthemen des *Svenska Dagbladet*. Nachdem die schwedische Tageszeitung ihren Essay abgedruckt hat, kommt Greta in Kontakt mit Umweltaktivisten. Gemeinsam überlegen sie, wie sie politisch aktiv werden kann. Greta gefällt die Idee eines Schulstreiks besonders gut.

Die Idee stammt von den Schülerinnen der Parkland Highschool in Florida. Die hatten sich öffentlichkeitswirksam in der

Form eines »Streiks« nach dem verheerenden Amoklauf an ihrer Schule für strengere Waffengesetze in den USA eingesetzt.

Weil sie aber für ihr Anliegen nach einigen Wochen keine Verbündeten findet, entscheidet sich Greta, alleine vor dem schwedischen Parlament zu streiken. So erzählt Greta Thunberg auf Facebook, wie sie zur Klimaaktivistin wurde.[9]

Dann kommt der entscheidende, alles verändernde Akt: Im Oktober 2018 setzt sich Greta Thunberg vor das schwedische Parlament, stellt neben sich eine Sperrholzplatte mit der Aufschrift »Schulstreik für das Klima« und bleibt dort für viele Stunden sitzen. Das wiederholt sie Woche für Woche.

Schon nach wenigen Wochen werden Öffentlichkeit und Medien auf sie aufmerksam. Das scheue und schüchterne Mädchen wird von Medienvertretern immer häufiger interviewt. Sie antwortet konzentriert und druckreif. Von Woche zu Woche wächst Greta mit der Aufmerksamkeit, die sie erzielt, aus ihrer sozialen Isolation und Kontaktscheu heraus.

Greta ist keine Durchschnittsvertreterin ihrer Generation. Nicht nur wegen ihres medialen Ruhms. Bei ihr wurden das Asperger-Syndrom, OCD und Mutismus diagnostiziert. Sie selbst führt ihren Aktivismus direkt darauf zurück. »Das bedeutet im Grunde, dass ich nur spreche, wenn ich es für notwendig halte«, schreibt sie. »Jetzt ist einer dieser Momente.«[10] Für sie als Autistin sei alles entweder schwarz oder weiß. Genau deshalb verstehe sie nicht, wie die Menschen trotz des existenzgefährdenden Klimawandels einfach so weitermachen könnten wie bisher. »Wenn die Emissionen aufhören müssen, dann müssen wir die Emissionen stoppen. Es gibt keine Grauzonen, wenn es ums Überleben geht. Entweder wir existieren als Zivilisation weiter oder nicht.«[11]

Gretas Asperger Diagnose und kurze Zeit später die ihrer Schwester zwingen ihre Eltern dazu, das Familienleben radikal zu verändern. Greta ist die Tochter eines Künstler-Ehepaares, einer Opernsängerin und eines Schauspielers. Die Mutter schränkt ihre Engagements ein und nimmt nur noch Angebote an, die sie per Bahnreise wahrnehmen kann. Der Vater unterbricht seine Berufstätigkeit, wird zum Haushaltsmanager und später zum Reisebegleiter Gretas. Der elterliche Haushalt wird energie- und umweltschonend umgestaltet.

Die Eltern stehen zu ihrer Tochter und unterstützen sie in ihrem Schulstreik. Wohl auch deshalb, weil sie spüren, dass Greta hierdurch den Glauben an sich selbst wiedererlangt. »Leute sagen auch, weil ich Asperger habe, könnte ich mich unmöglich selbst in die Situation großer Aufmerksamkeit gebracht haben«, schreibt Greta Thunberg. Doch das sei genau der Grund dafür. »Denn wäre ich normal und sozial umgänglich, hätte ich mich einer Organisation angeschlossen oder selbst eine Organisation gegründet. Da ich aber nicht so gut im Umgang mit anderen Menschen bin, mache ich stattdessen dies hier.«[12] »Dies hier« ist ihr einsamer Schulstreik.

Greta als Ikone einer Generation

So außergewöhnlich die Biografie Greta Thunbergs auch ist, in vielem ist sie typisch für ihre Altersgenossen. Eben deshalb haben ihr Protest, ihre Argumentation und ihre Sicht auf die Welt so viel Resonanz unter Jugendlichen erzeugt.

(Die Generation) Greta kennt die Fakten

Sie streikt nicht aus einer Laune heraus. In einer Zeit, in der Trump, die Brexiteers oder auch die AfD oft mit »gefühlten Wahrheiten« operieren, stützt sie sich auf die Aussagen führender Wissenschaftlerinnen und Wissenschaftler. Deren Forschung hält sie für unbezweifelbare Wahrheiten. Am Anfang ihres Aktivismus stand die Recherche für einen Essay zu dem Thema. Erst dann folgte die Empörung.

Damit gibt Greta Thunberg ein Beispiel. Wer quer durch die Republik mit Jugendlichen über den Klimawandel spricht, stößt allenthalben auf fundierte Sachkenntnis. Der 13-jährige Adrian aus Berlin fordert, dass der Klimawandel noch stärker in der Schule behandelt werden müsse. Derzeit kursiere zu viel Desinformation. In Ludwigsburg führt ein 16-Jähriger an, dass 70 Prozent des CO_2-Ausstoßes der deutschen Industrie von 120 Unternehmen verursacht werde. Es ist diese Sachlichkeit und Informiertheit, die den Protest der FFF-Bewegung so wirkungsvoll macht.

(Die Generation) Greta misst die Politik an ihren eigenen Zusagen

197 Unterzeichnerländer haben sich im Pariser Klimaabkommen verpflichtet, ihre CO_2-Emissionen so zu senken, dass das 1,5-Grad-Ziel eingehalten werden kann. Im September 2019 hatten nur zwei Länder entsprechende nationale Klimapläne verabschiedet: Marokko und Gambia. Selbst unter den weiteren fünf Ländern, die genug tun, um die Erderwärmung auf zwei Grad zu begrenzen, ist kein einziges westliches Industrieland.[13] Genau das will Fridays for Future durch die Proteste ändern.

Auf dem Weltwirtschaftsforum in Davos rief Greta Thunberg deshalb im Januar 2019 der versammelten Wirtschaftselite zu: »Ich will, dass ihr handelt, als stünde euer Haus in Flammen.« Die Klimakrise bedrohe unsere Zivilisation. Jeder, der dies versteh, müsse seine Stimme erheben. Und sie sagte den Satz, der von dieser Rede wohl im Gedächtnis bleiben wird: »Ich will, dass ihr in Panik geratet.«[14]

(Die Generation) Greta sieht sich als Opfer einer verfehlten Klimapolitik

Sie fordert von der Politik mit dem Hinweis Taten, dass ihre Generation noch deutlich länger auf diesem Planeten leben muss. Wer am Status quo festhalte, verspiele die Zukunft der jungen Generation. »Wir sind jung und wir sind laut, weil ihr uns die Zukunft klaut«, schallt es freitags von den FFF-Protesten.

Die Generation Greta treibt die Sorge um, dass die Welt schon in wenigen Jahren nicht mehr lebenswert sein wird. »Die Lösung der Klimakrise ist die größte und komplexeste Herausforderung, vor die der Homo sapiens je gestellt wurde. Die Hauptlösung ist jedoch so simpel, dass sie selbst ein kleines Kind versteht«, sagt Greta Thunberg. »Wir müssen unsere Treibhausgasemissionen stoppen.«

Auch Adrian konstatiert: »Dafür, dass man das schon so lange weiß, dass wir die ganze Zeit die Umwelt schädigen, wird sehr, sehr wenig gemacht.« Es sei nicht gut, dass immer noch aus Kohle Energie gewonnen werde. »Das ist doch nicht so schwer einzustellen.«

(Die Generation) Greta sucht den Schulterschluss der Generationen

Greta und ihre Generation argumentieren zwar damit, dass die Politik derzeit die Zukunft ihrer Generation verspiele. Doch daraus folgt keine Konfrontation, sondern die Bitte um konkretes Handeln: »Wir flehen euch um Hilfe an«, sagte Greta etwa bei ihrem Auftritt in Berlin. Ein Motiv, das sich durch viele ihrer Reden zieht. Sie plädiert für eine Allianz mit den Eltern und Großeltern.

Noch nie war das Verhältnis zwischen Eltern und Kindern so harmonisch wie heute. Wenn Schüler auf die Straße gehen, protestieren sie gegen ein System, das immer mehr Treibhausgase produziert – nicht gegen ihre Eltern. Greta Thunberg wird in ihrem Aktivismus von ihren Eltern unterstützt. In Deutschland schreiben Eltern ihren Kindern Entschuldigungen für die Schule, damit sie auf die Klimademos gehen können.

Die Generation Greta ist eine Generation der starken Frauen

Bei den Demonstrationen der Bewegung Fridays for Future ist eine klare Mehrheit der Teilnehmer weiblich.[15] Mit Luisa Neubauer und Carla Reemtsma sind auch in Deutschland unter den bekannten Gesichtern des Protests außergewöhnlich viele Frauen. Das überrascht auf den ersten Blick, denn junge Frauen waren bisher meist weniger politisch interessiert und engagiert als junge Männer.

Durch das Umweltthema hat sich das geändert. Es spricht Mädchen und junge Frauen ganz besonders an. Immer mehr von ihnen treten in die Öffentlichkeit und melden sich zu Wort. Aber auch außerhalb der Klimabewegung sind Frauen an der Spitze – sei es Emma Gonzáles mit ihrem Kampf gegen die US-Waffenlobby oder Carola Rackete als Kapitänin zur Seenotrettung von Geflüchteten im Mittelmeer.

Das wachsende Interesse von jungen Frauen an politischen Themen lässt sich schon seit 15 Jahren nachweisen. Die Shell-Jugendstudien zeigen, dass seit 2002 die Bereitschaft junger Leute kontinuierlich gestiegen ist, sich politisch zu engagieren. Schaut man genauer hin, dann ist das auf das wachsende Interesse der Frauen zurückzuführen. Ihre Werte klettern immer weiter in die Höhe, ihr Interesse übersteigt inzwischen sogar leicht das der jungen Männer. Waren es im Jahr 2002 57 Prozent der 12- bis 25-jährigen Frauen, die ein politisches Engagement als »nicht wichtig« einstuften, so sind es heute nur noch 38 Prozent. Umgekehrt stieg die Einstufung des politischen Interesses als wichtig oder teils wichtig von 31 auf 59 Prozent und liegt damit leicht über dem der jungen Männer.[16]

Durch die Umweltbewegungen ist dieses Interesse noch verstärkt worden, weil es sich hier um ein Thema handelt, was Mädchen und Frauen wegen seines existenziellen und umfassenden Charakters noch stärker anspricht als Jungen und Männer. Es handelt sich um die Sicherung und Bewahrung von Lebensgrundlagen – und das ist eine Thematik, die Frauen mehr als die klassischen Politikthemen beschäftigt, bei denen es um Macht und Herrschaft und möglicherweise Geld, Gewalt und Krieg geht.

Greta Thunberg steht also in vielem für den Teil der Jugend, der schon jetzt öffentlich den Ton angibt. Sie steht für ihre Generation.

Kapitel 3

SCHULTERSCHLUSS STATT GENERATIONEN-KONFLIKT

Der Brexit als Menetekel eines Generationenkonflikts

Jack sitzt im schwarz-blau karierten Hemd und enger schwarzer Jeans in seiner geräumigen Küche im Berliner Stadtteil Wedding. Vor ihm eine Tasse Tee. Der 25-Jährige trinkt sie klassisch englisch-hipsteresk mit Hafermilch. Durch das offene Fenster weht die laue Abendluft des Berliner Sommers hinein. Jack ist mit seiner Freundin Rosie vor zwei Jahren nach Deutschland gekommen. Seitdem hat er Deutsch gelernt, einen Job als Projektmanager bei einer Logistikfirma und eine feste Wohnung auf dem überhitzten Mietmarkt der Hauptstadt gefunden.

»Das da vorne sind Rosies Bücher«, sagt Jack und zeigt auf mehrere Stapel in einer Ecke des Wohnzimmers. »Wir werden wohl noch ein Regal brauchen.« Der junge Brite klingt selbst noch ein wenig verwundert, dass er nun endgültig in Berlin angekommen ist. Erstmals leben Jack und Rosie nicht zur Zwischenmiete, sondern stehen selbst im Mietvertrag. Die beiden richten sich langfristig in Berlin ein.

Für Jack und Rosie ist ihr Leben in Berlin-Wedding auch ein

bewusster Abschied von Großbritannien – nach einem Konflikt, den sie nicht gewinnen konnten. Nirgendwo in Europa zeigt sich derzeit so deutlich wie in ihrer Heimat, wie eine Gesellschaft leidet, die keinen Konsens zwischen den Generationen findet. Der Brexit mehrfach verschoben, das Parlament lange Zeit handlungsunfähig, wichtige Probleme wie das marode Gesundheitssystem seit Jahren nicht angegangen – die britische Politik hatte sich heillos im Chaos des EU-Austritts verheddert.

Jack hat all das schon vorher geahnt. Der heute 25-Jährige koordinierte während des Brexit-Referendums in der Stadt Canterbury im Südosten Englands die Freiwilligen auf der Seite der EU-Befürworter. Pausenlos zog er von Haustür zu Haustür, warb für die Europäische Union, warnte vor einem Austritt. Seine Abschlussarbeit an der Uni schrieb er nebenbei, oft nachts. Zu wichtig war ihm die EU-Mitgliedschaft seines Landes.

Doch letztendlich haben vor allem die älteren Wähler nicht auf seine Argumente gehört. Als am 23. Juni 2016 die Bürgerinnen und Bürger Großbritanniens mit 51,9 Prozent für den Austritt aus der EU stimmten, fragte sich Jack, ob dieses Vereinigte Königreich überhaupt noch sein Land war. »Das war der Punkt, an dem wir uns gedacht haben, wir wollen hier nicht leben«, erinnert er sich heute. »Wir müssen jetzt weg, weil irgendwann die Zeit knapp wird.«

Die Abstimmung über den EU-Austritt hat die Debatte über Europa verändert. Sie hat jungen Menschen vor Augen geführt, wie schwach ihre Position in den überalterten Gesellschaften des Kontinents heute ist. Knapp über 70 Prozent der 18- bis 24-Jährigen stimmten gegen den Brexit. Doch gegen die Alten hatten sie keine Chance: Bei den über 65-Jährigen votierten 60 Prozent für »Leave« und entschieden so die Wahl. Unter ihnen war die Wahlbeteiligung höher, sie gingen damit geschlossener zur Abstimmung. Vor allem aber sind ihre Jahrgänge auch in Großbritannien deutlich geburtenstärker.

Der Brexit ist ein Menetekel für die gesellschaftlichen Wunden, die ein Generationenkonflikt schlägt. »Ich hatte diese unbestimmte Wut gegen die Generationen über mir im Bauch«, erinnert sich Jack. »Gegen die Generation meiner Eltern und die der Babyboomer.« Denn die Folgen des Austritts wird vor allem die junge Generation tragen müssen: Schon bevor überhaupt die Modalitäten des Brexits klar waren, kündigten große Unternehmen an, ihre Produktion in andere Länder der Europäischen Union zu verlagern. Britische Firmen verkauften weniger Waren auf das europäische Festland. All das kostet Jobs. Zu spüren bekommen das vor allem diejenigen, die erst auf den Arbeitsmarkt kommen. Für sie wird es nach dem Brexit zudem schwieriger, im EU-Ausland Arbeit aufzunehmen, wenn die Jobs in Großbritannien fehlen. Auch deshalb sind Jack und Rosie so schnell nach Berlin gezogen.

Sparpolitik zulasten der Jungen

Im Vereinigten Königreich sind die politischen Gräben von jeher tiefer als in Deutschland. Das Mehrheitswahlrecht begünstigt klare Machtverhältnisse, aber auch offene Wahlgeschenke an die eigene Klientel. Klassisch verläuft die Trennlinie dabei zwischen den wohlhabenden, ländlichen Gebieten, die vor allem im englischen Süden konservativ wählen, und den ärmeren Labour-Hochburgen im heute deindustrialisierten Norden Englands.

In den vergangenen Jahren ist jedoch ein weiterer Bruch hinzugekommen – der zwischen Jung und Alt. Theresa May gewann die Parlamentswahl 2017 vor allem dank der über 65-Jährigen, von denen über 60 Prozent konservativ wählten. Bei denen unter 34 Jahren waren es gerade einmal 30 Prozent.[1] Labour holte dagegen bei den Jungen deutlich mehr Stimmen. Auch Jack passt in dieses Muster. In England war er lange beim *Woodcraft Folk*, einer linken Bildungsbewegung für Kinder und Jugendliche, in Berlin wechselte er zum deutschen Pendant der sozialistischen Falken-Jugend.

EU-Skepsis hat in Großbritannien eine lange Tradition. Dennoch wäre es ohne die Finanzkrise von 2008 wohl kaum zu einem EU-Austritt gekommen. Der Zusammenbruch des Finanzsystems stürzte Großbritannien mit seinem übermächtigen Bankensektor in eine tiefe Rezession, und er riss ein Loch in die Staatskasse. Das Haushaltsdefizit stieg auf über zehn Prozent der Wirtschaftsleistung. Die konservative Regierung begann, eisern zu sparen. »Austerity«, wie die Sparpolitik auf Englisch heißt, begleitete Jack durch seine Jugend. Die massiven Kürzungen des vergangenen Jahrzehnts trafen überdurchschnittlich stark die Schichten der britischen Bevölkerung, die die Tories nicht gewählt hatten. Die Menschen im armen Norden – und die Jungen.

Wenn Jack an die Sparpolitik denkt, fällt ihm zuerst die *Educational Maintenance Allowance* ein, eine Art Taschengeld für Schülerinnen und Schüler aus armen Familien: 15 Pfund die Woche (damals etwas über 20 Euro) zur freien Verfügung. Als die Tory-Regierung diese abschaffte, bedeutete das für viele von seinen Freunden, dass sie sich die Busfahrt ins Stadtzentrum nicht mehr leisten konnten, um mit ihm den Sonntag zu verbringen.

Etwa zur gleichen Zeit verdreifachte die Regierung die Studiengebühren von 3000 auf 9000 Pfund (damals etwa 11000 Euro) pro Jahr. Jacks Jahrgang war der erste, der zahlen musste. Im Ergebnis verließ er die Uni mit 47000 Pfund Schulden. Sein älterer Bruder hatte gerade mal knapp ein Fünftel dieser Summe zu schultern.

»Dies sind die Dinge, die mich direkt betrafen«, sagt Jack. »Doch Ähnliches passierte überall. Die Generation meiner Eltern konnte ein Haus innerhalb Londons für gerade einmal 70000 Pfund kaufen.« Heute zählen Immobilien in der britischen Hauptstadt zu den teuersten in ganz Europa. Dazwischen liegt der Aufstieg Londons zum Weltfinanzzentrum. Gleichzeitig kaufen immer mehr ältere Briten Mietwohnungen als Investition für die Altersvorsorge. »Buy-to-let« steht derzeit stark in der Kritik, weil es die Hauspreise in die Höhe treibe und so gerade jungen Erstkäufern den Immobilienkauf erschwere. Jacks Generation gilt als »Generation Rent«, die Generation der Mieter.

Ihre größte Wählerschicht hat die Regierung hingegen von der Sparpolitik ausgenommen. Während sie quer durch alle Resorts Budgets zusammenstrich – besonders die Unterstützung für sozial Schwache und Familien –, garantierte sie britischen Rentnern ihre Pensionen mit einer »Dreifachsicherung«[2]: Wurden die Altersbezüge zuvor stets nur an die Inflation angepasst, stiegen sie von nun an Jahr für Jahr mit der Inflation oder den durchschnittlichen Lohnzuwächsen – je nachdem, welcher der beiden Werte höher war –, mindestens aber um 2,5 Prozent. Das Ergebnis: Laut Berechnungen des Thinktanks *Institute for Fiscal Studies* stieg die staatliche Rente zwischen April 2010 und April 2016 um 22,2 Prozent. In der gleichen Zeit legten die Löhne in Großbritannien lediglich um 7,6 Prozent zu – bei 12 Prozent Inflation. Rentner hatten also deutlich mehr in der Tasche, während Erwerbstätige sich von ihren Einkommen weniger leisten konnten.

»Der Brexit war dann das Sahnehäubchen auf sechs Jahren ›Austerity‹«, sagt Jack. »Ich hatte wirklich das Gefühl, dass die Generationen über uns alle Privilegien genossen hatten. Jetzt zogen sie hinter sich die Leiter hoch. Ein schreckliches Gefühl.«

Zwischen Renten und Bildung

Während Großbritannien im Dauerkampf um den Brexit gefangen ist, erlebt Deutschland einen der längsten Aufschwünge seiner Geschichte. Noch nie hatten so viele Menschen Arbeit. Gleichzeitig hat auch bei uns die soziale Ungleichheit in den vergangenen 20 Jahren zugenommen.[3]

Der demografische Wandel trifft Deutschland dabei sogar härter als die Insel. Rein zahlenmäßig können die älteren die jüngeren Generationen bei Wahlen problemlos überstimmen: 22 Millionen Menschen zwischen 18 und 40 Jahren stehen 48 Millionen Menschen über 40 Jahren gegenüber. Die unter 18-Jährigen zählen 13 Millionen.

»Deutschland wird zur Rentnerdemokratie«, titelte die *Frankfurter Allgemeine Zeitung* schon im Jahr 2014. Damals hatte die Große Koalition gerade die Rente mit 63 und sowie die Mütterrente eingeführt. Zur Freude ihrer Wähler: 80 Prozent fanden die Neuerungen der Rentenpolitik »wichtig« bis »sehr wichtig«. Einer Mehrheit war jedoch zugleich bewusst, wen die Pläne belasteten: die junge Generation.[4]

Während die Politik eine weitere Anhebung des Rentenalters kategorisch ausschließt, machen sich die jungen Generationen keine Illusionen mehr. Nach der MetallRente Studie von 2019 erwarten 85 Prozent der 17- bis 27-Jährigen, weit über das 67. Lebensjahr hinaus arbeiten zu müssen.[5] Sie sehen realistisch, dass die gesetzliche Rentenversicherung durch Beschlüsse der Regierungen seit dem Jahr 2000 so stark eingeschränkt wurde, dass sie im Rentenalter nicht mehr davon leben können. Die Angebote, durch Betriebsrenten oder freiwillige Altersversicherungen die Rentenbezüge später aufzustocken, erscheinen ihnen entweder zu kompliziert oder unzureichend. Die meisten haben auch gar kein Geld für die private Altersvorsorge übrig. Selbst denjenigen, die sich das finanziell leisten können, erscheint das Sparen von eigenen Mitteln für die Altersvorsorge mehr und mehr aussichtslos, weil sie nicht glauben, in 40 oder 50 Jahren noch auf diese Beträge zurückgreifen zu können.[6]

Die Alterssicherung ist ein Beispiel dafür, dass auch in Deutschland das Vertrauen der jungen Generation geschwunden ist, die Regierung würde ihre berechtigten Zukunftswünsche beachten. 68 Prozent der befragten 17- bis 27-Jährigen haben Angst davor, im Alter nur eine geringe Rente zu bekommen und arm zu sein – und nach heutigem Stand der Gesetzgebung ist dieses Szenario absolut realistisch. Selbst wer nach seiner Ausbildung ununterbrochen mit einem vollen Gehalt im Arbeitsleben steht, kann anders als seine Eltern und Großeltern bestenfalls damit rechnen, 45 Prozent seines letzten Einkommens als Rente zu erhalten.

Das irritiert viele in der jungen Generation. Sie fühlen sich gegenüber den älteren Generationen benachteiligt und zweifeln am guten Willen der Regierenden: 84 Prozent sind überzeugt, dass der Staat auch in Zukunft eine gute Rente garantieren könne – wenn die Politik das wirklich wolle.[7]

Die Politik will aber nicht wirklich. Jedenfalls wird die Entscheidung über die künftige Alterssicherung wohl kaum in der Hand der jungen Altersgruppen liegen. »Zahlenmäßig waren die Jüngeren noch nie eine bedeutsame Wählergruppe«, zitiert die FAZ den Meinungsforscher Matthias Jung, beim ZDF verantwortlich für das Politbarometer. Interessant werde der deutsche Wähler für die Parteien erst, wenn er auf die 50 zugehe.[8] Auch deshalb diskutiert die Politik in Deutschland mehr über Renten oder Pflegenotstand als über Bildung.

Die Chancen der jungen Generation, durch eigenes Einkommen eine eigene Existenz aufzubauen, sind in den letzten 20 Jahren proportional zu den steigenden Immobilienpreisen gesunken. Der Ökonom Thomas Piketty hat Wirtschaftsdaten aus 20 Ländern über Jahrhunderte analysiert. Sein Fazit: Die älteren Generationen haben den Grundstock zu ihren Vermögen in einer Zeit gelegt, die wirtschaftsgeschichtlich fast eine Anomalie ist. Damals wuchsen in der sozialen Marktwirtschaft die Einkommen schneller als die Rendite auf Investitionen. Heute ist es wieder umgekehrt. Investitionen werfen mehr Profit ab, als Menschen durch ihre Arbeit verdienen können.[9]

Die Folge: Konnten sich die vielen Gutverdienenden aus der 1968er- und der Babyboomer-Generation, die heute über 50-Jährigen, noch selbst genug Geld erarbeiten, um ein Haus oder eine Eigentumswohnung zu finanzieren, ist heute selbst die obere Mittelschicht auf die Hilfe der Eltern angewiesen.

Die Journalistin Julia Friedrichs spricht deshalb von einer »Erbengesellschaft«. Jahr für Jahr werden nach ihren Berechnungen 250 Milliarden Euro in Deutschland an die nächste Generation vererbt. »Ein Vermögenstransfer, wie er noch nicht stattgefunden hat.« Dennoch sei die Metapher von »der« Erbengesellschaft schief. Denn die ärmere Hälfte der Bevölkerung besitze zusammen nur ein Prozent des Vermögens in Deutschland, die reichere Hälfte 99 Prozent. »Das Erbe schreibt diese Ungleichheit in die nächste Generation fort«, so Friedrichs' Fazit.[10] In vielen Fällen gehören zudem auch die Erben bereits den älteren Generationen an.

Die jeweilige Lebenslage einer jeden Generation mischt sich so mit der Frage nach sozialer Gerechtigkeit. Nur eine kleine Gruppe der jungen Generation kann sich dank der Unterstützung der Eltern allen Widrigkeiten zum Trotz ein eigenes Haus oder eine eigene Wohnung leisten, die riesige Mehrheit aber hat praktisch keine Chance, es aus eigener Kraft zu schaffen. Zumal junge Menschen überdurchschnittlich häufig von befristeten Arbeitsverträgen und Zeitarbeit betroffen sind. Langfristig finanziell zu planen, fällt da schwer, erst recht der Kauf einer Immobilie.

Die Stiftung für die Rechte zukünftiger Generationen sieht hierin einen Mangel an Solidarität zwischen den Generationen und plädiert für eine Reform der Erbschaftssteuer: »Würden allein die bestehenden überhöhten Privilegien abgebaut, brächte das rund acht Milliarden Euro an Mehreinnahmen. Mit diesem Geld könnte der ›Generationen-Soli‹ finanziert werden. Er wäre endlich ein Signal, dass die Regierung die Jungen nicht vergessen hat. Die Rente mit 63 und die Mütterrente jedenfalls sind Zuwendungen auf Kosten der jungen Generation.«[11]

Solange solche solidarischen Aktionen ausbleiben, muss auch in Deutschland die junge Generation das Gefühl haben, dass die älteren Generationen hinter sich »die Leiter hochziehen«.

Stoff für einen Generationenkonflikt?

Zehn vor acht in der Gesamtschule Ost in Gießen. Vor den Fenstern der Mediathek liegt der graue Innenhof noch im Dunkeln. Drinnen sitzt die Klasse 9c zwischen Büchern, Zeitungen und Computerarbeitsplätzen im Stuhlkreis und diskutiert darüber, was ihre Generation ausmacht. Wer seinen Blick über die Schüler schweifen lässt, sieht Leon im grünen Kapuzenpulli, der sich für Politik interessiert, Greta Thunbergs Rede vor den Vereinten Nationen jedoch »peinlich« fand; dann trifft er auf Emil ein paar Stühle weiter, der in seiner Freizeit Skateboard fährt und sich fragt, warum in der Politik so viele ältere Menschen Entscheidungen für die Jungen treffen. Schließlich könnte der Blick an Pia hängen bleiben, die auf der anderen Seite des Kreises sitzt und sich für Flüchtlinge engagiert.

So unterschiedlich die Schülerinnen der 9c auch sind, ein Thema ist ihnen allen wichtig: die Klima- und Umweltpolitik. Da spielt es auch keine Rolle, wie sie zu Greta Thunberg stehen. Fast jeder von ihnen war bereits auf einer Demo von Fridays for Future auf dem Berliner Platz hier in Gießen.

»Wirklich bringen tun die Proteste nichts«, zweifelt Leon. »Aber man fühlt sich selbst ein wenig besser und hat das Gefühl, Verantwortung für diese Fragen übernommen zu haben.« Eine Mitschülerin widerspricht: »Ich würde schon sagen, dass Fridays for Future die Politiker unter Druck gesetzt hat.« Schließlich bekomme jeder in der Gesellschaft die Proteste mit. »Die Grünen haben ja bei den Wahlen viel mehr Stimmen bekommen«, pflichtet ihr Lukas bei. »Und das hat mit Fridays for Future zu tun.«

Das Umweltthema hat zurzeit eindeutig das größte Potenzial für einen Generationenkonflikt. Zwar hat die Generation Greta den Klimaschutz nicht erfunden, im Gegenteil sitzt im Bundestag schon seit 1983 mit den Grünen eine Partei, für die ein verantwortungsvoller Umgang mit den Ressourcen der Erde Leitbild ist. Nur haben die Regierungen in all den Jahren andere Prioritäten gesetzt – auch unter Beteiligung der Grünen. Die Babyboomer sind damit zugleich Bremser und Antreiber in der Frage der Klimakrise.

Fridays for Future hat es jedoch geschafft, den Kampf gegen die Klimakrise umzudeuten. Bislang war dieser Kampf ein politischer: Die Grünen wollten die Umwelt schützen, CDU und FDP waren Wirtschaftsinteressen wichtiger, während die SPD nie die Kumpels aus dem Auge ließ. Fridays for Future hat erfolgreich das Framing geändert. Statt Links gegen Rechts, argumentiert die Bewegung nun mit Jung gegen Alt.

Spätestens seit den 1980er-Jahren sind die Gefahren der Erderwärmung einer breiten Öffentlichkeit bekannt, tatsächlich aber habe die Menschheit seitdem mehr CO_2 in die Atmosphäre gepustet als in den Jahrtausenden davor, schreiben Luisa Neubauer und Alexander Repenning, zwei aktive Vertreter von FFF. Die beiden scheuen nicht vor einer klaren Schuldzuweisung zurück – und nehmen dafür die älteren Generationen »kollektiv in Haftung«. »In Haftung dafür, uns die natürliche Umwelt als Scherbenhaufen zu hinterlassen. In Haftung dafür, nicht gehandelt zu haben, als noch reichlich Zeit war.«[12]

»Wir werden in einer Welt erwachsen, in der das Klimachaos zur Normalität wird«, sagte Neubauer auf der Hauptversammlung des Energieversorgers RWE. Die Zukunft ihrer Generation werde vom Zusammenbruch der Ökosysteme überschattet werden.[13]

Politisch profitieren bislang vor allem die Grünen von der Klimabewegung. Sie können das Thema am glaubwürdigsten besetzen – unabhängig davon, aus welcher Generation ihre Politiker stammen.

Allianz statt Konflikt

Zurück in der 9c der Gesamtschule Ost. Hier will trotz allem niemand etwas von einem Generationenkonflikt wissen. »Also ich werfe meinen Eltern und Großeltern nichts vor«, sagt eine Schülerin. »Man wusste ja, dass CO_2 nichts Gutes für das Klima ist, aber die haben das Ausmaß noch nicht gemerkt.« »Das bringt ja nichts«, sagt auch Jolina. »Wir können ja nicht in die Vergangenheit zurückkreisen und da etwas ändern.« Und Leon gibt zu bedenken: »Die Generation meiner Eltern hatte auch nicht die Möglichkeit, Energie einzusparen. Damals gab es zwar schon Glühbirnen, aber die haben noch Energie gefressen.«

In vielen Aussagen der Klasse wirkt es ein wenig so, als sei die Elterngeneration nicht in den 1990er-Jahren, sondern kurz nach dem Zweiten Weltkrieg erwachsen geworden. Energiesparlampen, Kühlschränke, die deutlich weniger verbrauchen – all das sei erst viel später verfügbar gewesen, sagt Leon. Ohne diese Möglichkeiten hätten seine Eltern und ihre Jahrgänge versucht, das Beste daraus zu machen. »Heute fährt man fast überall mit dem Auto hin – natürlich fahren auch viele Bus oder Fahrrad –; aber früher war das nicht ganz so krass.« Zumindest beim letzten Punkt hat Leon nicht so ganz unrecht. Tatsächlich ist die Zahl der Fahrzeuge in Deutschland nach Angaben des Umweltbundesamts seit 1991 um 25 Prozent gestiegen.

In der 9c will niemand etwas von einem Generationenkonflikt wissen. Trotz aller Vergangenheitsverklärung ist der Tenor klar:

»Ich würde mir aber wünschen, dass die Großeltern trotzdem noch probieren, etwas mitzuhelfen sozusagen«, sagt ein Schüler und spricht damit für viele. »Sie können ja jetzt noch probieren, etwas zu ändern.«

Die ältere Generation wird also in Haftung genommen, zugleich aber wird ihr Verhalten auch entschuldigt und damit ein offener Konflikt vermieden. Die Schuld für das umweltpolitische Versagen wird bei »der« Politik gesehen, vor allem bei den Regierungsparteien auf Bundesebene.

Die jungen Leute nehmen ihre Eltern vor allem deshalb in Schutz, weil sie sich so gut mit ihnen verstehen wie lange nicht mehr. Es gibt ein tiefes Einverständnis, mit dem die Generation Greta und ihre Eltern gemeinsam ihren Alltag gestalten. Nach den Shell Jugendstudien kommen 42 Prozent der jungen Leute bestens mit ihren Eltern aus, weitere 50 Prozent sagen, sie kämen trotz gelegentlicher Meinungsverschiedenheiten gut klar. In den letzten 15 Jahren hat sich dieses Einvernehmen ständig vergrößert. Nie war das Verhältnis zwischen Eltern und ihren Kindern so eng wie heute. Jugendliche und Eltern vertrauen einander. Die jungen Leute nehmen ihre Eltern als Vorbild für die eigene Lebensgestaltung und haben hohen Respekt vor ihrer Lebensleistung.[14]

Hieraus ergibt sich in Deutschland die Chance für eine Solidarität zwischen den Generationen. Die Generation Greta schätzt ihre Eltern als wichtigste Ratgeber und Unterstützer, gleichzeitig möchte sie sie »erzieherisch« überzeugen, ihr Umweltverhalten zu ändern. Sie nimmt ihre Eltern ernst, aber sie will auch von ihnen ernst genommen werden. Sie sucht den Schulterschluss, keinen Generationenkonflikt.

Das gilt auch für die Bewegung Fridays for Future. Sie argumentiert aus der Sicht ihrer Generation und fordert dabei den Rest der Gesellschaft zur Zusammenarbeit auf. Statt konfrontativ anzugreifen, ist es den Aktivisten in der jungen Generation gelungen, ihre eigenen Eltern und auch Teile der ältesten Generation zu einer Solidarisierung mit ihrer Position zu bewegen. Inzwischen hält eine große Mehrheit der Deutschen den Kampf gegen die Klimakrise für eine Priorität. Darunter sind naturgemäß auch die älteren Jahrgänge.

Die FFF-Strategie des Schulterschlusses zwischen den Generationen scheint aufzugehen. Das haben die Europawahlen 2019 gezeigt. Die Grünen konnten stark zulegen, während Union und SPD massiv verloren.

Politik für alle Generationen

Die einst großen Volksparteien CDU/CSU und SPD tun sich schwer mit der jungen Generation: In der SPD war es der Juso-Vorsitzende Kevin Kühnert, der die Sozialdemokraten warnte, wenn die Partei so weitermache, werde für seine Generation nichts mehr übrig bleiben. In der CDU brachte der YouTuber Rezo die Vorsitzende Annegret Kramp-Karrenbauer mit seinem Video »Die Zerstörung der CDU« ins Straucheln. Und bei der Europawahl 2019 zeigten Erstwähler CDU und SPD mit demselben Argument die kalte Schulter, das schon Kevin Kühnert den Sozialdemokraten mit auf den Weg gegeben hatte: Wenn ihr so weitermacht, bleibt für uns nichts mehr übrig.

Wollen sie überleben, ist es für Union und SPD wichtig, sich als Parteien zu präsentieren, die sich für die Interessen aller Generationen einsetzen. Die Bewegung Fridays for Future hat gewissermaßen eine »Generationenfalle« aufgestellt, indem sie den Klimawandel zum »Jugendthema« erklärt hat. Union und SPD müssen schnellstens dafür sorgen, die Umweltpolitik mit in den Kern ihres parteipolitischen Handelns aufzunehmen und glaubwürdig mit ihren traditionellen inhaltlichen Schwerpunkten zu verbinden. Gleichzeitig müssen sie auch die anderen Themen, die das Zeug für einen Generationskonflikt haben, ansprechen: Bildung, Immobilienerwerb, Schuldentilgung und Alterssicherung.

Der Interessenausgleich zwischen den Generationen ist für den gesellschaftlichen Zusammenhalt elementar wichtig. Er muss nicht zwangsläufig so scheitern wie beim EU-Votum Großbritanniens. Es geht auch anders. 2015 stimmte Irland in einer Volksabstimmung für die Einführung der Homo-Ehe. Dabei hat die katholische Kirche auf der grünen Insel seit jeher eine starke Stellung inne. Den Erfolg des Referendums verdanken die Initiatoren deshalb auch einer etwas anderen Jugendbewegung. »Call your Grannie« (»Ruf deine Oma an«) ermunterte junge Leute dazu, mit ihren Großeltern darüber zu sprechen, warum sie denken, dass auch die Älteren mit »Ja« stimmen sollten.

Wo diese Art des Schulterschlusses zwischen den Generationen fehlt, sind die Auswirkungen auf die Qualität politischer Entscheidungen dramatisch. Die Bundesregierung musste 2017 ihre Klimaschutzziele auch deshalb kassieren, weil sie den Interessen anderer Teile der Gesellschaft mehr Bedeutung zumaß als denen der jungen Generation. Großbritannien ist seit dem Brexit-Referendum 2016 politisch tief gespalten.

Der einzige Weg aus diesem Stillstand ist, die Interessenkonflikte zwischen den Generationen ungeschminkt anzusprechen und öffentlich zu diskutieren. Und Entscheidungen erst dann zu treffen, wenn ganz klar ist, dass keine einzelne Generation benachteiligt wird. Auch FFF-Aktivistinnen können dem irischen Vorbild folgen und ihre Großeltern überreden, ihnen ihre Stimme bei der nächsten Wahl zu überlassen und in ihrem Sinn zu wählen.

Zurzeit werden die Interessen der jungen Generation in der politischen Debatte ernst genommen, weil sie sich dank FFF auf eine ungewöhnlich kluge und geschickte Weise zu Wort meldet und sich lautstark Gehör verschafft. Das wird nicht immer so bleiben. Im Laufe der Zeit kann die Aufmerksamkeit für Umweltthemen wieder absinken. Andere Probleme drängen in den Vordergrund. Zu hoffen ist, dass die älteren Generationen durch Fridays for Future Respekt vor den Vorschlägen der jungen Generation gewonnen haben. Denn häufig schon hatte die Jugend die besseren Konzepte. Die Generation Greta ist Experte im Umgang mit Unsicherheit und Ungewissheit. Die Jungen schauen neu und unverstellt auf unsere Gesellschaft. Viel zu lange schon sind die Älteren ihr mit Skepsis und Misstrauen begegnet. Mittlerweile sind die Herausforderungen zu drängend, um Aufschub zu dulden.

Kapitel 4

KLIMAPROTEST VERSUS POPULISMUS

FFF lebt vom Bildungsbürgertum

Am frühen Abend zieht auf dem Fridays-for-Future-Sommerkongress in Dortmund Regen auf. Wer nicht mit Essensvorbereitung beschäftigt ist, sucht Schutz in der Zeltstadt oder in der Eishalle des Revierparks. Dort diskutieren erwachsene Aktivistinnen und Wissenschaftler mit Fridays for Future über die Ziele der Bewegung. Etwa 50 Jugendliche haben es sich auf dem Boden vor der Bühne bequem gemacht. Sitzkissen schützen gegen die Kälte, die aus dem Beton der Eishalle auch noch im Hochsommer direkt in die Knochen zieht.

»What do we want? – Climate Justice«, schallt es als Sprechchor auf jeder Fridays-for-Future-Demonstration. Viele hier im Raum stehen eher links und sehen den Kapitalismus in seiner heutigen Form als Hauptproblem. Nur wenige glauben, dass es gelingen kann, die Treibhausemissionen auf null zurückzufahren, ohne das derzeitige Wirtschaftssystem grundlegend zu verändern.

Fridays for Future lebt von der politischen Begabung einer kleinen Gruppe von etwa fünf Prozent eines jeden Jahrganges.[1] Wer sie bei den Protesten erlebt, ist immer wieder beeindruckt von ihrem rhetorischen Talent, aber auch von der Tiefe, mit der sie die Klimakrise verstanden haben und erklären können. Ihre Bewegung strahlt weit über ihre Schülerkreise hinaus aus. Längst engagieren sich Studierende bei Students for Future und Eltern bei Parents für Future. Es gibt Teachers for Future, Doctors for Future, Scientists for Future und dergleichen mehr.

Zu den fünf Prozent Aktiven kommen 15 bis 20 Prozent der jungen Generation, die mit der Bewegung sympathisieren. Auch ihnen ist der Kampf gegen die Erderwärmung wichtig. Nur auf die Demonstrationen gehen sie seltener als der harte Kern. Gemeinsam sind sie stark genug, um den Protesten den nötigen Nachdruck zu verleihen.

Doch rekrutieren sie sich, außer in einigen Ausnahmen, längst nicht aus allen Teilen der jungen Generation. Die meisten stammen aus Elternhäusern der gehobenen Mittelschicht und dem Bildungsbürgertum. Sie können es sich leisten, freitags den Unterricht ausfallen zu lassen. Und ihre Familien dürfte es weniger schmerzen, die alte Ölheizung auszutauschen oder trotz CO_2-Steuer zur Arbeit zu pendeln.

Die Klimakrise verstärke bestehende Ungerechtigkeiten, schreiben Luisa Neubauer und Alexander Repenning in *Vom Ende der Klimakrise*.[2] Sie führen die Gelbwesten-Bewegung in Frankreich als Beispiel dafür an, welche sozialen Verwerfungen eine ungerechte Klimapolitik auslösen kann. »Wer von Reduktionszielen spricht, darf von Umverteilung nicht schweigen«, schreiben sie. »Auch das meinen wir, wenn wir Klimagerechtigkeit fordern.«

Trotzdem schreckte FFF lange Zeit davor zurück, die soziale Frage, die nicht zuletzt auch ihre Generation spaltet, gemeinsam mit der Klimafrage offensiv auf die Tagesordnung zu setzen.

»Wir sind derzeit noch in einer starken Wachstumsphase«, sagt ein junger Aktivist bei der Debatte in der Eishalle. »Wir sollten lieber weiter im Mainstream wachsen, als durch zu linke Forderungen Menschen zu vergraulen.«

Doch von Anfang an drehte sich die Debatte, die FFF angestoßen hat, immer auch darum, wie verhindert werden kann, dass der ärmere Teil der Bevölkerung zu den Verlierern eines klimaneutralen Umbaus der Wirtschaft wird – weil dieser Teil es sein könnte, der sich besonders einschränken muss, wenn der Preis für CO_2 steigt und damit die Kosten für Heizung, Benzin, Reisen und Lebensmittel.

Dennoch fühlen sich nur wenige Jugendliche mit niedrigeren Bildungsabschlüssen von den Protesten angesprochen. Vor allem dann, wenn sie aus ärmeren Elternhäusern kommen. Die Stimme dieser Jugendlichen fehlt in der politischen Debatte bei Fridays for Future. Das ist eine der Herausforderungen, vor denen die Bewegung steht: eine Vision für eine klimaneutrale Gesellschaft zu entwickeln, die für alle Teile ihrer eigenen Generation funktioniert.

Die andere Seite der Generation Greta

Szenenwechsel. Die Herbstsonne fällt durch die Fenster in den Flur des Konrad-Wachsmann-Oberstufenzentrums in Frankfurt an der Oder. Das Gebäude sei im Bauhaus-Stil erbaut, erklärt Biologielehrerin Gabriele Kohlmeyer, während sie den Weg in ein Besprechungszimmer weist. »Die Flure sind auf der Südseite. Die Klassenzimmer gehen nach Norden und bleiben so im Sommer schön kühl.«

Wer eine Jugend jenseits von Fridays for Future sucht, wird hier in Frankfurt fündig. Nicht nur das Gebäude strahlt Offenheit und Transparenz aus, auch das Konzept der Schule ist so. Von der gymnasialen Oberstufe über die Fachoberschule bis zur Berufsfachschule sind in vier Abteilungen so gut wie alle Bildungsgänge versammelt. Schülerinnen wie Carla machen das Abitur, um danach Psychologie zu studieren. Andere bangen wie Vanessa darum, dass sie den Hauptschulabschluss schaffen. Denn hier kann man auch in einer Art zweitem Bildungsweg nachholen, was man in der Mittelstufe versäumt hat. Insgesamt lernen über 1700 Schüler an diesem Oberstufenzentrum. Viele pendeln täglich aus dem Umland zur Schule.

David und Anna streben das Fachabitur mit Schwerpunkt Sozialwesen an. David gefällt die lockere Atmosphäre an der Schule. Dadurch lerne er leichter. »Aber der Respekt ist trotzdem noch da«, fügt der 17-Jährige hinzu. »Denn es sind immer noch Lehrer und Schüler.«

Anna sieht das anders. »Ich habe auch schon oft mitbekommen, dass es Schüler gibt, die keinen Respekt vor Lehrern zeigen oder auch vor anderen Schülern.«

Brandenburg ist eines von vier Bundesländern, in denen Jugendliche schon ab 16 wählen dürfen. Die meisten Schüler des Konrad-Wachsmann-Oberstufenzentrums konnten im September 2019 also mitbestimmen, wer sie in den kommenden fünf Jahren regiert.

Anna ist wählen gegangen. »Ich hatte mir das anders vorgestellt«, sagt sie im Nachhinein. »Moderner.« Ihr Kreuzchen habe sie hinter einem Pappkarton machen müssen. Dabei hatte sie eine echte Wahlkabine erwartet. Zu welcher Wahl sie da genau gegangen ist, ist sie sich zwei Monate später allerdings nicht mehr ganz sicher. »Ich verstehe Politik einfach nicht«, sagt Anna. »Ich greif mir das auf, was ich von der Schule mitkriege oder was mir mein Vater erzählt.« Nur der interessiere sich zu Hause für Politik. »Ich glaube, meine Mutter versteht Politik gar nicht.«

Auch Anna hat politische Themen, die ihr am Herzen liegen. Wie bei so vielen zählt auch bei ihr der Umweltschutz dazu. Neulich habe sie im Fernsehen etwas über Tierversuche gesehen, erzählt sie. »Das ist auch ein Thema, das geändert werden muss. Denn ein Affe gehört in die Natur und sollte hier nicht irgendwelche Experimente über sich ergehen lassen müssen.« Was sie selbst tun kann, tut sie – etwa Naturkosmetika kaufen, die ohne Tierversuche auskommen. So weit, so typisch für die Generation Greta.

Doch dann nimmt das Gespräch eine andere Wendung. Außerdem interessiere es sie, wie es mit Deutschland weitergehe, sagt Anna plötzlich. »Ich glaube, wir wissen alle, über welches Thema ich rede.« Nein, diesmal geht es nicht um die Klimapolitik. Anna will über Ausländer sprechen. »Ich finde, langsam wird's zu viel«, sagt sie. Sie werde so häufig auf der Straße angesprochen, dass sie sich tagsüber kaum noch vor die Tür traue. Ihr Mitschüler bremst. Er wohne nicht weit vom Flüchtlingsheim entfernt, sagt David. Da habe er noch keine Vorfälle erlebt.

Dennoch: Auch für David sind Klimapolitik und Flüchtlingsdebatte derzeit die beiden wichtigsten Themen. Dass die FDP im Brandenburger Wahlkampf auf Digitales gesetzt habe, hat ihn dagegen skeptisch gemacht. »Machen wir Funkloch zum Fremdwort«, lautete ein Slogan, mit dem die Partei für eine bessere Mobilfunkabdeckung warb. Klar, Jugendliche legten viel Wert auf ein gutes Netz, sagt David. Die anderen Themen seien aber viel wichtiger für die Zukunft. »Jemand so wie ich, der nachdenkt, der fragt sich auch, was hat das mit den aktuellen Themen zu tun«, sagt der 17-Jährige. »Will man jetzt nur die Jugendlichen auf seine Seite ziehen?«

»Ich möchte eine Partei, die was fürs Klima tut und die was gegen die Ausländer tut«, sagt Anna. In ihren politischen Präferenzen ist sie persönlich damit so gespalten wie die Generation Greta insgesamt. Die letzte Landtagswahl in Brandenburg hat das gezeigt.

Klimapolitik sei zwar auch bei ihren Schülern durchaus ein Thema, sagt Gabriele Kohlmeyer. Doch niemand gehe zu den Protesten. Gleichzeitig sympathisierten viele mit der AfD.

Bei der Landtagswahl in Brandenburg waren die Grünen mit 27 Prozent die stärkste Kraft unter den 16- bis 24-Jährigen. Auf Platz zwei folgte schon die AfD mit 18 Prozent. Die größte Regierungspartei SPD und die größte Oppositionspartei CDU rangierten bei den Jungwählern unter ferner liefen.

Fürs Klima und gegen Ausländer?

Jugendliche wachsen heute in einer Zeit auf, in der in Deutschland wieder heftig über politische Fragen debattiert wird. Sie erleben den Einzug der AfD in 16 Länderparlamente und den Bundestag, die Flüchtlingsdebatte, Trump und das britische EU-Referendum. Auf der anderen Seite haben die Angehörigen ihrer eigenen Generation mit Fridays for Future das Klima ganz oben auf die Tagesordnung gesetzt. Großdemonstrationen werben für mehr Toleranz, ein starkes Europa oder eine alternative Landwirtschaft.

Angela Merkels vermeintlich rationaler Pragmatismus, der politische Entscheidungen als alternativlos verkaufte, ist neuen Auseinandersetzungen gewichen: Die deutsche Gesellschaft streit wieder über die grundsätzliche Richtung, die sie ein-schlagen soll, und die junge Generation streitet mit.

Das liegt ganz maßgeblich an der Generation Greta selbst. Sie ist politischer als ihre direkten Vorgänger. Die heute über 20-Jäh-rigen aus der Generation Y sind großen politischen Auseinan-dersetzungen noch aus dem Weg gegangen. Dabei waren auch sie nicht mit allem zufrieden. In ihrer Mehrheit haben sie jedoch pragmatisch nach individuellen Lösungen gesucht.

Heute diskutieren Jugendliche dagegen wieder verstärkt mit den Eltern über die richtige Politik im Allgemeinen und über Flüchtlinge oder Klimakrise im Besonderen. Sie gehen offen an alle Themen heran. Nicht immer geht es dabei kontrovers zu. Im Gegenteil: Anna gibt unumwunden zu, dass sie bei der Erst-stimme für die AfD der Wahlempfehlung ihres Vaters gefolgt sei. Ihre Zweitstimme habe sie einer anderen Partei gegeben, die sie selbst angesprochen habe.

Damit steht sie nicht allein. Eltern haben großen Einfluss auf die Wahlentscheidungen von Erstwählern, die Freunde aber auch. Auf diese Weise ist auch der Rechtspopulismus in der Ge-neration Greta angekommen. Sympathien für eine rechtspo-pulistische bis rechtsextreme Partei sind beileibe nicht nur ein Brandenburger Phänomen. In einer Gesamtschule in Hessen hat eine neunte Klasse ihre eigene Europawahl abgehalten. Zu-nächst haben die Schüler als Teil des Schulprojekts Wahlkampf gemacht. Dann wurde gewählt. Auch hier fand die »Alternative für Deutschland« einige wenige Anhänger. Später ging die Klasse fast geschlossen auf die Klimademo von Fridays for Future. Wie im Rest der Gesellschaft auch ist innerhalb der Generation Greta das politische Spektrum breiter geworden.

Der Blick nach Großbritannien zeigt noch deutlicher, wie diametral unterschiedlich die Interessen innerhalb der jungen Generation sein können. Denn wer von London aus zwei Stunden mit dem Zug nach Norden fährt, kann eine ganz andere Geschichte des Brexits erzählen, als Jack es tut, der im europafreundlichen Südosten des Landes für den Verbleib in der EU Wahlkampf gemacht hat.

Geschlossene Geschäfte sind das Erste, was auffällt, geht man vom Marktplatz ein paar Schritte die High Street von Mexborough herunter. Die Kleinstadt im früheren Kohlerevier von Süd-Yorkshire hat sich nie von der erzwungenen Deindustrialisierung unter Premierministerin Margaret Thatcher erholt. Wo früher die Zeche war, beherbergen heute gesichtslose Zweckbauten Callcenter und Warenlager. Die beiden Branchen sind das, was man hier Zukunftsindustrien nennt.

69 Prozent stimmten hier für den Austritt aus der Europäischen Union – eines der höchsten Ergebnisse landesweit. Mexborough ist Brexit-Land, auch in der jungen Generation. »Ich habe schon mal in einem Callcenter gearbeitet«, erzählt Elliot, Mitte 20, abends bei Bier und Billard mit Freunden im Pub. Harte Arbeit sei das, die einen total auslauge. Doch andere Jobs gebe es kaum. »Unsere Generation konnte nie viel Wohlstand erwarten«, sagt sein Freund Jonathan. »Schlimmer kann es durch den EU-Austritt auch nicht mehr werden.«

Von den vier Freunden um den Billardtisch haben drei beim Referendum für den Brexit gestimmt. Der Vierte glaubt zwar, dass ein Verbleib Großbritanniens in der EU besser sei für das Land. Doch beim Referendum ist er einfach zu Hause geblieben. In ihrer Generation sind die Freunde in der Minderheit. Und doch könnten sie beim knappen Ausgang des Brexit-Referendums den Ausschlag gegeben haben.

Die Welt des Rechtspopulismus

Die Generation Greta – eine Generation der weltoffenen Klimaretter oder doch eher der populismusanfälligen AfD-Sympathi-
santen? Ein Generationenbegriff überdeckt leicht die enormen
Widersprüche innerhalb einer Generation. Wer schreibt, wie die
»Jugend von heute« tickt, muss aufpassen, nicht nur einzelne
Gruppen vor Augen zu haben. Der Kampf gegen die Klimakrise
ist eindeutig das Thema, mit dem der besonders engagierte Teil
der jungen Generation in der politischen Debatte Akzente setzt.
Aber zur Generation Greta gehören auch andere Gruppen.

Flüchtlinge oder Europäische Union, der Islam oder die volks-
fernen Eliten – in der Öffentlichkeit besetzt eine rechtspopulisti-
sche Partei wie die AfD immer wieder die gleichen Themen. Um
zu ermitteln, wie anfällig junge Menschen für deren Botschaften
sind, legten die Autoren der Shell Jugendstudie 15- bis 25-Jähri-
gen eine Liste mit typischen Statements vor. Das Ergebnis ist eindeutig: Einige Gruppen in der Generation Greta sind gegen populistische Aussagen alles andere als immun.[3] Zwar finden es mehr
als die Hälfte der 15- bis 25-Jährigen gut, dass Deutschland viele
Flüchtlinge aufgenommen hat. Doch gleichzeitig sagen 68 Prozent, man dürfe in Deutschland nichts Schlechtes über Ausländer sagen, ohne als Rassist beschimpft zu werden. Eine knappe
Mehrheit glaubt zudem, dass die Regierung der Bevölkerung
die Wahrheit verschweige, und fast ebenso viele sagen, dass der
Staat sich mehr um Flüchtlinge als um hilfsbedürftige Deutsche
kümmere. Nur Botschaften, die gegen den Islam und die EU gerichtet sind, finden keine Mehrheit.

Ist die Jugend also ein unerschöpfliches Reservoir für Populisten? Schneidet die »Alternative für Deutschland« deshalb so gut

bei ihnen ab? Ist damit Fridays for Future eher die Ausnahme als die Regel in der Generation Greta?

Die Auswertung ist komplizierter, als die plakativen Aussagen erwarten lassen. Denn wenn Jugendliche einzelnen Aussagen zustimmen, macht sie das noch lange nicht zu Populismusanhängern. Im Gegenteil: Die Zahl derer, die sich politisch links positionieren, ist in den vergangenen vier Jahren sogar leicht auf 41 Prozent gestiegen. Nur 13 Prozent sehen sich rechts von der Mitte.[4]

Hinzu kommt, dass alle Statements stark pauschalisieren. Markus, der in Frankfurt an der Oder gerade sein Abitur macht, um danach Lehrer zu werden, schiebt jeder Aussage ein »Aber« hinterher. Dabei lehnt er die AfD ganz klar ab. Als der 19-Jährige hörte, dass seine Mutter die Rechtspopulisten wähle, zwang er sie, das Wahlprogramm der Partei zu lesen. Seitdem wählt seine Mutter eine andere Partei.

Er finde es gut, dass Deutschland viele Flüchtlinge aufnehme, sagt Markus. Aber man müsse unterscheiden, ob jemand aus wirtschaftlichen Gründen fliehe oder ob er um sein Leben fürchte. Erstere solle man in den Herkunftsländern unterstützen. Bei der Frage zur Meinungsfreiheit sagt er, jeder könne in Deutschland seine Ansichten frei äußern. »Aber ich finde schon, dass man manchmal vorsichtig sein sollte, wem man was sagt.« Trotzdem sollte man seine Meinung sagen.

»Um welche Wahrheit geht es denn hier?«, fragt Markus in Bezug auf das Statement »Die Regierung verschweigt der Bevölkerung die Wahrheit«. Natürlich verschweige die Regierung der Bevölkerung einige Dinge. Das sei aber auch ihre Aufgabe. Nur bei den Themen Islam und EU positioniert er sich völlig eindeutig. Der Islam bereichere unsere Gesellschaft, glaubt er. Und:

»Deutschland könnte ohne die EU wirtschaftlich relativ wenig ausrichten.« Markus' Bedürfnis, mehr Nuancen in die Debatte zu bringen, spricht eher für demokratische Reife als für Populismusaffinität.

Fünf politische Orientierungen

Nach der Shell Jugendstudie 2019 lassen sich in der Generation Greta fünf politische Orientierungen unterscheiden:[5]

- *Die Kosmopoliten.* Sie lehnen alle populistischen Aussagen ebenso ab wie autoritäre Staatskonzepte und Gewalt zur Lösung von Konflikten. Sie sprechen sich klar für Zuwanderung von Menschen nach Deutschland aus. Zwölf Prozent der 15- bis 25-Jährigen zählen zu dieser Gruppe.
- *Die Weltoffenen.* Sie distanzieren sich von den meisten populistischen und autoritären Positionen und befürworten Zuwanderung. Allerdings glaubt jeder Zweite dieser Gruppe, in Deutschland dürfe man nichts Schlechtes über Ausländer sagen, ohne als Rassist beschimpft zu werden. Ein Drittel denkt, die Regierung verschweige die Wahrheit. Zu ihnen lassen sich 27 Prozent zählen.
- *Die Nicht-eindeutig-Positionierten.* Diese 28 Prozent der Befragten wollen mehrheitlich Zuwanderung begrenzen. Sie stimmen vor allem sozialpopulistischen Aussagen zu, lehnen jedoch nationalpopulistische Botschaften ebenso ab wie Extremismus und Gewalt.
- *Die Populismus-Geneigten.* Sie stimmen der Mehrheit der populistischen Aussagen zu. Jeder Zweite von ihnen glaubt, dass

eine starke Hand Ordnung bringen sollte. Ein Teil befürwortet auch den Einsatz von Gewalt bei gesellschaftlichen Konflikten. Zu ihnen zählen 24 Prozent.

- *Die Nationalpopulisten.* 9 Prozent der Befragten befürworten alle entsprechenden Aussagen, sprechen sich für eine starke Hand aus, die »wieder Ordnung in unseren Staat« bringt, und wollen deutlich weniger Zuwanderung als bisher.

Damit stehen fast 39 Prozent Weltoffene und Kosmopoliten einem Drittel Populismus-Geneigten und Nationalpopulisten gegenüber. Dazwischen gibt es 28 Prozent Unentschiedene, die sich nicht eindeutig positionieren wollen.

Diese politischen Positionen verteilen sich in der Generation Greta zwar quer durch alle Bildungsschichten, aber mit klarer Tendenz: Unter denen, die das Abitur anstreben, denken 51 Prozent kosmopolitisch oder weltoffen und nur 22 Prozent populismusgeneigt oder nationalpopulistisch, während es unter Schülern, die den Hauptschulabschluss anstreben, genau umgekehrt ist – 17 Prozent zu 58 Prozent.

Je besser sie sozial situiert und je höher der angestrebte oder schon erreichte Schulabschluss ist, desto eher neigt die Generation Greta also zu kosmopolitischer Weltoffenheit und gesellschaftlicher Toleranz. Wer ein relativ armes Elternhaus und eine geringe Bildung hat, der findet eher Sympathie an nationalen und autoritären Positionen und spricht sich gegen Zuzug von Menschen aus anderen Kulturen aus.

Schon das politische Interesse hängt entscheidend vom Schulabschluss ab. Politik ist Schülerinnen der Gymnasialen Oberstufen und Studierenden am wichtigsten. Unter ihnen interessieren sich doppelt so viele für Politik wie im Rest der Generation. Am wenigsten Begeisterung löst sie bei Schülern mit einem Hauptschulabschluss aus.[6]

Das Abitur macht also den Unterschied. Der Erfolg in der Schule macht Abiturienten selbstbewusst. In der Oberstufe haben sie gelernt, faktenbasiert zu argumentieren. Nun nutzen sie ihre Fähigkeiten für ihren Aktivismus. Sie können es sich auch buchstäblich leisten, ihre Energie in den Kampf gegen ein Phänomen wie den Klimawandel zu stecken, das sich nur mittelbar auf ihr eigenes Leben auswirkt. Mit ihren Schulabschlüssen brauchen sie sich bei der derzeitigen Konjunktur keine Sorgen um ihre Zukunft zu machen. Das macht ihren Blick frei für die existenzielle Frage der Klimakrise. Gleichzeitig bringen sie das soziale Kapital mit, das nötig ist, um sich Gehör zu verschaffen.

Ganz anders sieht es für Jugendliche aus, die nur einen niedrigen oder gar keinen Schulabschluss schaffen. Zwar sind auch ihnen Umweltfragen wichtig. Doch außer dem Klimawandel beschäftigen sie auch noch andere Themen. An erster Stelle stehen Ausbildung, Beruf und Geld verdienen. Sie können sich längst nicht so sicher sein, eine passende Lehrstelle oder einen Arbeitsplatz zu bekommen. Gleichzeitig fürchten sie sich vor steigenden Preisen für Wohnung, Energie und Lebensmittel.

Angst vor dem Abstieg

Höhere Bildung gleich mehr Weltoffenheit – das gilt der Tendenz nach. Es gibt allerdings markante Ausnahmen: Auch unter dem Teil der Generation Greta, der das Abitur anstrebt oder bereits bestanden hat, unterstützen 18 Prozent populistisches Gedankengut. Vier Prozent denken gar nationalpopulistisch.[7]

Dieses Phänomen ist in der älteren Bevölkerung schon seit Längerem bekannt. »Ich bin überzeugt, dass die Wahl des Front National zumindest zum Teil als letzte Zuflucht der Arbeiter-milieus interpretiert werden muss, um ihre Identität zu vertei-digen«, schrieb der Soziologe Didier Eribon 2009 über das fran-zösische Pendant zur AfD.[8] Das mag auch heute noch stimmen, aber Front National wie AfD werden längst nicht mehr nur von Arbeitern und Globalisierungsverlierern in prekärer wirtschaft-licher Lage gewählt.[9] Auch in der mittleren und oberen Schicht finden sie bei zukunftsängstlichen Menschen Zustimmung.

Häufig »steht der neue Populismus nicht für die Verlierer von gestern, sondern für die voraussichtlichen Verlierer von mor-gen«, schreibt der Politologe Ivan Krastev.[10] Eine diffuse Angst vor dem Abstieg könnte erklären, warum auch sozial gut situ-ierte Menschen aus der Mittelschicht rechtspopulistisch denken.

Angst vor dem Abstieg in der Generation Greta? Die gibt es in der Tat, wie Jugendstudien zeigen. In der Mehrheit blickt die Generation zwar sehr optimistisch in ihre Zukunft, aber unter denen mit einem niedrigen gesellschaftlich-wirtschaftlichen Familienstatus befürchten 31 Prozent, dass sie aus eigener An-strengung ihre soziale Stellung in der Gesellschaft niemals wer-den verbessern können.[11] Unter denjenigen mit einem mittleren gesellschaftlichen Status glauben das noch 16 Prozent und sogar unter denen mit hoher Position elf Prozent. Wer so »statusfata-listisch« denkt, dürfte auch anfällig für Populismus sein.

Wer zum Populismus neigt, hat oft das Gefühl, vergessen worden zu sein. Er glaubt, die Mächtigen in der Gesellschaft ge-ben ihm nicht, was er verdiene. Er werde immer wieder zurück-gesetzt, andere würden ihm gegenüber bevorzugt.

Rational ist diesem Gefühl schwer beizukommen. Die Schule

kann es dennoch versuchen, indem sie genau die von Populisten besetzten Themen erörtert: Schüler recherchieren, wie hoch staatliche Transferleistungen an verschiedene gesellschaftliche Gruppen sind oder wie der Staat Flüchtlinge finanziell unterstützt. Sie konfrontieren so die Argumente der Populisten mit Fakten. Zusätzlich kann die Schule Raum für Auseinandersetzungen bieten, Streitkultur trainieren und so das Selbstwertgefühl stärken – etwa durch ein moderiertes konfrontatives Gespräch, bei dem jedes Argument erlaubt ist, oder ein Theaterstück, in dem es um die Rechte einer Minderheit geht.

Ziel ist es, eigene Erfahrungen mit Über- und Unterlegenheit zu machen. So können die Schüler selbst zu dem Schluss kommen, dass nur faire und transparente Regeln ungerechte Benachteiligungen verhindern können.

Vielfalt in der jungen Generation

Wenn Julie und Madeleine darüber nachdenken, was ihre Generation ausmacht, fällt ihnen zuerst ein Wort ein, das überrascht: Toleranz. »Ich würde sagen, in unserer Generation gibt es wirklich fast keinen Rassismus mehr«, sagt Julie. »An unserer Schule wirklich nicht«, stimmt ihre Mitschülerin Madeleine zu. Wenn sie wegen ihrer Hautfarbe angesprochen werde, dann fast nie von Menschen aus ihrer Generation. Früher sei es in Deutschland viel ungewöhnlicher gewesen, Leute von anderen Kontinenten zu sehen, sagt Julie. »Mein Vater ist schwarz. Der ist früher richtig aufgefallen auf der Straße.«

Der Blick Julies dürfte durch ihre persönliche Lebenswelt beeinflusst sein. Die 15-Jährige geht auf den bilingualen Zweig der

Sophie-Scholl-Oberschule in Berlin, eine der nachgefragtesten City-Schulen in der ohnehin toleranten Hauptstadt. »Ich bin froh, in Berlin zu wohnen«, sagt sie. Doch auch über Berlin hinaus ist es für die Generation Greta in vielen Teilen Deutschlands selbstverständlich geworden, dass die Eltern ihrer Freunde oder Mitschülerinnen in anderen Ländern geboren sind. 30 Prozent der Jugendlichen haben heute einen Migrationshintergrund – die Hälfte von ihnen hat dabei einen deutschen Pass. Das prägt.

»Toleranz bleibt Markenzeichen«, titelt die Shell Jugendstudie 2019 dazu.[12] Und tatsächlich scheint die Generation toleranter, als es die 33 Prozent Populismusgeneigten und Nationalpopulisten unter ihnen erwarten lassen. 79 Prozent hätten kein Problem, wenn eine Flüchtlingsfamilie neben ihnen einzöge. Nur elf Prozent fänden eine Familie aus Afrika als Nachbarn nicht so gut. Neun Prozent hätten Probleme mit Homosexuellen und acht Prozent mit einer jüdischen Familie nebenan.

Auch Celina aus Gießen kennt Diskriminierungserfahrungen vor allem von ihren Eltern. Ihr Vater ist vor 35 Jahren aus Kamerun zum Studieren nach Deutschland gekommen. Ihre Mutter ist die Tochter türkischer Gastarbeiter. »Die haben viel davon erlebt«, erzählt die 14-Jährige. »Damals war alles in Deutschland noch anders.« Heute komme niemand zu ihr und beleidige sie offen. »Aber so kleine Gesten«, die fielen ihr ab und zu doch noch auf. Es ist einer der Gründe, warum Celina später Karriere machen will. »Wenn ich unabhängig bin und mich niemand kontrollieren kann, dann ist es mir auch egal, wenn jemand rassistisch ist«, sagt sie. »Denn dann kann mich niemand runterbringen, egal was er denkt.«

Die Angehörigen der Generation Greta in diesem Buch haben Eltern aus Ludwigsburg und Sierra Leone, aus Frankfurt an der

Oder und Frankreich, aus Gießen und der Türkei. Sie leben und lieben hetero, lesbisch, schwul oder bi. Abgesehen von ihren Erfahrungen von Diskriminierung und Rassismus – in ihren Einstellungen unterscheiden sich Jugendliche mit Migrationshintergrund so gut wie nicht von solchen ohne. Hautfarbe, Religion oder Sexualität erweisen sich hier nicht als relevant. Deshalb gehen wir auf diese Merkmale nur ein, wenn sie eine spezielle Bedeutung haben.

Der Klimaprotest kommt aus der Mittelschicht

So viel Aufsehen die Tatsache auch bekommen hat, dass die junge Generation wie der Rest der Gesellschaft populistische Ansichten hegt – politisch aktiv wird vor allem der weltoffene Teil der Generation Greta. Über die politischen Einstellungen hinaus sind es besonders die Bildung und die Chancen auf dem Arbeitsmarkt, die die Generation Greta spalten. Neben den engagierten und weltoffenen Kosmopoliten besteht sie auch aus den Zu-kurz-Gekommenen mit schlechtem oder gar keinem Bildungsabschluss. Diese sozial Abgehängten kommen aus wirtschaftlich sehr einfachen oder sogar prekären Elternhäusern und geben ihrer Verunsicherung und Unzufriedenheit Ausdruck. Je niedriger ihr sozialer Status und ihr Bildungsgrad, desto skeptischer sind sie, dass es in der Gesellschaft gerecht und fair zugeht. Sie werfen der Politik vor, dass diese andere Gruppen bevorteile. Sie würden nicht auf die Idee kommen, sich aktiv in die Politik einzumischen. Aber auch sie mischen die Politik auf, weil sie sich offen zu rechtspopulistischen Positionen bekennen.

Zwischen diesen beiden extremen Gruppen stehen die nicht eindeutig Positionierten, die Unentschiedenen. Sie haben einen recht guten Bildungsstand, blicken optimistisch auf ihre berufliche Zukunft und genießen die Privilegien ihrer Mittelschichtsfamilien. Aber sie fühlen sich von der Vielfalt der Alternativen der Lebensführung überrollt. Viele von ihnen streben ein Leben an, das dem ihrer Eltern gleicht, gerne mit dem berühmten Häuschen mit Garten. Ihr politisches Interesse ist mäßig, ihre Beteiligung gering.

Die Engagierten und die Abgehängten bestimmen das öffentliche Bild der Generation. Die Engagierten vor allem deshalb, weil sie mit Fridays for Future eine schlagkräftige politische Bewegung geschaffen haben. Die Abgehängten, weil sie in einer wohlhabenden und reichen Gesellschaft keinen Hehl aus ihrer abgrundtiefen Unzufriedenheit mit den herrschenden Verhältnissen machen und die ungeschriebenen Regeln der *political correctness* verletzen.

»Wir sind hier, wir sind laut, weil ihr uns die Zukunft klaut!«, skandieren die Aktivisten von Fridays for Future. Auf dem Dortmunder Südwall geht derweil nichts mehr. Etwa 20 Jugendliche haben den Innenstadtring blockiert. Während sich nach und nach die Autos stauen, haben die Fahrer genug Zeit, die Forderungen der Bewegung zu lesen: »We spoke, act now!« steht auf ihren Plakaten. Gegenüber auf der Leuchtanzeige an der Dortmunder Oper verabschiedet sich das Ensemble in breitestem Ruhrpott-Slang in die Sommerpause: »Wir sind jetzt mal wech.«

Plötzlich ruft einer der Organisatoren: »Es wird Zeit!« Fast schon brav steht die Gruppe auf und gibt die Straße frei. Fridays for Future speist sich eben aus der Mitte der Gesellschaft. Der Protest ist fröhlich. Männer tragen Glitzer-Make-up auf den

Wangen. Sie werfen der Politik vor, durch Nichtstun beim Kampf gegen den Klimawandel ihre Zukunft zu verspielen.

Städte wie Dortmund sind für die Bewegung schwieriges Terrain. Das Ruhrgebiet erholt sich noch vom letzten großen Strukturwandel, da fordert FFF schon den nächsten großen Umbau der Wirtschaft. Zwar ist der Kohleausstieg hier längst vollzogen. Doch noch immer ist die Arbeitslosenrate höher als anderswo, mehr Menschen leben von Hartz IV. In manchen Ecken der Dortmunder Nordstadt droht das soziale Gefüge zu kippen.

Bei der Klimademo auf dem Dortmunder Opernplatz sind Gymnasiasten in der Überzahl. Selbst Waldorf-Schüler können sich zu einer eigenen Gruppe zusammenfinden. Eine Gruppe von Realschülern und von Hauptschülern fehlt. Auch hier wird der Klimaprotest vom Bildungsbürgertum getragen.

Kapitel 5

KEIN BOCK AUF PARTEIEN

Weniger als ein Prozent Mitglieder

Freitagmorgens ist Markt in Eberswalde, eine 30-minütige Zug-
fahrt von Berlin entfernt. Schon am späten Vormittag zieht der
Geruch von Thüringer Rostbratwürsten über den Platz. Händler
bieten frisches Obst und Gemüse an. Andere verkaufen die letzte
Sommerkleidung. Zwischen den Ständen leuchtet der Sonnen-
schirm der SPD knallrot in der Augustsonne. Zwei Tage später ist
Landtagswahl in Brandenburg. Hardy Lux wird dann als Direkt-
kandidat seinen Wahlkreis mit 0,6 Prozent Vorsprung gegen die
AfD verteidigen. Doch noch wirbt er intensiv um Wählerstimmen.
Seinen hauchdünnen Sieg wird Lux auch Kurt zu verdanken
haben. Bereits am Abend zuvor ist der 19-jährige Juso von Haustür
zu Haustür gezogen, um Flyer zu verteilen. Jetzt überreicht er mit
charmantem Lächeln rote Rosen an die Marktbesucher.

Wenn die SPD in Brandenburg stärkste Kraft bleiben soll,
muss Kurt im Wahlkampf vor allem die älteren Generationen ansprechen. Seine eigene fällt bei Wahlen kaum ins Gewicht. Nur
15 Prozent der Wahlberechtigten waren bei der Bundestagswahl
2017 zwischen 18 und 30 Jahre alt, mehr als doppelt so viele dage-

gen über 60: 36 Prozent. In Brandenburg ist ihr Anteil sogar noch höher. Da passt es gut, dass hier auf dem Marktplatz ohnehin vor allem Rentnerinnen ihre Einkäufe erledigen.

Menschen wie Kurt sind selten in der Generation Greta. Deutlich weniger als ein Prozent sind Mitglied in einer Partei. Zwar ist es jedem Dritten grundsätzlich wichtig, sich politisch zu engagieren.[1] Doch ihr Engagement findet außerhalb der Parteien statt. In der Shell Jugendstudie verweisen die 12- bis 25-Jährigen die Parteien auf den letzten Platz, wenn es darum geht, welchen Institutionen sie vertrauen. Banken, Kirchen und große Unternehmen schneiden ebenfalls sehr schlecht ab.[2]

Die Generation Greta glaubt an die Demokratie. Trotzdem hat sie offensichtlich nicht das Gefühl, dass ihre Themen bei den Parteien gut aufgehoben sind. Diese sind aus ihrer Sicht starre, bürokratische Machtapparate, die um sich selbst kreisen. Und Altenklubs: Das Durchschnittsalter der beiden Volksparteien CDU/CSU und SPD liegt bei 60, das der Grünen bei 50 Jahren, das der AfD dazwischen. Bei FDP und Linken sieht es ähnlich aus.

Kurt versucht es trotzdem. Er trat mit 16 Jahren der SPD-Jugendorganisation bei – als Einziger auf seiner Schule. Auch bei anderen Parteien kennt er keine Mitschüler. Junge Menschen sind damit noch zurückhaltender als die älteren Bevölkerungsgruppen. Auch bei ihnen ist Parteimitgliedschaft nicht gerade in. Die Mitgliederzahlen der heute im Bundestag vertretenen Parteien CDU/CSU, SPD, FDP und die Linke haben sich seit 1990 insgesamt mehr als halbiert. Nur die Grünen und die AfD, die erst 2013 gegründet wurde, verzeichnen ein Wachstum. Den Mitgliederschwund allgemein können auch sie nicht aufhalten. Insgesamt sind heute 1,2 Millionen Menschen Mitglied in einer Partei und damit knapp 1,5 Prozent der Bevölkerung. 1990 waren es noch drei Prozent.[3]

Die jüngeren Bevölkerungsgruppen sind in allen Parteien völlig unterrepräsentiert. Junge Union und Jungsozialisten haben zusammen 190 000 Mitglieder, die Jugendorganisationen der übrigen im Bundestag vertretenen Parteien rund 30 000.[4]

Generell ist die Attraktivität von Organisationen und Institutionen gering, in denen man sich offiziell registrieren muss. Den Jugendorganisationen von Gewerkschaften, Kirchen, Wohlfahrts-, Sport- und Jugendverbänden geht es nicht besser. Die Generation Greta will den Rücken frei haben und sucht nach flexiblen Formen der Kooperation.

Am Freitag vor der Landtagswahl zieht die örtliche Fridays-for-Future-Demo vorbei, während der 19-jährige Kurt auf dem Eberswalder Marktplatz Wahlkampf für die SPD macht. »Leute aus meiner Schule, von denen ich immer dachte, mit Parteipolitik haben die nichts am Hut, die laufen jetzt bei Fridays for Future mit und engagieren sich richtig«, sagt er. »Das ist für mich der Beweis, dass unsere Generation nie so unpolitisch war, wie man immer dachte.«

Unpolitisch ist Kurts Generation wahrlich nicht. Sie hat einfach keinen Bock auf Parteien. Mit Fridays for Future hat die Generation Greta den Beweis erbracht, dass Engagement in einer sozialen Bewegung mehr bringt als Parteiarbeit. Für die Parteien ist das keine gute Nachricht.

Die Generation der Ära Merkel

Die Generation Greta politisiert sich in Deutschland am Ende einer politischen Ära. Schon im Jahr 2015 rief *Der Spiegel* die »Generation Merkel« aus. Damals beschrieb das Nachrichtenmagazin die Generation Y. Die Vorgänger der Generation Greta hatten in ihrer Mehrheit noch nie bei einer Bundestagswahl ihre Stimme abgegeben, in der Angela Merkel nicht zur Kanzlerin gewählt wurde.

Die Generation Greta kann sich dagegen noch nicht mal an eine Wahl ohne Merkel erinnern. Für sie war die Bundeskanzlerin schon immer da. Wäre Greta Thunberg Deutsche, wäre sie nur zwei ihrer ersten 16 Lebensjahre nicht von Merkel regiert worden.

Und doch hat ihre Generation die CDU-Vorsitzende nie zur Bundeskanzlerin gewählt. Klar, die meisten sind zu jung, um wählen zu dürfen. Doch auch unter den 18- bis 24-Jährigen erhielt die Regierungskoalition aus CDU/CSU und SPD bei der Europawahl 2019 gerade einmal 20 Prozent der Stimmen.

Die traditionellen Volksparteien, die Deutschland seit der Nachkriegszeit dominieren, verlieren an Zuspruch. Es ist ein Misstrauensvotum, das selbst die unterschreiben, die sich parteipolitisch engagieren. »Der Blick in die Zukunft ist zu wenig da«, bemängelt der Jungsozialist Kurt. Die Politik gehe zu verzagt an neue Technologien. Das sei auch ein Altersthema. »Mit 60 denkst du einfach nicht mehr so, wie du mit 20 denkst.«

Zwar sind Kurt die Positionen von Fridays for Future zu radikal. Dennoch sei es richtig, dass FFF der Politik sage: »Hey, so langsam, wie das jetzt läuft, so darf das nicht gehen.« Gerade die Klimapolitik dulde als existenzielle Frage keinen Aufschub. »Die Politik ist da viel zu träge.«

»Nein, absolut nicht«, antwortet Paul auf die Frage, ob die Politik die Themen der jüngeren Generation ausreichend berücksichtige. Neben dem Klima fehlen ihm Konzepte für die Digitalisierung und in der Bildungspolitik. Die CDU gleiche mit den Stimmen der Alten ihre schlechten Ergebnisse unter jungen Wählern aus, sagt

Paul. »Es ist ein Problem, wenn seit über 20 Jahren Politik für über 60-Jährige gemacht wird. Das merkt man halt schon.«

»Junge Menschen sind bei Wahlen für die Parteien nicht wichtig«, stimmt ihm ein FFF-Aktivist in Ludwigsburg bei Stuttgart zu. Das Misstrauen gegenüber der Politik reicht in der Generation Greta weit über die Anhängerschaft von Fridays for Future hinaus. »Ich find's halt komisch, dass so viele alte Menschen so viele Entscheidungen für jüngere Menschen treffen«, sagt Emil, der in Gießen in die neunte Klasse geht.

Und auch Kurt ist sich der schwachen Position seiner Generation bewusst. »Ich glaube schon, dass die Jugend demografisch nicht ins Gewicht fällt«, sagt der Juso. Neulich habe er gelesen, dass das Durchschnittsalter bei den Landtagswahlen in Brandenburg, Sachsen und Thüringen 2019 bei 55 Jahren lag. »Das hat mich total erschreckt. Klar, dass wir da untergehen.«

»Natürlich ist die Wahlbeteiligung bei jungen Menschen viel niedriger als bei ihren Großeltern, wenn sie nur zwischen dem alten weißen Mann in Anzug eins und dem alten, weißen Mann in Anzug zwei wählen können«, schreiben die jungen Erwachsenen des Jugendrats der Generationen Stiftung in ihrem Buch *Ihr habt keinen Plan, darum machen wir einen*. Die altersmäßige Distanz sei so groß, dass es schwerfalle, sich von ihnen vertreten zu fühlen. »Keiner dieser Politiker*innen scheint die Anliegen von uns jungen Menschen so richtig zu verstehen.«[5]

71 Prozent der 15- bis 25-Jährigen unterschreiben laut der Shell Jugendstudie 2019 die Aussage »Ich glaube nicht, dass sich Politiker darum kümmern, was Leute wie ich denken«. 84 Prozent finden, dass mehr junge Leute in der Politik etwas zu sagen haben sollten.[6] Eine ganze Generation hat somit das Gefühl, nicht gehört zu werden.

David ist nicht zur Wahl gegangen. Grundsätzlich findet er es gut, dass in Brandenburg schon 16-Jährige wahlberechtigt sind. »Ich wusste, ich habe eine Stimme, ich bin wichtig, ich kann etwas erreichen«, sagt der 17-Jährige, fügt dann jedoch hinzu: »Ich weiß, Politik ist wichtig, aber irgendwie hat bei mir das Interesse gefehlt.«

Dabei war selten eine Landtagswahl in Brandenburg so spannend wie die Abstimmung 2019. Der Wahlkampf politisierte das Land. Seit der Wiedervereinigung regiert die SPD. Nun sah es in Umfragen zeitweise so aus, als ob die AfD stärkste Kraft werden könnte. David blieb trotzdem zu Hause. Für ihn hat die Politik ein Vermittlungsproblem: »Die reden ja immer nur miteinander, und dann wird was entschieden. Da müsste man mal einen neuen Blick schaffen.«

Für Luzia käme Nichtwählen niemals in Betracht. Der 16-Jährigen ist Politik wichtig. Sie hat von Beginn an die Klimademos in Aschaffenburg mitorganisiert. Mit der Zeit hat sie aber die Untätigkeit der Bundesregierung und der sie tragenden Parteien CDU/CSU und SPD zunehmend frustriert. »Ich hatte den Glauben, wenn wir wirklich zu Tausenden auf die Straße gehen und lange protestieren, dann kommt vielleicht die Message an«, sagt Luzia. »Ich hatte gehofft, dass die Politikerinnen und Politiker dann ihre Politik ändern. Es heißt ja immer, das Volk hat die Macht.« Nach kurzem Überlegen fügt sie hinzu: »Vielleicht war das etwas naiv.«

Die Einschätzung kommt einer Bilanz der Regierungszeit Merkel gleich. Selbst der Bundeskanzlerin fällt es schwer, ihre Klimapolitik als Erfolg zu verkaufen. Fridays for Future habe die Bundesregierung »sicher zur Beschleunigung getrieben«, räumte die Kanzlerin im Sommer 2019 ein, als ihr Kabinett nach jahrelangem Zögern ein Klimapaket verabschiedet hatte. Die Bewegung »hat uns schon noch mal dazu gebracht, auch sicher entschlossener an die Sache heranzugehen«. Merkel war einmal als Klimakanzlerin angetreten.

Doch aus Sicht der Generation Greta herrschte bei Umweltthemen bislang vor allem eines: Stillstand. Stattdessen hätten Konzerne wie VW, RWE oder die Deutsche Bank starken Einfluss auf die bundesdeutsche Politik, glaubt Luzia heute. »Ich habe die Macht des Lobbyismus unterschätzt. Letzten Endes sind die Interessen von Wirtschaft und Politik stark verflochten.« Klar sei es ein Erfolg, dass mittlerweile so viel über Klimapolitik geredet werde, räumt Luzia ein. »Aber ich habe Angst, dass es beim Reden bleibt. Davon wird kein CO_2 eingespart.«

Der Generation Greta ist der Einfluss von Lobbyisten auf die Politik ein Dorn im Auge. Ein FFF-Aktivist in Ludwigsburg sieht deshalb auch die Verkehrspolitik von Verkehrsminister Andreas Scheuer (CSU) kritisch. »Der Scheuer stellt sich halt sehr als Mensch dar, der schon auf den Klimawandel achtet, aber auch die Wirtschaftsinteressen nicht außer Acht lassen will«, sagt er bei einem Interview im Café. »Aber das spiegelt sich nicht in dem wider, was er macht. Er hat sich, glaube ich, mehr den Wirtschaftsinteressen verschrieben, statt den Klimaschutz in den Vordergrund zu stellen.«

Im Internet postet die Ludwigsburger Ortsgruppe von Fridays for Future ein Video ihres Protests gegen diese Art von Politik. Der CDU-Stadtverband Ludwigsburg hatte den Verkehrsminister in eine lichte Veranstaltungshalle geladen, um mit ihm und 450 Gästen über die »Mobilität der Zukunft« zu diskutieren.[7] Plötzlich marschieren sechs 16- bis 18-Jährige vor dem älteren Publikum auf und skandieren lautstark den Schlachtruf von Fridays for Future: »Wir sind hier. Wir sind laut, weil ihr uns die Zukunft klaut.« Das Video zeigt, wie ein älterer Besucher versucht, einer Aktivistin den Mund zuzuhalten. Zum Schluss trägt die Polizei die Gruppe aus dem Saal.[8]

Vertrauen in Regierungsparteien schwindet

Quer durch alle Gruppen der Generation Greta schwindet derzeit das Vertrauen in die Fähigkeit der Regierungsparteien, die drängenden gesellschaftlichen Probleme zu lösen. Die Engagierten aus der Bewegung FFF sind frustriert, weil das, was sie für notwendig erachten, trotz erster Beschlüsse nicht schnell und konsequent genug umgesetzt wird. Die sozial Abgehängten sind sauer, weil sie sich nicht beachtet und abgehängt fühlen. Die Unentschiedenen in der Mitte fühlen sich verunsichert.

Fast 70 Jahre lang hat das politisch-parlamentarische System der Nachkriegszeit im Westen der Republik gehalten, 30 im Osten. Jetzt befindet es sich im Umbruch. Nicht nur junge Menschen spüren, dass die alten Muster in Zeiten von Individualisierung und Digitalisierung nicht mehr funktionieren.

Der Erfolg der populistischen Parteien hängt hiermit zusammen. Politiker wie Donald Trump in den USA, Marine Le Pen in Frankreich und Boris Johnson in Großbritannien sind ein Symptom für die Krise der demokratischen Verfassung, die wir gerade erleben.

Andreas Reckwitz sieht die westlichen demokratischen Gesellschaften in einem Paradigmenwechsel. Seit den 1980er-Jahren sei die Deregulierung der Wirtschaft mit einer Förderung der individuellen Freiheitsrechte einhergegangen. Globalisierung der Märkte, Abbau von Arbeitnehmerrechten und Privatisierung von staatlichen Leistungen auf der einen Seite, mehr Rechte für Frauen und Migranten, die Gleichstellung von Schwulen und Lesben und eine Vielfalt der Lebensmodelle auf der anderen Seite. Dieses liberale Paradigma sei nun jedoch selbst in eine tief greifende Krise geraten, schreibt der Soziologe.[9]

»Der Aufstieg des Populismus ist ein Symptom dieser Krise.« Nicht nur das neoliberale Wirtschaftsmodell gerate unter Druck, auch gerade erst errungene Rechte etwa von Frauen, Migranten und Homosexuellen würden durch Parteien wie die AfD wieder infrage gestellt.

Die junge Generation könnte in dieser Zeit durchaus wichtige Impulse setzen. Sie schaut mit neuem Blick auf die Umbrüche in der Gesellschaft. Neue Konzepte müssen bei ihr nicht erst alte Überzeugungen widerlegen, um ernsthafte Beachtung zu erfahren. Jugendliche sind eher bereit, vermeintlich unkonventionellen Ansätzen eine Chance zu geben. Das zeigen auch Fridays for Future mit der Forderung nach mehr Regulierung.

Viele aus der Generation Greta vermissen bei der etablierten Politik vor allem Konsequenz. »Es ist so, dass viele Politiker zwar eine Meinung haben, aber sich nicht trauen, diese zu sagen, wegen dem Rechtsruck in der Politik«, glaubt der 14-jährige Adrian. »Also wollen sie nichts sagen, weil sie davor Angst haben, dass ihre Partei dadurch Stimmen verliert.« Wer für Umweltschutz sei, wähle halt die Grünen, sagt Emils Kumpel Leo. Doch so richtig überzeugt ist auch er von dieser Wahl nicht. »Die wirken halt auch nur so halbherzig.«

Nicht immer muss thematisch der Klimaschutz an erster Stelle stehen. »Mieten. Klima. Bildung«, hat Jakob Novotný sein

Programm überschrieben. Während Fridays for Future ihren Sommerkongress vorbereiteten, stand der 25-Jährige im Wahlkampf um das Amt des Oberbürgermeisters. Ludwigsburg, eine alte Residenzstadt mit knapp 100 000 Einwohnern nördlich von Stuttgart, wählte einen neuen Oberbürgermeister. Doch aus Jakobs Sicht packten die beiden aussichtsreichsten Kandidaten die wichtigsten Themen erst gar nicht an. Deshalb hat er kandidiert.

Wenn Novotný durch die alte Residenzstadt läuft, kann er erklären, welche Straßenzüge welchem Investor gehören. An einer Kreuzung am Rande der Altstadt bleibt er stehen: »Was hier gebaut wird, ist halt ultrateuer: Luxuswohnungen und Eigentum, gebaut von irgendwelchen privaten Bauträgern«, sagt er und zeigt auf ein modernes Stadthaus. Ludwigsburg selbst habe dagegen von 1990 bis 2017 keine eigenen Sozialwohnungen mehr gebaut. »Also in jedem Fall läuft hier einiges schief.«

»Eigentlich liegt es doch völlig auf der Hand, was wir bei der Wohnungsnot machen müssten, um diese Blase, die sich hier langsam aufbläht, zu stoppen«, sagt er. Investitionen in Immobilien dürften sich einfach nicht mehr lohnen. »Eine Regierung, eine Stadt, ein Parlament sollte schauen, dass die Stadtbevölkerung etwas zum Wohnen hat, und nicht, dass die Investoren mit Wohnen Kohle machen können.« Also entschloss sich Novotný spontan, selbst als parteiloser Kandidat bei der Oberbürgermeisterwahl anzutreten. Er drehte ein Video, setzte eine Webseite auf, startete eine Facebook-Kampagne und machte Straßenwahlkampf in der Innenstadt. Am Ende erzielte er knapp neun Prozent. Mehr als ein Achtungserfolg für einen politischen Neuling.

Wahl zwischen zwei Polen

Im Laufe des Jahres 2019 drehte sich das öffentliche Bild der jungen Generation. Aus der Generation der Klimaretter, die bei der Europawahl im Mai die Grünen zur stärksten Kraft gewählt hatten, wurde wenige Monate später in der medialen Wahrnehmung eine Generation, die durchaus anfällig für populistisches Gedankengut ist.

Diese politische Polarisierung der jungen Generation zwischen Grünen und AfD spiegelt sich zunehmend in den Wahlergebnissen wider. In einigen Bundesländern, darunter Brandenburg, können sich Jugendliche schon mit 16 Jahren beteiligen, in den meisten anderen mit 18. Die Präferenzen der Jungwähler sind eindeutig: Die traditionellen Volksparteien CDU und SPD haben bei ihnen ihre frühere Vormachtstellung eingebüßt. Die junge Generation wählt inzwischen spürbar anders als die ältere.

Bei den Landtagswahlen im September 2019 in Brandenburg lagen die Grünen bei den unter 25-Jährigen mit 27 Prozent vorne. Sie profitierten vom Thema Klimawandel, aber sie hatten es auch geschafft, bei den jungen Wählerinnen und Wählern als modern und aufgeschlossen zu gelten. Mit ihrem kleinen Parteiapparat wirkten sie nicht ganz so bürokratisch wie die traditionellen älteren Parteien. Platz zwei, weit vor CDU und SPD, belegte in der jungen Generation die AfD mit 18 Prozent. Bei der Landtagswahl in Sachsen, die zeitgleich stattfand, lagen Grüne und AfD bei den Jungwählern mit jeweils 20 Prozent gleichauf. Ein paar Wochen später lieferten sich dann in Thüringen die AfD (23 Prozent) und die Linke (22 Prozent) ein Kopf-an-Kopf-Rennen um die Gunst der Jungwähler. Die Grünen folgten mit 13 Prozent auf Platz drei.

Schaut man genau hin, hat der Zuspruch, den die Grünen und die AfD in der jungen Generation erfahren, eine unterschiedliche Qualität: Die Grünen fuhren im jüngsten Wählersegment ihr stärkstes Ergebnis überhaupt ein, während die AfD – mit Ausnahme der über 70-Jährigen in Brandenburg – von allen älteren Wählergruppen mehr gewählt wurde, vor allem von der Gruppe der 30 bis 50 Jahre alten Wähler. Strukturell stärkt die junge Generation die Grünen, während sie die AfD tendenziell schwächt.

Dennoch: Die Auseinandersetzung zwischen den Themen der Grünen und den Themen der AfD fasziniert und erschreckt die junge Generation. Sie sind erfreut, endlich einmal wieder echte Alternativen für ihre Wahl zu sehen – oder zumindest diejenige, die sie selbst unterstützen. »Junge Menschen wählen AfD oder Grüne nicht aus Zukunftsangst – sondern als Zukunftsvision«, schreibt der Journalist Marc Röhlig auf Bento, dem Jugendmagazin von Spiegel Online.[10] Die Entscheidung zwischen Weltoffenheit und Nationalpopulismus hat das frühere Links-Rechts-Schema bei jungen Menschen aus den vorangehenden Generationen abgelöst.

CDU und SPD haben es schwer, mit ihren Themen und ihrem Stil bei jungen Leuten überhaupt wahrgenommen zu werden. Zwölf Prozent der 16- bis 24-Jährigen machten ihr Kreuzchen im September 2019 bei der Landtagswahl in Brandenburg bei der SPD, nur neun Prozent bei der CDU. In Sachsen waren die Zahlen unter umgekehrtem Vorzeichen ähnlich.

Die beiden langjährigen Regierungsparteien werden von der Mehrheit der jungen Leute als konturlos angesehen. Sie können nicht erkennen, wofür sie wirklich stehen und welche Themen sie intensiv verfolgen. Sie vermissen klare Aussagen und verbindliche Perspektiven. Die beiden Parteien scheinen ihnen nur daran interessiert, an der Macht zu bleiben, aber nicht daran, die wirklich wichtigen Herausforderungen anzugehen. In ihrem Auftreten wirken CDU und SPD auch nicht gerade modern und zeitgemäß auf sie.

Jugendliche wollen von den Parteien klare Meinungen hören, zu denen sie eindeutige Positionen beziehen können. Unter den engagierten Anhängern der Bewegung Fridays for Future stoßen populistische Positionen auf schroffe Ablehnung. »Ich finde es traurig«, sagt Paul (16) aus Berlin-Schöneberg. »Ich finde, wenn man AfD wählt, ist es ein Zeichen von mangelndem politischem Interesse, aber auch ein Zeichen von mangelnder Kompetenz, sich auch mal mit bestimmten Themen zu beschäftigen.« »Die AfD ist ja nur durch Angst gewachsen«, fügt der zwei Jahre jüngere Adrian hinzu.

Doch viele beschleicht auch die Sorge, daraus könnte sich eine Polarisierung der deutschen Gesellschaft ergeben. In der Shell Jugendstudie geben 56 Prozent der Jugendlichen an, die wachsende Feindlichkeit zwischen Menschen mit unterschiedlichen Meinungen mache ihnen Angst.[11]

»Im Freundeskreis finden wir immer mal wieder Punkte, wo wir sagen, da müssen wir aufpassen, dass das nicht im Streit eskaliert«, sagt Markus aus Frankfurt an der Oder. Trotzdem hält er die Freundschaft zu einer Freundin aufrecht, die für die AfD gestimmt hat. »Ich habe ihr gesagt, dass ich das nicht unterstütze und nicht so toll finde«, sagt der 19-Jährige. »Aber ich finde, das ist ein Punkt, der eine Freundschaft ausmacht, verschiedene Ansichten zu haben und miteinander zu reden.«

Carlas Freundeskreis in Frankfurt (Oder) deckt das gesamte politische Spektrum ab. »Komplett durcheinander« hätten alle gewählt, erzählt die 16-jährige Gymnasiastin. Nach der Wahl »sind sich manche auch ein bisschen in die Haare gekommen, weil man die Meinung vom anderen nicht okay fand«. Ihr dagegen ist es wichtig, einander zuzuhören. »Ich find's nicht so gut, dass die Menschen auseinandergehen, bloß weil sie verschiedene Ansichten haben.« Das gilt für Carla auch für die große Politik. Die anderen Parteien sollten die AfD nicht ausschließen, »weil ihnen das Konzept nicht gefällt«.

In manchen Kreisen der Generation Greta scheint die Politik also weniger zu trennen, als es gesamtgesellschaftlich der Fall ist. Nicht immer hängt das von persönlichen Überzeugungen ab. Mit ihren schwarz gefärbten Haaren und dem etwas labbrigen gelben Strickpulli glaubt man Lara sofort, wenn sie sagt, dass sie zur linken Szene in Frankfurt an der Oder gehört. In ihrem Umfeld gebe es aber auch Menschen, die rechte Ansichten verträten. »Die mag ich als Person, aber Politik ist kein Thema bei uns.« Schließlich habe man ja ohnehin mit unterschiedlichen Freundinnen unterschiedliche Gesprächsthemen.

Politik für die Generation Greta

Wie können die Parteien die junge Generation für sich gewinnen? Zunächst über Themen. Ebenso wie in anderen Gruppen der Bevölkerung ist die Generation Greta kein monolithischer Block. Dennoch gilt: Alle Parteien, die Umwelt und Klima nicht in ihrem Themenspektrum haben, werden nur schwer einen Zugang zu ihr finden. Hier liegt der Grund für die Stärke der Grünen unter jungen Wählern, aber auch für den Mitgliederzuwachs ihrer Jugendorganisation. Für die Mehrheit der Generation Greta ist Klimapolitik der Lackmustest, inwieweit eine Partei die Sicherung der natürlichen Lebenswelt ernst nimmt oder sich – wie es Luzia formuliert hat – doch wieder den Interessen von Auto-bauern, Landwirtschaft und Stromkonzernen beugt.

Zum anderen bleiben die beruflichen Chancen für Jugend-liche wichtig. Zwar ist die Generation derzeit recht entspannt, was ihre persönliche Zukunft angeht. Doch sobald sich die wirt-schaftliche Lage verschlechtert, wird das Thema an Bedeutung gewinnen. Darauf sollten sich gerade die Sozialdemokraten schon jetzt vorbereiten. Denn die Jugend schätzt Authentizität.

Darüber hinaus sollten Parteien aber auch die anderen The-men besetzen, die junge Menschen angehen: Bildung, Vereinbar-keit von Familie und Beruf, Mietpreise oder die Möglichkeit, Im-mobilien zu erwerben, und auch die Rente sind einige davon.

Neue Ansätze für diese Themen entwickeln die Parteien am besten gemeinsam mit der jungen Generation – unabhängig da-von, ob diese Parteimitglieder sind oder nicht. Junge Menschen denken in ihrer Mehrheit pragmatisch. In der Klimadebatte hat die Aktivistin Luisa Neubauer auch Diskussionen mit FDP-Chef Christian Lindner geführt, den sie sicherlich nicht zu den Unter-stützern ihrer Bewegung zählte. Parteien können durch solche öffentlichen Debatten mit potenziellen Anhängern ins Gespräch kommen.

Junge Leute gehen an eine Wahl mit der Frage heran, was es ihnen bringt, wenn sie sich für eine bestimmte Partei oder einen bestimmten Kandidaten entscheiden. Sie möchten klar sehen, was ihre Stimme bewirkt. Diese zweckrationale Haltung wird sich in den nächsten Jahren weiter durchsetzen. Wo langfristige Parteibindungen schwächer werden, wird kaum eine Partei noch aus reiner Treue und Sympathie Wähler gewinnen können. Par-teien müssen jedes Mal aufs Neue damit überzeugen, das richtige Thema in der richtigen Form angesprochen zu haben.

Genauso wichtig wie Themen ist die Parteiarbeit selbst. Als Reaktion auf die Wahl von Donald Trump zum US-Präsidenten und auch als Reaktion auf den Brexit haben sich Hunderte von jungen Leuten trotz ihrer Skepsis entschieden, einer Partei beizutreten. So haben alle Parteien in den letzten zehn Jahren ein wenig an Mitgliedern aus den jüngeren Generationen unter 35 Jahren gewonnen. Doch die Altersstruktur der Parteien hat sich dadurch kaum verändert. Wer heute als 17-Jähriger in eine Partei eintritt, der landet automatisch in einem Altenklub, in dem die Babyboomer, die heute 50- bis 65-Jährigen, alles dominieren.

In der Generation Greta hat aber kaum jemand Interesse daran, Schriftführer in einem Ortsverband zu werden. Die meisten fremdeln mit starren Strukturen und apparathaften Abläufen von Parteiveranstaltungen. Sie vermissen schnelle und flexible Abstimmungen über digitale Kanäle.

Jugendliche sind ein ungeduldiges Publikum. Sie sind frustriert von der Komplexität von Entscheidungen und scheinbar endlosen Debatten im Vorfeld. Soll die Generation Greta in Parteien aktiv werden, braucht sie eine wirkliche Chance auf Partizipation. Die Parteien sollten deshalb erst einmal alles tun, um Einblick in ihre Arbeit zu gewährleisten. Wollen sie, wie es im Grundgesetz formuliert ist, an der »politischen Willensbildung des Volkes« teilnehmen, dann müssen sie die jungen Leute erst einmal erreichen. Also moderne Kommunikationskanäle einrichten, die Einblick in ihre tägliche Arbeit ermöglichen. Außerdem können sie zu öffentlichen Foren und Diskussionsveranstaltungen einladen und dabei gezielt auf ausreichend viele junge Teilnehmerinnen achten. Auf diese Weise können sie die Berührungsängste der jungen Generation ihnen gegenüber Schritt um Schritt abbauen.

Eine gute Möglichkeit besteht weiter darin, dass Parteien wie andere soziale Einrichtungen auch Praktika für Jugendliche anbieten, sodass sie dort konkret erfahren können, wie die Arbeit von innen aussieht. Es wäre zu überlegen, ob ein »Freiwilliges Soziales Jahr« in den Organisationen von Parteien und den ihnen zuarbeitenden politischen Stiftungen eingerichtet werden kann. Die Jugendorganisationen der Parteien können für alle diese Schritte eine wichtige vermittelnde Aufgabe übernehmen.

Das eigentliche Ziel der Parteiarbeit muss es aber sein, junge Leute als Mitglieder zu gewinnen. Dazu könnte eine Mitgliedschaft auf Probe angeboten werden, eventuell auch eine zeitlich begrenzte. Alle diejenigen unter den jungen Leuten, die sich schließlich für eine längere Mitgliedschaft entscheiden, sollten dann so schnell wie möglich in verantwortliche Positionen rücken. Das könnte durch eine verbindliche Jugendquote nach dem Modell der Frauenquote geschehen: Eine Selbstverpflichtung der Parteien, bei den kommenden Wahlen 20 Prozent der Listenplätze für Kandidatinnen und Kandidaten unter 30 zu reservieren. Heute sind es nur etwa acht Prozent.

Eine solche Jugendquote würde der Generation deutlich mehr Gewicht geben und damit die Parteien von innen heraus reformieren. Denn nur wer attraktiv für junge Mitglieder ist, könnte dann noch mit guten Kandidatinnen überzeugen. Wenn die Parteien durch die gezielte Anwerbung junger Leute den Zugang zur Jugendkultur finden, kann ihnen das nur helfen. Denn die Jugendkultur ist inzwischen zu einer Art Leitkultur geworden. Junge Menschen setzen nun einmal über kurz oder lang die Maßstäbe. Und sie zeichnen seismografisch die jüngsten Entwicklungen auf.

Parallel dazu sollte das Mindestwahlalter herabgesetzt werden. Die Zeit dafür ist günstig, weil heute jeder sehen kann, wie viele der unter 18 Jahre alten Schüler sich aktiv und mit großem Geschick an der Umweltbewegung FFF beteiligen und sich dafür in komplizierte Sachverhalte einarbeiten. Im Grunde kann heute eine junge Frau oder ein junger Mann vom zwölften Lebensjahr an einschätzen, um welche Alternativen es bei der Wahl einer Partei oder von Kandidatinnen einer Partei geht. Bei den allermeisten ist mit diesem Alter die Fähigkeit zur kognitiven Einschätzung und sozialen Bewertung eines Wahlvorganges gegeben.

Deswegen ist eine Absenkung des Mindestwahlalters auf 16 oder 14 Jahre sehr gut zu verantworten. Es würde die Parteien zwingen, auf die Themen dieser jüngeren Altersgruppe im Wahlkampf gezielt einzugehen. Und sie würde die jungen Leute dazu anregen, sich mit den politischen Alternativen der Parteien aktiv auseinanderzusetzen.

Junge Leute tun der Politik gut. Doch bislang wird die Generation Greta nicht immer ernst genommen – nicht nur von FDP-Chef Christian Lindner, als er den Schülerinnen von Fridays for Future beschied, den Kampf gegen den Klimawandel besser den Profis zu überlassen. In Ludwigsburg musste sich OB-Kandidat Jakob Novotný während seines Wahlkampfs nicht selten anhören, dass er zu jung für das Amt des Oberbürgermeisters sei.

Dem 25-Jährigen ist bewusst, wie sehr sich die Perspektive der verschiedenen Generationen unterscheidet. In den 1970er- und 1980er-Jahren seien die Bedingungen für Arbeitnehmer deutlich besser gewesen. »Dann kamen halt Globalisierung, Hartz IV und die Privatisierung. Die trafen die Jungen. Dadurch geht es den Leuten, die älter sind, im Durchschnitt besser«, sagt Novotný. »Außerdem sind die an das System gewöhnt und gehen in viel größerer Zahl zur Wahl als die Jungen.«

Kapitel 6

DIGITAL IMMER EINEN SCHRITT VORAUS

Mediale Jugend

»Nein, das nicht, das auch nicht ...« In einem Mädchenladen in Berlin scrollt sich Lotta durch die Masse von Videos auf ihrem Handy. Die Elfjährige sitzt auf der Couch des Chill-Zimmers. Ihr Smartphone baumelt an einer Schnur um ihren Hals. »Hier ist es!« Als sie ein weiteres Mal auf das Display tippt, plärrt RnB-Musik aus den Lautsprechern. Auf dem Bildschirm tanzen Lotta und ihre Freundin Finja (9) dazu in, über und durch einen Pappkarton. Das Video beschleunigt mal so stark, dass die Bewegungen der beiden Mädchen hektisch abgehackt erscheinen, dann bremst es ab. Die Körper der jungen Tänzerinnen gleiten nun fast schwerelos in Zeitlupe durch die Räume des Jugendklubs.

Nach 15 Sekunden ist Schluss. Mehr erlaubt TikTok nicht, das soziale Netzwerk aus China, das vor allem unter den ganz Jungen beliebt ist. Die Mädchen haben das Video ein paar Stunden vorher mit der zugehörigen App aufgenommen. »Ich hab die Kamera gemacht«, ruft ihre Freundin Emma stolz. Die Longboards, die an dem Nachmittag in dem betreffenden Pappkarton geliefert wurden, um das Angebot des Jugendklubs zu bereichern, stehen derweil ordentlich aneinandergelehnt in einer Ecke. Bei dem kalten Herbstwetter wollten die Mädchen lieber digital kreativ werden, als draußen zu skaten.

Die Generation Greta wird oft als eine Generation der Digital Natives porträtiert, derjenigen also, die bereits in eine digitale Welt hineingeboren wurden, statt sie sich mühsam aneignen zu müssen. 2007 präsentierte Apple das erste Modell seiner Smartphone-Reihe; die ersten Telefone mit dem Betriebssystem Android kamen ein Jahr später auf den Markt. Selbst die Ältesten unter ihnen haben also möglicherweise schon im zarten Alter von sieben Jahren auf dem ersten iPhone herumgedrückt, Jüngere noch früher. Wie im Schlaf wischen sie sicher zwischen den verschiedenen Apps hin und her. Der Griff zum Smartphone ist für viele die erste und letzte Handlung des Tages – sofern die Eltern dabei mitspielen.

Kurz vor seinem Durchbruch als Künstler soll Andy Warhol einen Fotografen engagiert haben, der ihn auf Schritt und Tritt begleitete. Ein Jahr lang sichtete Warhol regelmäßig die Bilder. Nach und nach entwickelte er dabei ein Gespür für seine Wirkung vor der Kamera. Als die Medien sich später auf ihn stürzten, wusste Warhol ganz genau, wie er durch Körperhaltung und Gesichtsausdruck sein mediales Image prägen konnte.

Wer heute Fernsehinterviews mit Fridays-for-Future-Aktivisten oder auch nur mit gewöhnlichen jugendlichen Teilnehmerinnen der Proteste sieht, mag sich über die Professionalität wundern, mit der sie Interviews geben. Das TikTok-Video im Jugendklub könnte ein Teil der Erklärung sein.

In den Augen des Internetpublizisten Sascha Lobo gleicht die durchdigitalisierte Jugend der Generation Greta einem einzigen

Medientraining. Anders als Warhol ist sie dabei ihr eigener Fotograf.»Eine durchschnittliche 16-Jährige hat bereits Hunderte Stunden in eine Kamera gesprochen und ihre Kommunikation immer wieder mit den öffentlichen Reaktionen abgeglichen«, schreibt Lobo.[1] »Und wer schon Hunderte Male eine Instagram-Story veröffentlicht und die Reaktionen gesehen hat, der hat ein Gespür dafür bekommen, was medial funktioniert und was nicht.«

Im Gegensatz zu ihren Vorgängern hat die Generation Greta keine Pionierrolle im Digitalen mehr. Sie geht virtuos damit um, intuitiv und völlig unbefangen. Die mobile Kommunikation und die sozialen Medien haben an absoluter Faszination verloren. Digital ist längst selbstverständlich. Schon unter Zwölfjährigen besitzen 95 Prozent ein eigenes Smartphone, mit steigendem Alter sind es praktisch alle in der Generation.[2] Auf die Frage, was sie mit ihrem Handy mache, kann die 13-jährige Charlotte nur abgeklärt den Kopf schütteln: »Was man eben so mit dem Handy macht.« Das reicht als Antwort.

Und doch ist der richtige Umgang mit dem Internet alles andere als selbstverständlich. Selten wurde so viel über die Gefahren und Probleme der digitalen Welt debattiert wie in den vergangenen Jahren. Die Generation Greta wächst in einer Zeit auf, in der die Zukunft des Internets neu verhandelt wird. Nach Jahren der Offenheit dominieren die fünf – amerikanischen – großen Internet-Konzerne Amazon, Apple, Facebook, Microsoft und Alphabet/Google zunehmend das weltweite Netz. »Seiten und Services, die zu Facebook und Google gehören und von ihnen betrieben werden – etwa WhatsApp, YouTube und Instagram –, vereinen mittlerweile 70 Prozent des gesamten Datenverkehrs im Internet auf sich«, schrieb das US-Magazin *Newsweek* bereits 2017.[3] Tendenz steigend.

Obwohl jeder über Browser seines Handys Zugriff auf das gesamte Internet hat, dominiert die Nutzung von Apps, die nur einem bestimmten Netzwerk dienen. In manchen Ländern des Globalen Südens – etwa in Indonesien – gibt eine deutliche Mehrheit der Befragten an, regelmäßig Facebook zu nutzen. Gleichzeitig behauptet diese Mehrheit, niemals im Internet gewesen zu sein. Für sie ist Facebook nicht das Internet, sondern eine Welt für sich – auch weil dort Facebook und andere Angebote aufgrund fehlender Netzneutralität unterschiedlich teuer sind. Für andere Anbieter wird es damit immer schwieriger, Nutzer für ihre Produkte zu finden.

Immer mehr rückt dabei in den Fokus der Öffentlichkeit, welche Folgen diese Monopole haben. Die Aufregungsökonomie der sozialen Netzwerke verändert unsere gesellschaftlichen Debatten. Spätestens seit dem Ukraine-Konflikt, der Migrationskrise und der Wahl Donald Trumps zum Präsidenten der Vereinigten Staaten sind zudem die Gefahren von Fake News und Hass-Sprache für die Demokratie allen bewusst. Technologie macht Deep Fakes möglich, bei denen die Manipulation von Videos, Bildern oder Sprache kaum noch nachzuvollziehen ist.

Der Anteil der US-Konzerne an den Gewinnen, die im Internet erzielt werden, ist immens. Schätzungen zufolge kontrollierten Facebook und Google zusammen im letzten Jahr knapp 84 Prozent des globalen Marktes für digitale Werbung außerhalb von China.[4] Die Offenheit des Internets ist dadurch essenziell bedroht. Weil immer mehr Werbung von ihnen abgezogen wird, kommt auch das traditionelle Geschäftsmodell von Qualitätsmedien wie Zeitungen und Magazinen an seine Grenzen. Guter Journalismus lässt sich kaum noch über Werbung finanzieren.

Mit der Dominanz der Internet-Konzerne wächst die Sorge

um die Sicherheit von persönlichen Daten und Privatsphäre. Die trifft alle, besonders aber die Generation Greta. »Im Schnitt haben Eltern bereits 1300 Fotos und Videos von ihrem Kind in sozialen Netzwerken gepostet, wenn dieses 13 Jahre alt wird«, schreibt die Kinderbeauftragte der britischen Regierung, Anne Longfield. Die Informationsmenge explodiere förmlich, wenn sie als Jugendliche selbst aktiv werden. »Im Schnitt posten Kinder 26 Mal am Tag – insgesamt etwa 70 000 Posts bis zum Alter von 18 Jahren.«[5]

Und als wäre all das noch nicht genug, warnen Kinderärzte oder Jugendpsychologen in regelmäßigen Abständen apokalyptisch vor den Gefahren des Smartphones für die körperliche und geistige Entwicklung der jungen Generation. Arthrose in den Daumengelenken, schwere Haltungsschäden, Kurzsichtigkeit und Schwerhörigkeit scheinen da noch harmlos gegen die vielen psychischen Schäden und depressiven Verstimmungen, die sie in ihren Sprechstunden beobachten.

All diesen Herausforderungen zum Trotz hat die Generation Greta in ihrer Mehrheit Wege gefunden, digitale Technik sinnvoll zur eigenen Entwicklung einzusetzen. Häufig ist sie dabei den älteren Generationen einen Schritt voraus.

Im Jahr 2002 gaben 26 Prozent der 12- bis 25-Jährigen in der Shell Jugendstudie »Im Internet surfen« als häufige Aktivität an, im Jahr 2019 waren es 50 Prozent.[6] Die meisten jungen Leute nutzen das Internet für eine breite Palette von Aktivitäten. Ganz vorne stehen dabei die sozialen Netzwerke und Musik hören. Zudem suchen sie Informationen und nutzen es für Schule, Ausbildung und Beruf. Die Analyse zeigt, dass die Kommunikation mit Freunden zwar im Vordergrund steht, die Informationssuche aber fast gleichauf an zweiter Stelle. Besonders stark gilt das für die Jugendlichen aus den oberen sozialen Herkunftsschichten mit einer guten Bildungsperspektive.

Zwischen Souveränität und Sucht

»Ich habe Papa schon oft gesagt, dass ich sein Handy nicht mag«, überschrieb das *SZ Magazin* im Oktober 2019 eine Sammlung von Interviews mit Kindern zur Handysucht ihrer Eltern.[7] »Der Papa ist wirklich eine Handymaus«, beschwert sich da etwa Lilly, sieben Jahre. »Wenn man zu spät fragt: ›Spielst du mit mir?‹, dann schaut er schon wieder drauf. So schnell fallen mir gar nicht immer Spiele ein.« Und Martha, ebenfalls sieben Jahre, beschließt: »Wenn ich mal eine Tochter habe, soll die mein Handy vor mir verstecken – und mir nur im Notfall sagen, wo es liegt.« Sie finde es eben blöd, wenn die Eltern einem nicht zuhörten, weil sie am Handy seien. Schließlich hätten auch Kinder manchmal wichtige Sachen zu sagen.

Einige in der Generation Greta sind da schon weiter. Gerade der bildungsstarke Teil der Post-Millennials könnte zumindest diesen Eltern locker Nachhilfe in Sachen verantwortungsbewusste Handynutzung geben. Immer mehr von ihnen schränken den Griff zum Smartphone freiwillig ein.

»Kein Social Media. Hab ich nicht.« Julian, der in Gießen Physik studiert, nutzt nur noch WhatsApp: »Kein Facebook, kein Instagram. Das hat mir Zeit geraubt.« Drei bis vier Jahre war er zuvor regelmäßig auf Facebook unterwegs. Zu Beginn hat er selbst noch gepostet, dann nur noch mitgelesen – bis er begonnen hat, Physik zu studieren. »Man erwischt sich, wie man in der Vorlesung sitzt und durch Facebook scrollt.« Schließlich sei auch die

Vorlesung nicht immer spannend. »Aber letztendlich schaut man sich da nur Nonsens an«, erinnert sich Julian. »Ich sah da keinen Mehrwert für mich.«

»Ich würde mich generell gerne von allen sozialen Medien trennen«, sagt sein Kommilitone Nicolas. Neben dem Zeitfaktor nennt er auch den mangelnden Datenschutz als Argument: »Wenn man schaut, wo welche Informationen hingelangen, ist das schon beängstigend.« Bei ihm musste Instagram dran glauben. »Da kann man halt unbegrenzt alles Mögliche anschauen. Man bekommt total viele Sachen angezeigt, die vielleicht lustig sind oder interessant«, sagt er. »Aber einen wirklichen Nutzen zieht man daraus nicht.«

»Ich habe kein Instagram und kein WhatsApp mehr«, sagt auch Celina. »Das hat mich die ganze Zeit gestresst. Das ging so: Bling, bling, bling!« Sie sei nicht so gut im Antworten, sagt die 14-Jährige aus Gießen. »Dann habe ich mich dafür entschieden, es ganz zu lassen, weil mich das sonst nur stört.«

Noch bilden Julian, Nicolas und Celina die Ausnahme. 94 Prozent ihrer Altersgenossen nutzen täglich Messengerdienste wie WhatsApp. Vier von fünf Jugendlichen loggen sich mindestens einmal am Tag bei einem sozialen Netzwerk oder YouTube ein. Jeder Zweite noch öfter.[8] Aber die Skepsis wird größer. 60 Prozent kritisieren den fehlenden Datenschutz, monieren Hasssprache und Fake News. Auch stört es sie sehr, dass Google und Facebook mit ihren Daten viel Geld verdienen. Knapp ein Drittel der Befragten wünscht sich, in Zukunft weniger online zu sein. Ein Sechstel gibt an, selbst so oft im Internet zu sein, dass zu wenig Zeit für andere Dinge bleibt.[9]

Die Souveränität im Umgang mit dem Smartphone ist also oft hart erkämpft. Vieles hängt dabei vom Elternhaus ab. »Wenn ich online bin, dann geh ich da auch erst mal nicht weg«, sagt Celina selbstkritisch. Doch die Eltern hätten ihren Handykonsum auf anderthalb Stunden pro Tag gedrosselt. Ursprünglich sollte es eine Stunde sein. »Aber das war zu wenig.« In anderen Familien müssen die Kinder das Handy um 18 Uhr aus ihrem Zimmer legen. Oft werde es 19 oder 20 Uhr, erzählt Celinas Klassenkameradin Nele, aber insgesamt funktioniere das sehr gut.

Übung in Selbstdisziplin

Nicht jede schafft das so selbstverständlich. Anna macht gerade ihr Fachabitur am Konrad-Wachsmann-Oberstufenzentrum in Frankfurt an der Oder. Danach würde sie gerne Cutterin werden. Schon jetzt dreht die 17-Jährige Videos mit ihrem iPad und schneidet sie zurecht. Öffentlich auf einer Plattform gepostet hat sie ihre Arbeiten noch nicht, bislang ist sie ihre einzige Zuschauerin.

»Ich kann überhaupt nicht verstehen, dass die Menschen heutzutage handysüchtig sind«, sagt Anna. »In der Schule kann man es doch mal aushalten, das Handy in der Stunde wegzupacken.« Ein paar in ihrer Klasse hätten das Smartphone dauernd auf dem Tisch liegen – obwohl das verboten sei.

Doch dann räumt sie ein: »Ich bin zu Hause – geb ich zu – oft am Handy.« Da schaue sie dann YouTube-Videos. Die meiste Zeit verbringt sie jedoch mit der Spiele-App AFK Arena, einem Action-Karten-Spiel, von dem das Spieleportal Bluestacks schreibt: »AFK ist trügerisch einfach: Es lockt dich mit dem Vorwand des lässigen, unbeschwerten Spaßes, aber rücksichtslos zieht es dir den Teppich unter den Füßen weg, wenn du die schwierigsten Etappen erreichst.« »Ich hab dafür auch schon Geld ausgegeben«, sagt Anna und zögert ein wenig. Auf die Frage nach der Summe lacht sie: »Viel. Locker einen Hunderter.« Manchmal brauche man das, um weiterzukommen. Dann denkt sie kurz nach: »Ich gebe zu, ich bin süchtig.«

Oft kämen dabei die Hausaufgaben zu kurz. »Dann ist das wieder interessant, dann jenes. Und dann ist es schon wieder Abend und ich habe meine Hausaufgaben nicht geschafft.«

Der Umgang mit dem Smartphone spaltet so die Generation. Erfolg in Schule und Ausbildung hängt heute auch davon ab, wie souverän Jugendliche entscheiden können, was sie voranbringt und was sie bremst. Die Engagierten mit ihrem guten Bildungshintergrund haben gelernt, im entscheidenden Moment den Impuls zum Griff zum Handy zu unterdrücken. Im Zweifel melden sie sich eine Zeit lang von Instagram und Co. ab, statt schlechte Noten zu riskieren. Juliane Westphal, Schulleiterin in Berlin, beobachtet, wie gerade Schülerinnen kurz vor dem Abitur Verzicht üben. Einige von ihnen seien so weit, dass sie ihre Handys abschafften, sich Briefe schrieben und Karten spielten. Gerade selbst dem Sog der digitalen Welten entkommen, sorgten sie sich, dass jüngere Schüler zu viel Zeit am Handy verbrächten.

Zum Beispiel beim Spielen: Vier bewaffnete Kämpfer waten im Morgengrauen durch einen See, wenig später ziehen sie über malerische Felder. Von einem Berggipfel lassen sie den Blick über die gesamte Insel schweifen. Kurz darauf stellt sich heraus, dass sie nicht allein auf der Insel sind. Im Kampf gegen andere Teams explodieren Tankstellen, gleichzeitig wird im Verlauf des Spiels die Insel selbst immer kleiner. So beginnt der Trailer zu Fortnite Kapitel 2, dem derzeit beliebtesten Computerspiel der Generation Greta.[10] Fortnite ist ein sogenanntes »Koop-Survival-Spiel«.

Seine Figuren sind bunt, die Landschaft – zumindest zu Beginn – freundlich.

103 Minuten pro Tag spielen die 12- bis 19-Jährigen virtuell, die Jungen schätzen ihre Spielzeit auf 146 Minuten, die Mädchen auf 57.[11] Knapp 60 Prozent von ihnen spielen mehrmals die Woche. Nur elf Prozent nie. Ihren Höhepunkt haben die Videospiele vor allem in der jüngeren Jugendphase. Sporttreiben in einem Verein oder in der Freizeit verliert im Gegenzug an Bedeutung. Das führt zu dem oft beklagten Bewegungsmangel bei den jungen Leuten. Auch das Bücherlesen wird weniger häufig, unabhängig davon, ob digitale Geräte herangezogen werden oder nicht.[12] Erst nach dem 20. Lebensjahr klingt das Interesse am Gamen allmählich ab.

Computerspiele gelten mittlerweile als Kulturgut. Der Bundesverband der Entwickler von Computerspielen wurde 2018 in den Deutschen Kulturrat aufgenommen. Tatsächlich passt das Bild vom einsamen Spieler vor seinem Gerät für die Mehrheit der Generation nicht. 57 Prozent reden im virtuellen Teamspeak mit Mitspielern auch über Themen, die nicht mit dem Spiel zusammenhängen.[13]

Dennoch gehen viele leichtfertig mit den vielfältigen Onlineangeboten um. Das Attraktionspotenzial ist enorm, es treibt viele Eltern an die Grenze ihrer erzieherischen Möglichkeiten. Die Plattformen und Videospiele scheinen eine psychische Abhängigkeit, einen Suchtmechanismus einprogrammiert zu haben.

Wie Adrian Kreye in einer Reportage in der *SZ* herausarbeitet, haben die psychologisch und kommunikativ geschulten »Verhaltensformer« im Silicon Valley Algorithmen mit Anreizprogrammen entwickelt, die den Nutzer so geschickt mit Belohnungen und Leistungspunkten, aber auch mit Alarmsignalen versorgen, dass er in andauernde, große innere Erregung versetzt wird und nicht mehr aufhören kann.[14] Er fühlt sich gezwungen, in die nächste Runde zu gehen, weil er sonst nicht zur Ruhe kommt. In Wirklichkeit wird er dabei immer unruhiger.

Die große Mehrheit der Jugendlichen allerdings kommt mit den digitalen Herausforderungen gut zurecht. Die meisten können virtuos mit digitalen Geräten und Angeboten umgehen, intuitiv und unbefangen.[15] Diesen jungen Leuten ist es gelungen, die Risiken einer Überdosis von digitalen Impulsen abzuwehren. Entgegen den Empfehlungen mancher Psychologen und Psychiatern ist das nicht durch einen Bann, durch ein striktes Verbot der Nutzung von Smartphone und Laptop im Elternhaus gelungen, sondern im Gegenteil durch das Erlernen und Einüben eines kompetenten Umgangs mit Geräten, Plattformen und Spielen. Ihre Eltern haben ihnen geholfen, zu lernen, sich selbst Grenzen zu setzen, Auszeiten zu nehmen, die Dosis des Konsums zu regulieren. Sie schaffen es auch, trotz der ungeheuren psychischen Verlockungen der virtuellen Welt ihre Kontakte in der realen Welt nicht zu vernachlässigen.

Ebenso wie sie mit den Suchtstoffen umzugehen gelernt haben – der Alkohol- und Tabakkonsum in der jungen Generation ist auf einem historischen Tiefstand –, gelingt ihnen das mit den nichtstofflichen, verhaltensbezogenen suchtgefährdenden Angeboten. Sie schaffen es, den Algorithmen der Konsumentenbindung auszuweichen.

Neben diesen souveränen Nutzern gibt es eine große Gruppe, die sich mehr schlecht als recht durch das Labyrinth der digitalen Verlockungen bewegt. Diese Jugendlichen, meist junge Männer, schätzungsweise 30 Prozent eines Jahrgangs, rutschen immer mal wieder in eine Abhängigkeitsschlaufe hinein, können sich aber nach einiger Zeit auch wieder daraus befreien. Ihre psychische Gesundheit und ihre soziale Kontaktfähigkeit stehen auf der Kippe. Sie sind schnell abgelenkt und fahrig. Durch die vielen virtuellen Umgangsformen sind sie es nicht mehr gewohnt, sich in realen sozialen Situationen angemessen zu verhalten, Höflichkeitsregeln einzuhalten und dem Gegenüber ins Auge zu sehen. Weil Konzentrationsfähigkeit und Ausdauer leiden, sinkt ihre Leistungsfähigkeit ab.[16]

Für einen Teil von ihnen, insgesamt wahrscheinlich zwei bis drei Prozent eines jeden Jahrgangs, ist das Suchtpotenzial der kommerziell aufgeladenen Anwendungen mit ihren ständig neuen Anreizen zu groß. Sie gehören zu den krankhaft Online- und Videospielsüchtigen im Sinne der Definition von *Internet Addiction Disorder* oder *Gaming Disorder* der Weltgesundheitsorganisation.

Ein Netzwerk für jeden Zweck

Schon in vordigitalen Zeiten konnte Freundschaftspflege unterschiedliche Formen annehmen. Mit guten Freunden traf man sich jeden Nachmittag oder telefonierte regelmäßig, manchen schrieb man vielleicht sogar einen Brief. Andere durften sich über eine Postkarte aus dem Urlaub freuen. »We used to wait«, besingt die kanadische Band Arcade Fire, ihres Zeichens Generation X, auf ihrem Album »Suburbs« ihre analoge Jugend. Damals habe sie noch gewartet, bis Briefe ihren Adressaten erreicht hätten. Doch sie habe nachts auch noch geschlafen. »Before the flashing lights settled deep in my brain.«

Die Generation Greta ist Warten nicht mehr gewöhnt. Laut US-amerikanischen Studien haben 70 Prozent der Menschen unter 35 ihr Handy neben dem Bett, wenn sie schlafen. Über die Hälfte sucht nach neuen Messages, wenn sie in der Nacht aufwacht.[17] Doch gleichzeitig hat auch die junge Generation ihre digitalen Kommunikationsformen sozial ausdifferenziert.

Ohne WhatsApp kommen dabei nur ganz wenige aus. Die Shell Jugendstudie 2019 ermittelte Anstandsregeln, nach denen Jugendliche den Messenger nutzen.[18] Bei Verabredungen sollte in 20 bis 30 Minuten geantwortet werden. Andere Nachrichten können auch mal einen Tag oder mehrere liegen bleiben. Manche verabreden sich sogar regelmäßig zum Chatten – meist, um auch auf Entfernung Kontakt zu halten. Auch wenn die Zahl der Bekannten deutlich größer ist, kommuniziert die Generation Greta vor allem mit engen Freunden.

Nicolas, der Instagram gelöscht hat, konnte sich dagegen nie von Snapchat trennen. Er habe eben viele Freunde, die woanders wohnten, erklärt er. Klar, könne man sich auch über WhatsApp kontaktieren. »Aber wenn man über WhatsApp schreibt, dann entsteht ja auch immer eine längere Unterhaltung«, sagt Nicolas. »Bei Snapchat«, setzt er dann zur Erklärung an und hält plötzlich inne: »Kennst du überhaupt das Konzept davon?«

Snapchat ist wohl das soziale Netzwerk, das die Generationen trennt wie sonst nur TikTok. Im kalifornischen Silicon Valley mit dem Ziel entwickelt, Jugendlichen ein Netzwerk zu geben, in dem Informationen zum einen immer wieder gelöscht werden, sodass das peinliche Kostüm vom letzten Karneval von Mitschülern nicht immer wieder hervorgeholt wird. Zum anderen sollte es jungen Menschen einen Raum bieten, um ohne Kontrolle durch die Eltern zu interagieren. Der Legende nach wurden die Funktionalitäten des Netzwerks dafür absichtlich komplizierter designt als nötig – gewissermaßen eine Elternsicherung. Denn die kommen damit schlechter zurecht als ihre Kinder.

»Da kann man die Leute immer kurze Sachen fragen: Wie's einem geht«, erklärt Nicolas. »Das finde ich eigentlich schon ganz cool.« Die Zeitbegrenztheit mache den Unterschied: »Dass man nur kurz ein Bild schickt, wo auch nur Platz für eine kurze Nachricht ist.« Snapchat wird dadurch zur Postkarte der Generation Greta.

Selbst im Vergleich zu ihren direkten Vorgängern, der Generation Y (derzeit zwischen 20 und 35), wirkt die Generation Greta deutlich pragmatischer. Für sie sollen technische Innovationen das Leben erleichtern, vielleicht noch bereichern, aber sicher nicht bestimmen. War die Generation Y noch von der neuen Technik begeistert und ließ sich häufig durch digitale Welten treiben, scheint die Generation Greta abgeklärter. Sie geht wie selbstverständlich mit den sozialen Netzwerken um, betrachtet sie aber im Wesentlichen nur als nützliche Ausgangsbasis für ihre Kontakte. Sie sucht Plattformen, die zumindest einen Anschein von Originalität anbieten.

Facebook ist bei ihr längst out. »Facebook hatte ich noch nie«, sagt die 14-jährige Tida, die die Klasse 9c der Gesamtschule Ost in Gießen besucht. Dann fügt sie hinzu: »Ich weiß noch nicht mal, wie das genau aussieht.« Während für manche Ältere Facebook der Inbegriff von Online-Aktivitäten schlechthin geworden ist, ist es – immerhin das weltweit größte Netzwerk überhaupt – für manche Digital Natives eine unbekannte Welt.

Stattdessen findet der Reuters Digital News Report Instagram und Snapchat auf fast jedem Smartphone der jungen Generation.[19] Hier – weit weg von der Kontrolle der Eltern – pflegt die Generation Greta ihre Freundschaften digital. Hinzu kommen WhatsApp und YouTube und gerne auch noch weitere: Der Dominanz von Facebook setzt die Jugend Vielfalt entgegen. Gemäß Studien aus den USA ist sie statistisch Mitglied bei neun verschiedenen Netzwerken und bei fünf bis sechs davon aktiv.[20] Mal wird für einen Chat die Textverarbeitungssoftware Google Docs genutzt, mal die der Spiele-App Clash of Clans.

»Dieses Verhalten ist das derzeit bestfunktionierende Mittel gegen digitale Monopole«, schreibt Sascha Lobo. »Es reduziert die Abhängigkeit von einzelnen Digitalkonzernen erheblich.« In Deutschland nutzt die Generation Greta zudem die verschiedenen sozialen Netzwerke für unterschiedliche Zwecke: TikTok für lustige Musikvideos, Instagram, um berühmten Personen zu folgen, und Snapchat zur Kommunikation mit Freunden. Auch so lassen sich digitale Monopole bekämpfen – sofern die Netzwerke nicht von Facebook aufgekauft werden, wie bereits mit Instagram und WhatsApp geschehen.

Spätestens seit dem Frühjahr 2019 dürfte der Politik klar geworden sein, dass der Generation Greta ein offenes Internet frei von Überwachung am Herzen liegt. Mitte Februar beschloss die Europäische Union eine Reform des Urheberrechts. Artikel 13 wollte Plattformen wie YouTube stärker in die Pflicht nehmen. Vor allem junge Internetnutzer protestierten. »Wer Kinder hat, dürfte von Upload-Filtern, dem vermeintlichen Ende des freien Internets und Artikel 13 allerdings auch schon gehört haben«, schrieb das Handelsblatt.[21]

Auch Datenschutz ist der Jugend wichtig, wie die Shell Jugendstudie zeigt. Der 16-jährige Ben hat zwar das Gefühl, auf WhatsApp nicht verzichten zu können. Doch wo immer möglich kommuniziert er über Signal, einem sicheren Messengerdienst,

bei dem auch der Betreiber selbst die Kommunikation nicht mit-
lesen kann, empfohlen vom ehemaligen Mitarbeiter des US-In-
ternetgeheimdienstes NSA und Whistleblower Edward Snowden.
Beim Thema Datenschutz hat die Skepsis eher noch zugenommen. Vor allem bei den Mädchen, die auch in diesem Punkt kritischer sind als ihre männlichen Altersgenossen. Bei der Frage
»Was geschieht mit meinen Daten?« ist die Unbekümmertheit
der unter 20-Jährigen weg.[22]

Fast erstaunlich, dass bislang noch keine dauerhaft wirkende
kritische Bewegung zur Sicherung der souveränen Internetnut-
zung entstanden ist. Aber das ist wohl nur eine Frage der Zeit.
Vermutlich wird es, wie Greta Thunberg beim Thema Klimawandel, dann auch wieder eine weibliche Stimme sein, die das Wort
ergreift und ihre Generation dazu bringt, auf die Barrikaden zu
gehen. Sie sind heute schon mit 93 Prozent etwas mehr online
als die Jungen (90 Prozent). Und sie nutzen das Internet deutlich
stärker zur Kommunikation (41 zu 30 Prozent).[23]

Klassische Medien im Abwind

Montagmorgens in der Gesamtschule Ost in Gießen. Die Klasse
9c diskutiert, wie sie sich über das Klima informiert, aber auch
über das, was täglich in der Welt passiert. »Aus der Zeitung«,
sagt die erste Schülerin. »Und aus der Tagesschau.« »Aus der
Tagesschau«, sagt auch die zweite. »Und dann höre ich im Auto
meiner Eltern noch Deutschlandfunk.« Als auch der dritte Schüler die Tagesschau erwähnt, kommt es zur Abstimmung. Von 27
Schülern verfolgen nur zwei bis drei nicht regelmäßig die wichtigste Nachrichtensendung der ARD.

Dabei ist das klassische Fernsehen eigentlich völlig aus der Mode gekommen. Junge Leute nehmen eine Papierzeitung kaum noch in die Hand, vorm Fernseher sitzen sie noch gelegentlich mit den Eltern. Ihre wichtigsten politischen Informationskanäle finden sie im Internet: Nachrichten-Websites, darunter die von Zeitungsverlagen, News-Portale und Push-Nachrichten, auch die von Fernsehstationen. Sie möchten selbst entscheiden, wann und an welchen Orten und mit welchen Geräten sie sich Filme, Videos und Nachrichten anschauen. Wobei das Smartphone das Gerät der Wahl ist.[24] Selbst öffentlich-rechtliche Rundfunkanstalten in Deutschland denken heute darüber nach, ob sie jetzt nicht endlich auch im Spaß-Netzwerk TikTok präsent sein müssen.

Die Mehrheit der Generation Greta ist es nicht gewohnt, sich aktiv um politische Informationen zu kümmern. Die meisten jungen Leute möchten die News so nebenbei angeboten bekommen, wenn sie gerade in den Netzwerken unterwegs sind. Nur 37 Prozent geben an, sich aktiv über das zu informieren, was in der Politik geschieht.

Funk, der Jugendsender von ARD und ZDF, existiert nur im Netz, als Plattform mit YouTube-Optik. Neben Serien und anderen längeren Formaten sind viele Videos nur ein paar Minuten lang. Handykonform – öffentlich-rechtlicher Rundfunk im Greta-Format. Die Tagesschau, Deutschlands wichtigste Nachrichtensendung, hat über eine Million Follower auf Instagram. Auch das ist heute ein Ausspielweg für öffentlich-rechtliche Inhalte.

Die Generation Greta wächst in einer Zeit auf, in der die Meinungsführerschaft der klassischen Medien zunehmend infrage gestellt wird. »Weltweit haben Internet-Suchmaschinen (64 Prozent) in diesem Jahr zum ersten Mal die traditionellen Medien (62 Prozent) als glaubwürdigste Quelle abgelöst«, zitiert Stefan

Schulz in seinem Buch *Redaktionsschluss* aus dem »Trust Barometer 2015«. Der Publizist ergänzt diese Zahlen mit einer Studie des Meinungsforschungsinstituts Infratest dimap im Auftrag von Zeit Online. Demnach gab mehr als die Hälfte der Befragten an, »wenig« oder »kein« Vertrauen in die Medien zu haben. Die häufigsten Gründe dafür seien Vermutungen hinsichtlich bewusster Manipulation, Einseitigkeit und handwerklichen Unvermögens in den Redaktionen.[25]

Die Generation Greta geht nüchtern und pragmatisch mit ihren Nachrichtenquellen um. Doch auch wenn sie sich zunehmend von den traditionellen Mediengattungen wie dem klassischen Fernsehen und den auf Papier gedruckten Zeitungen abwendet und viel Zeit mit YouTube und Co. verbringt, vertraut sie den großen Marken. In Deutschland halten 82 Prozent die Fernsehnachrichten von ARD und ZDF für vertrauenswürdig, 39 Prozent davon für »sehr vertrauenswürdig«. Bei den großen überregionalen Tageszeitungen sind die Zahlen ähnlich.[26]

Anders bei YouTube: Nur sieben Prozent bewerten Informationen auf der Videoplattform als »sehr vertrauenswürdig«; insgesamt vertraut knapp die Hälfte dem, was sie sieht. Noch schlechter schneiden Facebook und Twitter ab. Zwei Drittel der Jugendlichen halten die Informationen auf diesen Plattformen für weniger oder nicht vertrauenswürdig.[27]

Damit ist die Generation deutlich weniger anfällig dafür, Falschnachrichten auf den Leim zu gehen, als ihre Eltern und Großeltern. Die Universität Princeton hat in einer Studie untersucht, wer im US-Präsidentschaftswahlkampf 2016 die meisten Fake News verbreitete: »Im Schnitt teilten Nutzer über 65 fast sieben Mal so oft Artikel von Fake-News-Seiten als die jüngste Altersgruppe«[28], hier als die 18- bis 29-Jährigen definiert.

Ihr Geheimnis: »Die meisten haben eine ›Anker-Nachrichtenmarke‹, wenn ein großes Ereignis passiert und sie das überprüfen wollen«, schreibt das Reuters Institute in seinem Digital News Report. In Großbritannien oder den USA seien dies Marken wie die BBC, der Guardian oder die New York Times. In Deutschland dürften es Medien wie ARD, ZDF oder Spiegel Online sein. »Die Wahl der Marke hängt oft stark vom frühen Einfluss der Eltern ab, doch das Format ist immer digital.«[29] Deshalb schaut die 9c Tagesschau.

YouTube – ein Paralleluniversum?

»Ja, es ist mal wieder Zeit für so ein Video.« So beginnt der YouTuber Rezo am 18. Mai 2019 sein neues Webvideo. Der 27-Jährige mit den blauen Haaren betreibt zu dem Zeitpunkt bereits seit vier Jahren zwei Kanäle auf der Videoplattform. Insgesamt zwei Millionen Abonnenten folgen ihm regelmäßig. Er und sein Team hätten sich die Positionen der CDU angeschaut, erzählt Rezo. »Und ich muss ehrlich sagen: Fuck, ist das heftig«, fügt er hinzu. Er habe nicht gewusst, wie heftig das sei.

Oranger Kapuzenpulli, Baseballkappe, im Hintergrund lehnen mehrere Gitarren an der Wand – in den Videos wird nicht ganz klar, ob Rezo, der auf der Plattform sein Geld verdient, aus seinem Kinderzimmer oder einem Büro sendet. »Ich werde in diesem Video zeigen, wie CDU-Leute lügen, wie ihnen grundsätzliche Kompetenzen für ihren Job fehlen, wie sie gegen deutliche Expertenmeinung Politik machen, (…) wie sie Propaganda und Unwahrheiten gegen die junge Generation einsetzen …«[30] »Die Zerstörung der CDU« ist online: Eine Stunde akribischer Auseinandersetzung mit der Politik der Partei von Bundeskanzlerin Angela Merkel. Fünf Tage vor der Europawahl.

Bekannt wurde Rezo mit Musikparodien. 2016 »disst«, eine Art Schmähkritik, er den Rapper und YouTuber ApoRed zu der Melodie von dessen Song »Everyday Saturday«. Das Video wurde insgesamt neun Millionen Mal geklickt. Dann wieder nimmt er den Song »One more light« von Linkin Park auf, als Tribut an den Sänger der Band, der sich das Leben genommen hat.

Im Januar 2019 dreht Rezo sein erstes »Zerstörungsvideo«. Im März sein zweites: »Ich entlarve Propaganda zu Artikel 13.« Mit Artikel 13 regelte die EU Urheberrechte im Internet neu. »Zerstören« klingt brutal. Im YouTube-Jargon sei damit jedoch nur gemeint, jemanden mit Argumenten auseinanderzunehmen, schreibt Markus Beckedahl auf Netpolitik.org. »Ältere Mitbürger:innen kennen das vielleicht als Diskussionsanstoß oder Kolumne.«[31] Zu dem Video selbst schreibt Beckedahl: »Für ältere Semester ist der Präsentationsstil sicherlich gewöhnungsbedürftig, aber inhaltlich ist das richtig guter, bissiger, junger Journalismus mit Haltung. Auf den Punkt. Mit valider Medienkritik. Und Humor. Das macht Spaß – und ist überaus kritisch.«

Nun also die CDU. Als Link liefert er ein Dokument mit 13 Seiten Quellen und Belegen. »Ihr wisst: Wenn ich ein solches Video mache, mache ich es ordentlich.« Soziale Gerechtigkeit, Bildung, Klima, Verteidigung. Es ist ein Parforceritt durch ein Jahrzehnt bundesdeutscher Politik, eine Fundamentalkritik an der Ära Merkel. »Nicht weil ich aktiv versuche, jemanden zu zerstören«, sagt Rezo zu Beginn des Videos. »Sondern weil die Fakten und Tatsachen einfach dafür sprechen, dass die CDU sich selbst, ihren Ruf und ihr Wahlergebnis damit selbst zerstört.«

Das Video ist in vielerlei Hinsicht typisch für das politische

Denken der jungen Generation. Rezo argumentiert faktenbasiert, um daraus dann eindeutige Schlussfolgerungen zu ziehen. Es findet keine ideologische Argumentation um Prinzipien statt, sondern eine Bewertung und Einordnung von Sachverhalten. Manches könnte man sicher auch anders interpretieren, aber es bleiben nachprüfbare Sachverhalte. Politik ist so nicht mehr ideologische Glaubensfrage, sondern ein Spiel mit Lösungen und eine Optimierung von Nutzen.

Rezo kommt zum Schluss, dass die Parteien der Regierung, damit neben der CDU also auch SPD und CSU, nicht mehr wählbar seien, weil sie den Wählerinnen und Wählern eine Politik zumuten, die sich nicht an nachweisbaren Standards orientiert. Mit ihren Entscheidungen zerstöre sie die Zukunft des Landes. Und der YouTuber ist sich der Schieflage im deutschen Generationengefüge bewusst. Er weiß: Seine – in der Mehrheit jungen – Zuschauer allein werden die Politik nicht verändern können. Deshalb fordert er sie auf, seine Botschaft an die Älteren weiterzutragen. Schließlich bestimmen sie in Deutschland den Ausgang der Wahlen. Nachdem junge YouTube-Nutzer »Die Zerstörung der CDU« millionenfach geklickt hatten, griffen die großen Medien das Video auf. Kurz vor der Europawahl bekamen die Christdemokraten so kräftigen Gegenwind aus dem Internet.

Rezo hat es geschafft, dass eine recht nüchterne Fachdiskussion auf der Basis von Fakten als attraktiv wahrgenommen wird. Er hat eine durch und durch demokratische Botschaft gesendet. Für die traditionelle Volkspartei CDU aber war die Präsentation per Video so irritierend, dass sie in Sprachlosigkeit versank. Dabei hatte das Video eine Form, die Ältere in Gestalt eines Meinungsartikels in einer Zeitung kennen – eine Zeitdiagnose, nur eben in einem anderen Medium.

Ein Konzept, wie sie damit umgehen sollte, fehlte der Partei völlig. Ein Antwort-Video von Philipp Amthor, dem jüngsten Abgeordneten der CDU-Bundestagsfraktion, wurde aufgezeichnet und dann doch nicht veröffentlicht. Stattdessen gab es ein Faktenblatt – elf Seiten als pdf.

Viele Jugendliche hat es irritiert, wie wenig die führende Regierungspartei auf eine im digitalen Format geführte öffentliche Debatte vorbereitet war. Die ohnehin schon große Distanz gegenüber der traditionellen, »analog« arbeitenden, von der Generation der Babyboomer beherrschten Politik wurde hierdurch verstärkt.

Die Kritik an Rezo war hilflos. Gewiss – sein blindes Vertrauen in wissenschaftliche Ergebnisse mag man kritisch beurteilen. So wertvoll diese Orientierung ist, es wird dabei oft übersehen, dass auch in der Wissenschaft unterschiedliche Denkschulen und Ansätze herrschen. Eine eindeutige und klare fachliche Position von einer überwältigenden Mehrheit der Wissenschaftler ist selten. Wir erleben sie bei der Auswirkung des Klimawandels und den Strategien zum Umweltschutz. In den meisten anderen Bereichen aber ist sie eher die Ausnahme. Darüber geht Rezo großzügig hinweg. Aber er macht mit seiner Faktenorientierung zugleich deutlich, dass er nicht mit Stimmungen und Ideologien, sondern mit überprüfbaren Aussagen Politik machen will.

»Instagram ist spätestens seit dieser Wahl (der Europawahl 2019) zu einer der wichtigsten und relevantesten Plattformen für die politische Kommunikation geworden«, heißt es in einer Studie der Friedrich-Ebert-Stiftung.[32] »Parteien wie CDU und SPD tun sich weiterhin schwer in sozialen Medien«, fasst das Fachportal Netzpolitik.org die Ergebnisse zusammen.[33] Der Aufbau relevanter Communities, die gezielte Ansprache und Mobilisierung konkreter Zielgruppen, digitales Agenda-Setting – damit haben die großen Volksparteien ihre Probleme. Nur die AfD und Die PARTEI setzen »sehr stark auf selbst mobilisierte, organische Reichweite«, schreibt Netzpolitik.org. Dabei will die Generation Greta über diese Kanäle angesprochen werden. Wie mit dem Video von Rezo.

Wie groß das politische Potenzial von YouTube sein kann, zeigt der Blick nach Russland. Über Jahre hat der Kreml dort an einer Propagandamaschine gebaut, die es ihm ermöglicht, seine Botschaften bis in die hintersten Winkel des Landes zu tragen. Zentrales Sprachrohr ist dabei das Staatsfernsehen, bis heute das wichtigste Medium des Landes. Als 2018 im ganzen Land Schüler gegen die Mächtigen auf die Straße gingen, wurde der Kreml von den Protesten überrascht. Die junge Generation kannte das Staatsfernsehen nur von Besuchen bei ihren Großeltern. Sie nutzen stattdessen YouTube und Co., denn dort hatte der Kreml deutlich weniger Einfluss. Schlimmer noch: Authentische YouTuber mit Putin-freundlichen Botschaften aufzubauen, stellte ihn vor große Herausforderungen.

YouTube und soziale Netzwerke wurden so trotz restriktiver Regierungspolitik auch in Russland zu öffentlichen Räumen, die die junge Generation mal zum Zeitvertreib, mal für ihre politischen Anliegen nutzt. In Deutschland schauen manche Dokumentationen des Jugendmagazins VICE, etwa wie ein Student in den USA seine exorbitanten Studiengebühren durch Drogenhandel finanziert. Andere folgen einer amerikanischen YouTuberin, die zu Lifestylethemen bloggt. Gleichzeitig verbessern sie so ihr Hörverstehen im Englischen. Nebenbei trainieren sie auch ihre Recherchefähigkeiten. Denn wer die besten Videos zu einem ausgefallenen Hobby findet, kann diese Fähigkeiten auch nutzen, um Informationen für ein Schulprojekt zu recherchieren.

Kapitel 7

BILDUNG INTERAKTIV

Auch Digital Natives brauchen Digitalkompetenz

In einer Karikatur der US-Zeitschrift *The New Yorker* sitzt eine Mutter zu Hause in ihrem Arbeitszimmer. Auf dem Schreibtisch vor ihr steht aufgeklappt ein Laptop, daneben ihre kleine Tochter, die kaum über die Tischplatte schauen kann. Fast flehentlich streckt die Mutter die Arme nach der Tochter aus. Was trotz weit aufgerissener Augen und nach unten gezogener Mundwinkel noch vor einer Generation eindeutig als Einladung zu körperlicher Nähe verstanden worden wäre, verwirrt das kleine Mädchen mit der süßen Schleife im Haar völlig. »Du willst kuscheln?«, fragt es beinahe entrüstet. »Ich dachte, du brauchtest Hilfe mit dem Computer.«

Als Digital Natives ist die Generation Greta mit digitaler Technik groß geworden. Und sie weiß das durchaus zu schätzen. 62 Prozent glauben, die Digitalisierung bringe ihnen mehr Vor- als Nachteile. Nur fünf Prozent sind skeptisch.[1] Gleichzeitig ist sich die Generation der Gefahren des Internets durchaus bewusst. Auf die Frage, was die Schule neben den klassischen

Schulfächern vermitteln solle, steht an zweiter Stelle der Umgang mit Computerprogrammen (72 Prozent), 63 Prozent wollen zudem mehr über den verantwortungsvollen Umgang mit sozialen Netzwerken, persönlichen Daten und Apps lernen.[2]

Die Studien zeigen auch, dass hier in vielen Schulen noch viel Luft nach oben ist. Nur 18 Prozent fühlen sich im Umgang mit Netzwerken und Daten ausreichend unterstützt. »Ich finde, hier fehlt auch noch eine Warnung, was einem im Internet alles passieren kann, worauf man achten muss und welche Gefahren man eingeht«, sagt Joy aus Bielefeld. Die 16-Jährige denkt dabei an Viren, Datenklau, aber auch an nicht jugendfreie Videos, die ungefragt in WhatsApp-Gruppen zirkulieren können.

Joy steht auf einer der Gesamtschulen der Stadt kurz vor dem Hauptschulabschluss. Ihr gefällt der nette Umgang zwischen Lehrern und Schülern in der Schule. »Was mir nicht so gefällt, ist, dass manche wichtigen Sachen zum Lernen fehlen: zum Beispiel Bücher oder Laptops.« Letztere seien meist kaputt, wenn man sie brauche, oder aber ein anderer Lehrer habe sie schon für sich reserviert.

»IT-Unterricht ist heute ein Muss«, fügt ihre Freundin Nino hinzu. Heute laufe ja ohnehin viel mehr technisch, sagt Joy. »Man könnte auch seinen eigenen Laptop mitbringen und dann die Hausaufgaben direkt an den Lehrer schicken.« Der könne die dann korrigieren, benoten und wieder zurückschicken. »Ich find so etwas viel einfacher und viel besser.« Zudem würde so der Unterricht interessanter. »Dann muss der Lehrer nicht alles an die Tafel schreiben.«

In Berlin-Schöneberg ist dies bereits der Fall. Wenn der Englischlehrer Christoph Köhn auf die nächste Seite des Englisch-Buchs blättern will, klickt er in die obere linke Ecke des

Smartboards, einer digitalen Tafel mit Touchscreen; ein paar Klicks weiter und er hat die Übung gefunden, die er sucht. Mit einem virtuellen Stift schreibt er die Lösungen direkt in den Text. Am Ende verschwinden sie wiederum mit einem einfachen Klick. Tafelwischen muss an der Sophie-Scholl-Oberschule schon lange niemand mehr.

»Bildung und Digitalisierung« nennt Kurt, der in Eberswalde Juso-Mitglied ist, als seine wichtigsten Themen. »Bei uns war das der klassische Kampf«, erinnert sich der 19-Jährige an seine Schulzeit. »Wir wollten freies WLAN für alle, damit man dann auch seinen Laptop mitnehmen und damit arbeiten kann.« Im Digitalpakt der Bundesregierung stünden zwar 5,5 Milliarden Euro bereit. »Trotzdem erlebe ich an meiner Schule nicht, dass sich in den letzten fünf Jahren irgendwas verändert hat.«

Solange der Digitalpakt der Bundesregierung nicht umgesetzt ist, stößt digitales Lernen oft rein technisch an Grenzen. Bis zu 300 000 Euro kann es kosten, eine Schule mit 1000 Schülerinnen flächendeckend mit WLAN in ausreichender Stärke auszurüsten. Davon sind viele Schulen in Deutschland meilenweit entfernt. Drei Viertel der Schüler in Deutschland lernen in Schulen ohne WLAN-Anschluss, so das Ergebnis der ICILS-Studie 2018.[3] Es ist das schlechteste Ergebnis unter den zwölf teilnehmenden Industrieländern. Länder wie Dänemark, Finnland oder Portugal sind nahe der 100 Prozent oder kurz davor. Wo der WLAN-Anschluss fehlt, nutzen die Schüler ihre mobilen Daten. Dabei kommen aber die Ärmeren unter ihnen schnell an die Grenzen ihres Datenvolumens.

Die Schulen in Deutschland sind dabei, ihre pädagogische Autorität zu verlieren, weil sie nicht auf die tatsächlichen Herausforderungen des Alltagslebens der Jugendlichen eingehen.

Das gilt inhaltlich, methodisch und technisch; ganz besonders aber für mediale und digitale Kompetenzen. Theoretisch haben alle Jugendlichen unbegrenzten Zugang zu Wissen, doch das Netz bietet mindestens ebenso unbegrenzten Zugang zu Falschinformationen. Die Fähigkeit, ein Leben lang zu lernen, wird in Zukunft maßgeblich davon abhängen, eigenständig die Qualität und Wahrhaftigkeit von Informationen bewerten zu können.

Deshalb will die Generation Greta besser auf die Digitalisierung vorbereitet werden, als Lehrer ihrer Einschätzung nach dazu heute imstande sind. In der McDonald's Ausbildungsstudie bewerten 41 Prozent der Jugendlichen deren Digitalkompetenz negativ. Innerhalb von nur zwei Jahren sind diese Zahlen deutlich gestiegen – ein Hinweis darauf, wie sehr das Thema Schüler beschäftigt.[4]

Es zeigt aber auch, vor wie große Herausforderungen die Digitalisierung selbst fortschrittliche Schulen stellt. »Wir müssen uns das Wissen erst mal selbst erarbeiten«, sagt Juliane Westphal, die Schulleiterin der Sophie-Scholl-Oberschule in Berlin. »Und dann sollen wir es den Schülern schon wieder in kritischer Form beibringen.« Dabei sei die technische Entwicklung heute so schnell, dass man selber kaum hinterherkomme. »Und das Dritte ist, dass wir sie eben auch vorbereiten sollen auf ein Arbeitsleben, das erwartet, dass man den Umgang damit beherrscht.« Dies sei ein unheimlich hoher Anspruch an Bildung. »Dabei hätte ich gerne Unterstützung«, sagt die Schulleiterin. »Die gibt es aber nicht.«

Denn anders als in den klassischen Fächern sind Lehrerinnen weder ausgebildete Experten, noch haben sie den notwendigen Vorsprung, sich Fähigkeiten anzueignen. Die rasant schnelle Entwicklung von Computern, Smartphones und den zugehörigen Anwendungen verlangt immer neue Kompetenzen. Doch die werden den Lehrkräften nicht systematisch vermittelt. Eine gut getaktete Fortbildung in digitalem Unterricht gibt es in keinem der 16 Bundesländer.

Außer den Fortbildungen für ihre Kollegien benötigen die Schulen Spezialistinnen zur Einrichtung, Pflege und Wartung von WLAN, Computern oder Tablets. Was in jedem Unternehmen Standard ist, das gilt auch für Schulen. IT-Fachleute müssten Lehrer auch im Unterricht unterstützen.[5] Denn wenn in einer Klasse mit knapp 30 Schülern auch nur bei einigen wenigen die Software hakt, kommen Lehrer schon rein physisch an ihre Grenzen. »Die Technik frisst da ganz schnell das pädagogische Konzept«, gibt eine Lehrerin zu bedenken.

Die Ansätze aus der Politik bleiben konzeptionell bislang vage. Die Kultusministerkonferenz hat zwar 2016 ein richtungweisendes Papier verabschiedet: »Bildung in der digitalen Welt«.[6] Danach sollen in Unterricht und Schulleben möglichst viele Kompetenzen vermittelt werden, die für eine aktive und selbstbestimmte Teilhabe in der digitalen Welt erforderlich sind. Die Vermittlung digitaler Kompetenzen soll integrativer Teil aller Fächer sein und die wichtigsten Fähigkeiten im Umgang mit Informationen online trainieren: a) Suchen, Verarbeiten und Aufbewahren; b) Kommunizieren und Kooperieren; c) Produzieren und Präsentieren; d) Schützen und sicher Agieren; e) Problemlösen und Handeln und f) Analysieren und Reflektieren.

Die KMK-Empfehlungen sind von dem Bemühen gekennzeichnet, die bestehende Phalanx der Unterrichtsfächer zu stärken und keine neuen zuzulassen. In einer sich schnell ändernden Welt aber ist dieser Ansatz unzureichend. Den Schülern fehlt es an grundlegenden Kompetenzen im Umgang mit Smartphone und Computer. Diese Kompetenzen können der Deutsch-, Mathematik- oder Englischunterricht nicht nebenbei vermitteln, Politik oder Geografie ebenso wenig.

Neben der Stärkung digitaler Lernansätze in den schon bestehenden einzelnen Unterrichtsfächern brauchen die Schulen deshalb ein Fach »Medienkompetenz«. In einigen Schulen wird das als »Computer- und Medientraining (CoMeT)« in Form einer kompakten Trainingseinheit angeboten. Medienkompetenz rückt das kreative und kritische Lernen in den Vordergrund. Schüler müssen eigenständig die Qualität der Informationen bewerten, Wissen aus verschiedenen Quellen miteinander verknüpfen und konkret anwenden. So können sie auch über die Schule hinaus ihr Lernen selbst gestalten.

Schließlich gehört in den Fächerkanon aller Schulen auch ein eigenständiges Fach Informatik mit Schwerpunkten auf Robotik und Künstliche Intelligenz. Es existiert bisher nur vereinzelt an einigen besonders engagierten Schulen.

Handys in der Schule

Julia steht auf einem Gymnasium im Berliner Speckgürtel kurz vor dem Abitur. Doch bevor sie die Schule verlässt, hat sie noch einen Plan. Bislang gilt auf dem gesamten Schulgelände: Nur ein abgeschaltetes Handy ist ein gutes Handy. Für Julia und ihre Mitstreiterinnen geht das an der Realität vorbei: »Im Berufsleben und im Alltag gehört das Handy längst dazu«, sagt sie. »Wenn man das in der Schule nicht lernt, hat man weniger Chancen, damit später sinnvoll umzugehen.«

Dabei ist Julias Gymnasium durchaus technikaffin. Im Unterricht nutzt sie regelmäßig schuleigene Laptops, etwa für das Programm GeoGebra in Mathematik, in anderen Fächern recherchiert sie oder schreibt Texte. Oft gebe es Probleme beim Einloggen auf dem Schulserver, erzählt sie. »Aber wenn das funktioniert, dann bringt der Einsatz des Laptops etwas.«

So fortschrittlich die Schule in Sachen Computer ist, so altmodisch ist in Julias Augen die Hausordnung beim Thema Smartphones. »Im Moment müssen wir vom Schulgelände runter, um etwas zu googeln«, sagt Julia. Für sie eine absurde Situation. Schließlich wüssten auch Lehrer manchmal die Antwort auf bestimmte Fragen nicht. »Derzeit müssen sie sagen: ›Dann googelt das zu Hause.‹«

Deshalb wollen die Schülerinnen die Hausordnung ändern. »Smartphones sollen generell erlaubt werden, müssen aber im Unterricht im Flugmodus oder ausgeschaltet sein«, lautet ihr Vorschlag, den sie in die Schulkonferenz eingebracht haben. Einzige Ausnahme: Die Lehrer setzen sie bewusst ein. Oberstufenschüler könnten so zumindest in ihren Freistunden online sein.

Julia und ihre Mitstreiterinnen sind sich durchaus der Gefahren bewusst, die Smartphones in der Schule mit sich bringen. Wer Mitschüler digital mobbt oder Videoaufnahmen im Unterricht macht, muss auch nach ihrem Vorschlag für eine neue Hausordnung damit rechnen, dass die Schulleitung das Handy konfisziert. Die Gefahr, dass Schülerinnen in den Pausen vollständig in der virtuellen Welt ihres Smartphones versinken, sieht sie dagegen nicht. »Wir können das Handy auch wegpacken«, sagt Julia. Schließlich funktioniere das nachmittags auch. Die Schulleitung hat der Vorschlag dennoch nicht überzeugt. Sie lehnte den Antrag der Schüler ab. Julia wird erst nach dem Abitur selbst entscheiden können, wann das Handy eingeschaltet bleibt.

Die Frage, wann der Griff zum Smartphone erlaubt ist, birgt Konfliktpotenzial an Deutschlands Schulen. Landesweit hat lediglich Bayern ein generelles Handyverbot an Schulen erlassen. Dort dürfen Schülerinnen ihre Smartphones nur dann herausholen, wenn die Lehrer das erlauben. In allen anderen Bundesländern regelt die Schulordnung, was ein Smartphone darf und was nicht.

Auch an der Gesamtschule Rosenhöhe in Bielefeld gilt ein generelles Handyverbot. Wer trotzdem erwischt wird, wie er auf den kleinen Bildschirm schaut, muss sich für zwei Wochen von seinem Gerät verabschieden – es sei denn, die Eltern holen es vorher bei der Schulleitung ab. Tom ärgert das richtig: »Wir haben mittags eine Stunde Pause.« Für die Jüngeren gebe es noch Mittagsangebote. »Aber wir chillen halt nur eine Stunde. Und dann darf man nicht mal einfach ans Handy gehen und mit Freunden schreiben.« Selbst Musikhören sei verboten. »Nicht mal das.«

In Gießen können die Lehrer ihre Klasse für das WLAN der Schule freischalten, wenn sie Handys im Unterricht verwenden wollen. Ansonsten gilt: Das Telefon muss in der Tasche bleiben. Längst nicht jeder halte sich daran, berichten Schüler.

Wer zu analogen Zeiten Physik studierte, war es gewohnt, ein zweites oder drittes Lehrbuch zurate zu ziehen, um einen Sachverhalt voll und ganz zu durchdringen. Carla, die in Frankfurt an der Oder vor dem Abitur steht, wirft YouTube an, wenn sie in Biologie die Photosynthese nicht ganz verstanden hat. »Es ist besser, Dinge noch mal anders erklärt zu bekommen«, sagt die 16-Jährige. »Ich kann sie mir auch besser merken, wenn ich sie sehe. Deswegen nutze ich das.« Doch ansonsten versucht sie, ihr Handy wegzulegen, wenn sie sich konzentrieren muss.

»Wir recherchieren mit unseren Handys im Internet, wenn wir was für die Schule brauchen«, erzählt der 13-jährige Lennart von der Sophie-Scholl-Oberschule in Berlin-Schöneberg. Neulich habe seine Deutschlehrerin auf der Plattform *Kahoot!* ein Quiz eingerichtet. »Dann holt halt jeder aus der Gruppe sein Handy raus und geht auf die Website«, erklärt Lennart. »Man kriegt Punkte für Schnelligkeit und dafür, ob die Antwort richtig ist oder nicht.«

Die Schule als handyfreie Zone – was für ein Kontrast zum richtigen Leben. Bereits unter den Zwölfjährigen besitzen 95 Prozent heute ein eigenes Smartphone. Und für die meisten ist es längst nicht nur ein Spielzeug. Die Generation Greta sieht ihr Handy auch als Arbeitsgerät. Sie schlägt Dinge nach, schaut Lehrfilme auf YouTube oder nutzt es als Taschenrechner-Ersatz.

Digital Native im Wischen

Mittwochs vor der fünften Stunde lädt Juliane Westphal eine Kiste mit Tablets auf einen kleinen Wagen und schiebt sie zum Aufzug in Richtung vierter Stock. Die Sophie-Scholl-Oberschule ist eine Sekundarschule. Jana und Luisa besuchen die WAT-Klasse, kurz für Wirtschaft, Arbeit, Technik. Während der eine Teil der Klasse die zweite Fremdsprache lernt, haben sie mit knapp einem Dutzend anderer Schülerinnen und Schüler Förderunterricht in Deutsch. Ihre Noten waren so, dass sie von einer weiteren Sprache überfordert wären. Stattdessen holen sie nach: im Wechsel sechs Wochen Deutsch, sechs Wochen Englisch und sechs Wochen Mathematik.

Auf den Tabletts basteln die Schüler an PowerPoint-Präsentationen zu dem Buch *Im Meer schwimmen Krokodile* von Fabio Geda, das die Geschichte der Flucht des zehnjährigen Enaiatollah Akbari nach Europa erzählt. »Es geht um einen Jungen, der von seiner Mutter verlassen wird«, erzählt Jana. »Es herrscht gerade Krieg im Land und deshalb flüchten sie zu zweit. Dann geht die Mutter aber doch zurück und lässt den Jungen alleine.« Jana und ihrer Mitschülerin Luisa gefällt die Geschichte. Nun müssen sie jeweils eine Station der Flucht mit einer PowerPoint-Präsentation vorstellen.

Ein Dutzend Siebtklässler sitzt also vor den Tablets und wechselt zwischen Word, PowerPoint und dem Internet hin und her. »Viele hier kämpfen damit, welche Informationen eigentlich auf eine Folie gehören«, sagt Westphal. Genau das ist Ziel des Projekts: Informationen richtig zu gewichten und aufzubereiten.

Doch die Schulleiterin steht im Deutsch-Zusatzkurs noch vor ganz anderen Herausforderungen. Eigentlich sollen die Schüler selbstständig an ihren Präsentationen basteln. Stattdessen sind die gesamte Stunde über ähnlich viele Hände in der Luft wie an den Tablets. Manche der Fragen lassen dabei an der These von der jungen Generation als Digital Natives zweifeln. Etwa: »Wie kopiere ich meinen Text aus dem Word-Dokument in die Power-Point-Präsentation?«

»Digital Native sind die Schüler nur im Wischen auf dem Bildschirm«, sagt Westphal. Viele hätten einen guten Blick für die Optik, dafür, wie ein Hintergrundbild auf einer Folie wirke, nutzten die Technik aber ansonsten äußerst passiv.

Im Umgang mit digitalen Geräten ist nur ein Teil der Generation Greta firm. Mindestens jeder Fünfte ist technisch und inhaltlich überfordert. Wenn Schulleiterin Westphal ihre Siebtklässler an die Computer setzt, um mit ihnen die »Lernausgangslage« zu erheben – dafür dokumentiert jeder in der Klasse kurz, welchen fachlichen Stand er gerade erreicht hat –, erhält sie von einigen

Schülern Texte, die auch auf der Tastatur getippt völlig unverständlich sind. »Ich glaube, dass die Kinder denken, wenn ich etwas in den Computer eingebe, korrigiert der Computer das, dass es eine Art Selbstkorrektur gibt, die Rechtschreibung, Zeichensetzung und wahrscheinlich auch noch Satzbau und Inhalt mitkorrigiert.«

Oft werde auch wild auf der Tastatur herumgeklopft. Die Information, die der Computer ausgibt, werde überhaupt nicht wahrgenommen, beobachtet Westphal. Vielmehr erinnere der Umgang mit der digitalen Technik an die auf Unterhaltung, Konsum und Ablenkung ausgerichtete Nutzung von sozialen Netzwerken wie Snapchat oder Instagram. »Aber dass der Computer ein funktionales Medium ist und was er alles bieten kann, das wissen sie überhaupt nicht.«

So natürlich die Generation Greta mit digitaler Technik aufgewachsen ist – kompetente Nutzer sind nur wenige. Dabei gehören Fähigkeiten wie einfaches Programmieren, der sinnvolle Umgang mit Smartphone und Computer sowie ein Bewusstsein für die Gefahren des Internets heute zur elementaren Grundbildung.

Nach der internationalen Studie zur Computer- und Informationskompetenz bei Schülern setzen unter den zwölf beteiligten Ländern die Lehrer in Deutschland täglich so wenige digitale Medien im Unterricht ein wie in keinem anderen Land. Zudem nutzten nur vier Prozent der Schüler Computer, Handy oder Tablets täglich in der Schule – auch das der niedrigste Wert unter den untersuchten Ländern. In Dänemark sind es 81 Prozent. Auch Kasachstan liegt mit 24 Prozent weit vor Deutschland.[7]

Wenn Schulen in Deutschland überhaupt digital arbeiten, so zeigt die Vergleichsstudie, dann bleiben sie meist bei den grundlegendsten Tools stehen. Zwar trainieren sie den Einsatz von

Word und PowerPoint. Nur sehr wenige Schulen aber nutzen Lernprogramme wie Quizlet, Lernspiele oder auch Social Media.[8] Es gibt eben weder ein Fach Medienkunde noch ein Fach Informatik, und deshalb stehen nur ganz wenige fachkundig ausgebildete Lehrerinnen in diesen Fächern zur Verfügung.

Da ist es fast überraschend, dass Schülerinnen im internationalen Vergleich bei ihren Medienkompetenzen im Mittelfeld liegen. Offenbar haben sie in Familie und Freundeskreis gelernt, computergestützt Aufgaben zu lösen – denn danach wurde in den vergleichenden Tests gefragt. Jeder dritte Achtklässler hatte jedoch nur rudimentäre Kenntnisse, etwa wie man einen Link in einem neuen Tab öffnet. Texte layouten, im Netz recherchieren und selbst Informationen erzeugen – Fehlanzeige. Es fehlt an der systematischen Schulung dieser Fähigkeiten, die nur in der Schule möglich ist.

Während in der Politik noch das Für und Wider von digitalem Unterricht debattiert wird, lässt sich die Integrierte Sekundarschule in Berlin-Schöneberg als Prüfungszentrum für den europäischen Computerführerschein zertifizieren. Word, Excel, Internet – alle Schüler sollten hier die grundlegenden Kenntnisse erwerben, sagt die Schulleiterin Juliane Westphal: »Was ist eine Tabellenkalkulation? Was mache ich eigentlich in Word, außer dass ich da wild auf eine Tastatur hacke? Was kann dieses Wahnsinnsprogramm eigentlich noch?«

Für Westphal bleiben digitale Werkzeuge immer nur ein Mittel zum Zweck. Den Unterricht ersetzen werden sie nie. Mit Tabletklassen rein auf digitales Lernen umzustellen, ist für sie keine Lösung. »Ich glaube, dass der Computer ein Hilfsmittel ist zur Effektivierung von Dingen, die man aber zunächst kognitiv erfassen und auch analog können muss.«

Denn so wichtig es sei, digitale Programme bedienen zu können, schränke die Technik auch immer ein. »Die Tabletkinder sind völlig hilflos der Kreativität derer ausgeliefert, die die Tablets programmieren«, gibt Westphal zu bedenken. »Das trainiert ein Konsumverhalten, das ich nicht für sinnvoll erachte.« Denn wer später selber einmal programmieren möchte, muss in der Lage sein, über die bestehenden Applikationen hinauszudenken. Und dafür braucht es dann doch wieder Stifte und Papier.

Schule interaktiv

Madeleine und Julie aus der zehnten Klasse der Sophie-Scholl-Schule erzählen mit leuchtenden Augen von einem Planspiel zur Funktionsweise der Vereinten Nationen. In dem konstruierten Fall im Politikunterricht ging es darum, dass die Kleinbauern ihr Land an Agrarunternehmen verlieren. »Es gab verschiedene Parteien«, sagt Madeleine. »Einmal die Regierung, dann die UNO, die Agrarunternehmen und die Kleinbauern. Und wir haben probiert, eine Lösung zu finden.« In Kleingruppen bereiteten die Schüler die Positionen der einzelnen Akteure vor. »Wir haben das über eine längere Zeit gemacht«, erinnert sich Julie. »Da hat jeder mitgemacht.«

Ähnliche Konflikte existieren in vielen Ländern des Globalen Südens, und nicht nur dort. Auch in Deutschland entstehen Spannungen bei Bauprojekten wie Stuttgart 21 oder neuen Windrädern. »Ich habe gelernt, dass es voll kompliziert ist, in Politik und Gesellschaft überhaupt Lösungen zu finden«, sagt Madeleine. »Jeder hat eine andere Sichtweise«, fügt Julie hinzu. »Jeder will etwas anderes erreichen.«

Was bleibt, ist ein grundsätzliches Verständnis darüber, wie Interessensausgleich in der Politik funktioniert. »Ich war die UNO«, erinnert sich Madeleine. »Dabei habe ich auch gemerkt, dass es als unparteiische Partei richtig, richtig kompliziert ist, überhaupt eine Entscheidung zu treffen, ohne irgendjemandem zu schaden«, sagt sie und muss selbst über »unparteiische Partei« ein wenig schmunzeln. Wenn sie Nachrichten schaue, frage sie sich oft, wie die Politik bei Fragen wie dem Brexit zu so seltsamen Entscheidungen komme, sagt sie. »Aber ich glaube, wenn man dann vor diesem Problem steht, ist das gar nicht mehr so einfach.«

Es ist diese Art von Schlussfolgerungen, die auch im Schuljahr nach dem Planspiel präsent sind. In einer Zeit, in der Populisten mit vermeintlich einfachen Lösungen Wahlerfolge feiern, ist das deutlich wichtiger als reines Faktenwissen. Denn Letzteres steht längst im Internet.

Die Digitalisierung verändert die Anforderungen an Wissen in der Arbeitswelt. Erfolg hat, wer Zusammenhänge durchschaut und in der Lage ist, neues Wissen einzuordnen. Wichtiger als die Informationen selbst, ist dabei die Fähigkeit, zu wissen, wo man suchen muss, wie sie einzuschätzen sind und wie sie auf die Lösung eines Problems bezogen werden können.

Die alte Rolle der Lehrenden als Wissensvermittler reicht dafür nicht mehr aus. Schüler müssen lernen, sich Wissen eigenständig zu erschließen. Lehrer werden zu Trainern, die Übungen konzipieren und Lernziele festsetzen. Doch ähnlich wie beim Fußballtraining greifen sie oft nur korrigierend ein. Die Schülerinnen lernen eigenständig, die Lehrerinnen sind dabei ihre fachkundigen Begleiter.[9]

Die Generation Greta will im digitalen Zeitalter ankommen und interaktiv lernen.[10] Sie will sich selbstständig Themen erschließen, statt den Unterrichtsplan abzuarbeiten. Sie will einen Unterricht, in dem die Einzelnen in Gruppen- oder Paararbeit selbst ihr Tempo und bis zu einem gewissen Limit auch den Schwierigkeitsgrad aktiv mitbestimmen können.

Statt nur Empfänger pädagogischer Impulse zu sein, wollen die engagierten Schüler eine auf sie und ihre Fähigkeiten zugeschnittene individuelle Förderung, dann aber auf eigene Initiative mit diesem Impuls weiterarbeiten. Gerade die Bildungsstarken wissen, dass sie Erfolg nur durch eine enge Kooperation mit den Lehrkräften haben können, dass Bildung ein Prozess der Co-Produktion ist. Sie wollen interaktiv lernen.

2019 vergab die Vodafone Stiftung Deutschland den »Deutschen Lehrerpreis« in der Kategorie »Unterricht innovativ« an ein Projekt, in dem Mathematiklehrer Unterrichtsinhalte miteinander teilen. Das Besondere daran: Die Erklärvideos kommen außerhalb des Unterrichts zum Einsatz. Die Schüler lernen mit ihnen zu Hause, etwa wie Dreisatz funktioniert. Im Unterricht wenden sie dann das Gelernte an – und können dabei immer Hilfe von der Lehrerin oder den Mitschülern bekommen.

»Flip the Classroom« heißt das Konzept, das die bisherige Tradition des Unterrichtens auf den Kopf stellt. Erfolg bei den Mathematikhausaufgaben hängt damit nicht mehr davon ab, ob zu Hause Eltern oder Geschwister helfen können oder nicht. Stattdessen machen die Schülerinnen die Hausaufgaben in der Schule in Begleitung der Lehrer.[11] Dank digitaler Technik kann das zum Abbau von Bildungsungleichheit beitragen.

Ein weiterer Zugang zum interaktiven Lernen ist die Projektarbeit. In der Gesamtschule Ost in Gießen hat sie einen hohen Stellenwert. Ein großes Ansinnen der Schule sei es, dass Schüler die Kompetenz erwerben, eigenständig zu arbeiten, sagt Sandra Sudler. Deshalb lässt die Deutschlehrerin ihre Schüler immer wieder an Stationen lernen oder baut Projektphasen ein.

So haben Karl, Nele und Celina beim Thema Mittelalter ein Schattentheaterstück entwickelt. Sie schrieben die Dialoge, bastelten Bühne und Figuren und brachten alles zur Aufführung. Beim Thema Zeitungen recherchierten die Jugendlichen eine Reportage zur Situation von alleinerziehenden Eltern. Im Ergebnis lernen die Schülerinnen, zu lernen. Viele von ihnen arbeiten selbstständig schwierigen Stoff nach und stellen sich dabei ihre eigenen Lernpläne auf.

Interaktives Lernen kommt den Selbstgestaltungswünschen der großen Mehrheit der Generation Greta entgegen. Die meisten jungen Leute haben verstanden, dass sie als Digital Natives Wissen jederzeit ergoogeln können. Wie Madeleine und Julie in dem UN-Planspiel begeistern sie sich stattdessen für Prozesse und Zusammenhänge, also für die Aspekte, die Wikipedia oder YouTube-Tutorials nur unzureichend vermitteln. Durch ihre permanente Arbeit an Computer und Smartphone, aber auch durch Computerspiele sind sie gewohnt, selbstständig Schritt für Schritt in ein Projekt einzusteigen und nach jeder Arbeitsphase klare Instruktionen oder Hinweise zum weiteren Vorgehen zu erhalten. Sie wünschen sich Lehrerinnen als kundige Begleiter, wollen aber so etwas wie ein »Bildungsbeauftragter in eigener Sache« sein.

Damit auch die schwächeren Schüler von einem interaktiven Ansatz profitieren, müssen die Lehrkräfte gut geschult werden. »Es kommt sehr darauf an, wie der Lehrer den Unterricht gestaltet«, gibt der 13-jährige Lennart zu bedenken. »Wenn wir nur auswendig lernen müssen, dann ist es ein wenig langweilig. Aber wenn man Spiele einführt, macht es Spaß.« Lennart hat gerade im Englischunterricht eine Kurzgeschichte gelesen, in der zwei Jugendliche auf der Rückfahrt vom Basketballtraining in eine Polizeikontrolle gekommen sind. In Kleingruppen haben sie danach ein Rollenspiel für die Polizeikontrolle entwickelt. Lennart spielte Lance, den afroamerikanischen Fahrer des Wagens. In der Geschichte ist Lance überzeugt, nur wegen seiner Hautfarbe angehalten worden zu sein.

Lennart motiviert diese Art des Unterrichts: »Wenn man Spiele spielt und es einem Spaß macht, dann hat man auch Lust, etwas zu lernen.« Seine Klassenkameradin Charlotte mag Partnerarbeiten. Nur Einzelarbeit findet sie doof. »Das macht einfach mehr Spaß zusammen.«

Interaktiver Unterricht stellt sehr hohe Anforderungen an die Lehrkräfte. Es geht nicht nur darum, sich neue Techniken anzueignen und in die Handhabung von digitalen Geräten und Prozessen einzuarbeiten. Es geht um ein völlig neues Verständnis der pädagogischen Führungsaufgabe. Dieser Rollenwechsel trifft nicht nur Lehrer. Auch in Unternehmen, Organisationen und Verbänden hat sich Führung im Zuge der Individualisierung, Demokratisierung und Digitalisierung verändert. Die Zeit der Bosse ist vorbei. Ähnlich den Chefs in der Arbeitswelt verändert sich die Rolle der Lehrkraft in Richtung Moderator, Koordinator und Ermöglicher.[12]

»Gu-ten Mor-gen, Heeerr Pie-kar-ski!« Etwas mechanisch leiern die 22 Zehntklässler die Begrüßung zu Beginn des Politikunterrichts herunter. Doch jenseits dieses altmodisch anmutenden Rituals ist hier an der Sophie-Scholl-Oberschule in Berlin-Schöneberg von passiven Schülern keine Spur. Derzeit steht Gentrifizierung auf dem Lehrplan – ein Thema, das in Berlin förmlich auf der Straße liegt. Jeder hier in der Klasse konnte in den vergangenen Jahren beobachten, wie sich der Kiez vor seiner Haustür verändert hat. Im Unterricht lernen sie nun, welche Mechanismen zu Mietensteigerung und Verdrängung führen.

Zum Abschluss der Unterrichtseinheit zeigt Politiklehrer Piekarski den Film »Wem gehört die Stadt?«. Die Dokumentation beleuchtet das Phänomen anhand der Entwicklung des Berliner Bezirks Prenzlauer Berg. Bei der Diskussion über den Film hat Piekarski die freie Wahl, wem er das Wort erteilt. Jeder und jede will mitdiskutieren.

»Man sollte nicht alle Viertel einer Stadt gentrifizieren lassen«, fordert Henriette. Wer sich ein Viertel nicht mehr leisten könne, habe einfach Pech gehabt, findet dagegen ein Mitschüler. Seine Klassenkameradin sieht darin den Kapitalismus des 21. Jahrhunderts am Werk: »Der Stärkere gewinnt, also die mit mehr Geld gewinnen«, konstatiert sie und fügt hinzu: »Aber die Gentrifizierung führt auch zu einer Modernisierung der Stadt.« Eine schwierige Frage sei dies, sagt ihre Tischnachbarin. Natürlich dürften sich die Alteingesessenen nicht verdrängt fühlen. »Aber auch neue Leute haben ein Recht, da zu wohnen, damit sich die Stadt weiterentwickelt.«

Die Begeisterung, mit der die Klasse debattiert, ist für Piekarski der Lohn für mehrere Wochen interaktiven Unterricht mit dem nötigen Freiraum für die Schüler, sich das Thema selbst zu erschließen. Auf Grundlage von Texten haben sie selbstständig in Paaren die Probleme, aber auch die positiven Effekte der Gentrifizierung herausgearbeitet. In Kleingruppen entwarfen sie Schaubilder zu den einzelnen Phasen der Entwicklung – vom Zuzug der ersten Pioniere, oft Studierende, in ein billiges Stadtviertel bis hin zur Hyper-Gentrifizierung. Im Anschluss an die Diskussion über den Film werden sie selbst über Lösungsansätze nachdenken, mit der die Politik die Verdrängung von Mietern einhegen könnte. Dann zieht die Klasse in den Computerraum, um zu recherchieren, was bereits getan wird.

Piekarskis Rolle hat sich gegenüber dem traditionellen Unterricht geändert, aber er bleibt dafür verantwortlich, die Kernstruktur des Unterrichts zu gestalten. Dazu muss er einschätzen können, was seine Schülerinnen können und was nicht, wo Überforderung droht und wo Hilfe benötigt wird. Seine Autorität speist sich nicht mehr rein aus seinem Vorsprung an Wissen gegenüber den Schülern, sondern auch aus seinem Umgang mit diesem Wissen: Wie wird es generiert, überprüft, eingeordnet, angewandt und auf die persönliche Situation übertragen?

Solch interaktiver Unterricht ist längst nicht überall die Regel. Meist wird es der Eigeninitiative der Lehrer überlassen, sich darin fortzubilden, wie der jeweils erreichte Leistungsstand der Schülerinnen diagnostiziert werden kann.

»Ich würde schon behaupten, meine Schüler zu kennen«, sagt ein Englischlehrer an einer Gesamtschule. »Aber ich kann nicht immer sagen, was ursächlich ist, warum sie gerade nicht arbeiten.« 28 Schüler hat er in seiner Klasse, zwei haben einen zusätzlichen »Förderbedarf Lernen«. Damit fehle ihm schlicht die Zeit, um jedem und jeder die Aufmerksamkeit zu schenken, die sie brauchen. »Das macht mich zusätzlich fertig, weil ich das im Endeffekt können müsste, um ihnen zu helfen.«

Eine neue Schule?

»Alles entwickelt sich, Technologien und so, aber Schule ist noch genau wie wenn du dir Bilder ansiehst von vor 100 Jahren«, sagt

Nino von der Gesamtschule Rosenhöhe in Bielefeld. »Leute, die in einer Reihe sitzen und an die Tafel gucken. Der vorne diktiert uns, was wir können müssen – können wir es gut? Können wir es nicht?«

Die 17-Jährige jammert auf hohem Niveau. Ihre Schule hat die starre Raumstruktur aufgebrochen, sodass die Schülerinnen auch während des Unterrichts Freiflächen für Gruppen- oder Stillarbeit haben. Ihr geht das nicht weit genug.

Nino hat zwar selbst mit ihren schulischen Leistungen zu kämpfen. Trotzdem – oder gerade deswegen – träumt sie von einer Schule, die ihr deutlich mehr Freiheiten gibt. »Ich finde, es müsste viel mehr auf Personen und ihre Stärken eingegangen werden«, fordert Nino. »Sodass man die Chance hat, sich da weiterzuentwickeln, wo man gut ist, und gleichzeitig das lernt, was man lernen muss.« Nino würde gerne mehr Naturwissenschaften belegen. Derzeit gebe es aber nur zwei Stunden Physik. »Hier wird jeder über einen Kamm geschert«, sagt sie.

Die Generation Greta reibt sich an der veralteten Organisation Schule. Ähnlich wie in der Politik und in der Welt der Parteien und Parlamente haben viele den Eindruck, an ihrer Schule in verkrusteten Strukturen aus dem vorigen Jahrhundert zu leben. Das gilt für die Räume der Schule, aber auch für die Abläufe, den mechanischen Rhythmus der Klingelzeichen und den zerhackten Schultag, der keine Zusammenhänge möglich macht.

Was die jungen Leute wünschen, ist ein rhythmisierter Wechsel zwischen konzentriertem, aktivem Arbeiten mit Entspannungs- und Kreativphasen. Mit mehr Abwechslung der Unterrichtsformen – am besten einer Mischung aus Frontalunterricht, Team-Unterricht, Gruppenarbeit, selbstständiger Freiarbeit der Schüler, Projektarbeit, Hausaufgaben, Forschungsarbeit mit Experimenten und außerschulischer Arbeit. Im Idealfall ein Unterricht, der sie nicht nur theoretisch anspricht, sondern mit ihnen zusätzlich in Werkstätten und Labors experimentiert, produziert und innovativ und schöpferisch gestaltet.

Manche Schulen reagieren darauf bereits. An der Gesamtschule Rosenhöhe dauert eine Unterrichtsstunde 60 Minuten statt wie früher 45. »Das erleichtert intensiveres selbstständiges Lernen und kooperatives Arbeiten«, wirbt die Schule dafür auf ihrer Webseite.[13]

Kapitel 8

WAS DER SCHULE FEHLT

Schülerfirmen

»Wir schreiben das Jahr 2009, ganz Schöneberg ist entdeckt und kartografiert. Nur ein kleines Fleckchen Erde gilt es noch urbar zu machen«, schreibt Lukas aus der zehnten Klasse der Sophie-Scholl-Oberschule. »Eines Tages kommt dann Herr K. und macht sich auf, um diesen kleinen ›Wildwuchs‹ im Wahlpflichtunterricht Wirtschaft-Arbeit-Technik (WAT) zu bearbeiten.«[1] Was Lukas hier wiedergibt, ist die Gründungsgeschichte des »grünen Klassenzimmers« der Schule in Berlin-Schöneberg.

Zehn Jahre später sammelt die Schule für das, was früher mal Schulgarten hieß und – glaubt man Lukas – vor allem aus Dickicht bestand, auf der Plattform Betterplace.org Spenden. Sie will das grüne Klassenzimmer ausbauen. Man brauche etwa 1000 Euro für ein Gewächshaus und ein digitales Bewässerungssystem, um professioneller produzieren zu können. Das Crowdfunding-Video zeigt die verschlungenen Wege des kleinen Gartens im Innenhof des altehrwürdigen Schulgebäudes. Holzscheite heizen den Lehmbackofen an. Schülerinnen sezieren im Freien Pflanzen unter dem Mikroskop. Selbst einen Bienenstock gibt es.

»In einer Welt, in der die eigentliche Produktion immer mehr hinter hochtechnologischen Systemen verschwindet, ist es ganz wichtig, die großen Bögen der Nahrungsmittelproduktion im Kleinen in fast aufklärerischer Form nachzuzeichnen, um so ökologische und ökonomische Zusammenhänge sichtbar zu machen«, fasst das Spendenvideo das pädagogische Konzept des grünen Klassenzimmers zusammen. Dafür sollen rund um das Urban-Gardening-Projekt Schülerfirmen entstehen.

Schülerfirmen sind aktivierende Konzepte der schulischen Arbeit. Die Idee: Schülerinnen gründen mit Unterstützung ihrer Lehrkräfte ein reales Unternehmen und erlernen so die Grundlagen ökonomischen Handelns.[2] Das grüne Klassenzimmer setzt dabei den Schwerpunkt auf ökologische Zusammenhänge und ein nachhaltigeres Wirtschaften. Die Schule arbeitet so Teile des Lehrplans ab und bereitet gleichzeitig auf die Arbeitswelt vor. Sie macht aus der Generation Greta mündige Bürger, die sich in das System Wirtschaft einarbeiten und sich kritisch mit ihm auseinandersetzen.

An anderen Schulen bieten Schülerfirmen Computerkurse für Senioren an, betreiben ein Reisebüro für Schüler und Lehrende, vermitteln Nachhilfe in der Schule oder leiten die Cafeteria oder das Medienzentrum. So lernen sie anschaulich und im aktiven Handeln Angebot und Nachfrage, Wettbewerb und Marktstruktur, Betreuung von Klienten und Kunden sowie soziale Gerechtigkeit bei der Verteilung knapper Ressourcen.

Pädagogisch gesehen arbeitet eine Schülerfirma wie ein interdisziplinäres Projekt, das systematisch mit dem Lehrplan verschiedener Fächer verzahnt ist.[3] Im Zentrum stehen ökonomische Schlüsselfragen wie die Ressourcenverteilung unter Knappheit und der effiziente Einsatz von Kapital und Arbeitskraft. Im begleitenden Unterricht können in Mathematik Fragen der Kalkulation der Kosten und Erträge und in Deutsch die sprachliche Gestaltung der Homepage aufgegriffen werden. Im Politikunterricht besteht die Gelegenheit, auf die Auswirkungen der Globalisierung mit der Verlagerung von Produktionsstandorten in Niedriglohnländer ebenso einzugehen wie auf den Einfluss internationaler Großkonzerne auf die landwirtschaftliche Produktion und die Arbeitsbedingungen im Zuge von Automatisierung und Digitalisierung. Der Schulgarten der Sophie-Scholl-Oberschule wird so gewissermaßen zum Abbild der Welt im Kleinen.

Eine Schule fürs Leben

Die Generation Greta wächst zu einer Zeit auf, in der auch die Institution Schule Antworten auf den gesellschaftlichen und technologischen Wandel sucht. Jugendliche wünschen sich mehr Hilfe beim Erwachsenwerden. Auf die Frage, was die Schule jenseits der klassischen Unterrichtsfächer vermitteln sollte, setzen sie vor allem auf Fähigkeiten, die sie auf das Leben vorbereiten.

Denn in den vergangenen Jahren sind die Herausforderungen an junge Menschen größer geworden. Ein guter Schulabschluss gilt großen Unternehmen schon längst als selbstverständlich. Darüber hinaus testen sie in Assessmentzentren Soft Skills wie Sozialverhalten, Stressbewältigung oder Teamfähigkeit.

Die Generation Greta findet, dass sie hierbei zu wenig Impulse durch die Schule erhält.[4] Sozialkontakte, der souveräne Umgang mit Geld, Konsum und Medien und selbst politisches Engagement in der Gesellschaft – all das gehört für sie laut McDonald's Ausbildungsstudie 2019 auf den Lehrplan. Die Mehrheit der jungen Leute will einen Unterricht, der im digitalen Zeitalter auf die reale Welt vorbereitet. Sie will Lehrer, die das kompetent vermitteln und dabei ein Lernen auf Augenhöhe ermöglichen. Damit stellt sie nicht die Bedeutung ihrer Unterrichtsfächer infrage. Aber ihr reicht Bildung mit dem klassischen Repertoire der Fächer nicht mehr aus.

Leo geht auf eine Gesamtschule, die stark in Projekten arbeitet und damit von vornherein deutlich mehr Praxisbezug in den Unterricht integriert, als es klassischer Frontalunterricht ermöglicht. Doch ihm ist selbst auch das noch zu wenig. Er interessiert sich für Politik und den Einfluss von Lobbyisten auf die Politik. Eine Dreiviertelstunde spricht er über Fridays for Future, über YouTuber und Politiker und darüber, wie er mit seinem Smartphone umgeht. Nachdem er alle Fragen beantwortet hat, setzt der 14-Jährige selbst die Themen. Man müsse noch über die Sinnhaftigkeit der Unterrichtsinhalte in der Schule sprechen, sagt Leo und kritisiert: »Niemand bringt uns bei, wie wir später mal eine Steuererklärung machen oder wie man beim Fahrrad die rausgesprungene Kette einsetzt.« Bei Letzterem habe er neulich einer Mitschülerin aus der Klasse helfen müssen. Dabei sei das doch das Einfachste auf der Welt.

Leo sitzt im Ruheraum der Mediathek der Gesamtschule. Er ist umgeben von Büchern zu den klassischen Schulfächern. Deutsch, Wörterbücher, Werke zu Soziologie und Politik, englische Jugendbücher, Länderkunde. Ihm fehlen »grundlegende Sachen, die einem später im Leben wirklich weiterhelfen«: »Dass man sich ein wenig im Gesetz auskennt und auch weiß, welche Rechte man hat und welche nicht.« Nach kurzem Nachdenken fügt er hinzu: »In unserer globalisierten Welt ist es ja auch wichtig, dass man weiß, wie die Wirtschaft funktioniert.« Auch über

Programmieren würde Leo gerne mehr lernen. »Dass man rein theoretisch weiß, wie der eine Roboter es schafft, das Auto hochzuheben, und wie der andere Roboter es schafft, das Auto zu besprühen.« Informatik könne man zwar an seiner Schule belegen, doch ein Wahlpflichtfach ist Leo zu wenig.

In der Ausbildungsstudie von McDonald's wurden die 15- bis 24-Jährigen gefragt, welche inhaltlichen und sozialen Fertigkeiten und Kompetenzen ihrer Meinung nach in der Schule vermittelt werden sollten und welche davon tatsächlich in der Schule unterrichtet werden.[5] Ihr fehlt, was sie neu-deutsch Life-Hacks nennen würden. 63 Prozent finden, die Schule sollte den richtigen Umgang mit sozialen Netzwerken, Daten und Apps vermitteln, nur 18 Prozent haben das tatsächlich erlebt. Eine ähnlich große Lücke besteht bei finanziellen Fragen: 69 Prozent halten es für wichtig, sie im Unterricht zu behandeln, nur zwölf Prozent haben das in der Schule erfahren. Kenntnisse über Natur, Umwelt und Klimaschutz werden von 61 Prozent der jungen Leute für wichtig gehalten, aber nur 41 Prozent von ihnen haben im Unterricht ausreichend darüber gesprochen. Auch bei der Vermittlung guter Umgangsformen ist die Diskrepanz groß. Nach Unterricht in Recht, wie ihn Leo anmahnt, wurde in dieser Studie nicht gefragt; da wäre sicherlich ein ähnlich großes Defizit zu verzeichnen gewesen.

Dagegen schneidet die Schule gut ab, wenn es darum geht, vor anderen zu sprechen oder etwas zu präsentieren.[6] Auch im Umgang mit gängigen Computerprogrammen wie Word oder PowerPoint sowie für die Auseinandersetzung mit politischen Themen fühlen sich Schüler einigermaßen gut vorbereitet. Leidlich zufrieden sind Jugendliche damit, wie die Schule sie trainiert, sich für andere einzusetzen und sich gut auszudrücken.

Die Generation Greta übt keine Fundamentalkritik an der Schule. Schon deshalb nicht, weil sie das persönliche Engagement der Lehrerinnen und Lehrer sehr zu schätzen weiß. Aber sie will aufs Leben vorbereitet werden und sieht dabei zu viele Defizite. Nicht immer ist ihr klar, dass sie eigentlich längst bereit fürs Leben ist. »Ich bin ja der Meinung, dass jeder aufgeklärte Mensch ein Bankkonto eröffnen kann«, sagt Schulleiterin Juliane Westphal mit Blick auf die Ergebnisse der Studie. »Ich kriege auch eine Steuererklärung hin, wenn ich lesen kann.«

Gut im Präsentieren

Mittwochs, siebte Stunde. Im Leistungskurs Geschichte schalten Jana und Merle den Projektor an. Vor ihnen liegt eine knappe Stunde Referat. Thema: »Welche Grundlagen hat uns die antike Demokratie für die Verfassung der Bundesrepublik gegeben?« Der Unterricht schlägt den Bogen vom Wissen über die Antike zu unserer Zeit. Die Fragestellung ist typisch für die Art, wie Schüler heute lernen können. Auch wenn die beiden Referentinnen zu dem Schluss kommen werden, dass andere Einflüsse auf unser Grundgesetz viel entscheidender waren als die Demokratie der Antike.

Die beiden Oberstufenschülerinnen starten mit einem Ausschnitt einer Dokumentation des Südwestrundfunks über die Entstehung des Grundgesetzes. Nach effektvoller Musik und der Cliffhanger-Frage, ob sich die Väter und Mütter des Grundgesetzes zur Abschaffung der Todesstrafe würden durchringen können, spulen Merle und Jana 2500 Jahre zurück in die Antike: Ausgangspunkt der Analyse ist eine Quelle aus dem alten Athen: die

Gefallenenrede von Perikles im Peloponnesischen Krieg, niedergeschrieben von einem Zeitzeugen des Athener Feldherrn. »Die Rede ist weitestgehend frei erfunden«, sagt Merle. »Aber sie soll die Intention Perikles' bestmöglich zum Ausdruck bringen.« Dann teilen sie die Rede in Sinnabschnitte ein, die das Wesen der attischen Demokratie beschreiben – natürlich auf dem Smartboard, das an der Sophie-Scholl-Schule längst die Kreidetafeln ersetzt hat.

Im Laufe ihres Referats wechseln Jana und Merle zwischen Präsentationsmodus und Diskussionen mit ihren Mitschülern, stellen gemeinsam Tabellen mit den wichtigsten Unterschieden und Gemeinsamkeiten zwischen der attischen und der bundesrepublikanischen Verfassung zusammen, bedienen routiniert PowerPoint-Präsentation und Smartboard. Zum Schluss gibt es Applaus vom Kurs. In der Feedback-Runde stellt Geschichtslehrer Christoph Köhn die Frage der attischen Demokratie erst mal zurück. Stattdessen fordert er Lob und Anregungen zur Präsentation selbst ein.

Neben dem Lehrplan hat die Sophie-Scholl-Oberschule ein Methodencurriculum entwickelt, das festlegt, welches Fach welche Arbeitsmethoden in welcher Klasse vermittelt. Es ist diese Art, Lerninhalte mit Fähigkeiten zu verknüpfen, die die Generation Greta von ihren Lehrerinnen erwartet. Denn solides Fachwissen allein reicht in der Wissensgesellschaft längst nicht mehr aus. Die Übersetzung des Wissens in verschiedene Anwendungsszenarien ist es, was heute im Beruf wichtig ist. Darauf zielt das Programm der Sophie-Scholl-Schule.

Klimakrise und Schule

Vom Jahr 2020 an soll Italien ein neues Schulfach bekommen. Einmal die Woche wird dann auf Physik, Mathematik oder Italienisch die Klimakrise folgen. »Italien wird das erste Land der Welt sein, in dem es obligatorisch ist, über Klimawandel und nachhaltige Entwicklung zu lernen.«[7] Und zwar in allen Jahrgängen. Zudem sollen Physik, Geografie oder Mathematik stärker auf diese Themen ausgerichtet werden. Nur wenn die Jugend über die Klimakrise informiert sei, könne sein Land Vorreiter beim Klimaschutz werden, so der damalige Bildungsminister Lorenzo Fioramonti. Im September 2019 hatte er die Schülerinnen seines Landes aufgerufen, für Fridays for Future die Schule zu schwänzen.

In Deutschland wird die Klimakrise wohl in absehbarer Zukunft nicht zum eigenständigen Schulfach. Die Schulministerien der 16 Bundesländer reagieren auf alle Anforderungen allergisch, die bestehenden Lehrpläne und vor allem den Kanon der existierenden Unterrichtsfächer in irgendeiner Weise zu verändern oder gar zu erweitern.

Tatsächlich wäre der damit verbundene Aufwand groß, weil Deutschland das Fachlehrerprinzip kennt: Lehrer erhalten eine gezielte wissenschaftliche Ausbildung in zwei akademischen Fächern, und nur für diese beiden Fächer wird die Lehrbefugnis erteilt. Kommen neue Fächer in den schulischen Unterrichtskanon, muss also zuerst die Lehrerausbildung an der Universität erweitert werden, bis hin zu den fachlich geeigneten Professorinnen. Danach muss die Ausbildung am Lehrerseminar eingeführt werden, und auch das braucht neues Personal. Anschließend müssen die Schulen ihre Unterrichtsplanung umstellen, um ein neues Fach aufzunehmen. Kein Wunder, dass viele Schulminister hiervor zurückschrecken.

Was sie stattdessen proklamieren, ist der fächerübergreifende Unterricht. Im Themenbereich Umwelt und Klima ist das tatsächlich sinnvoll: Der Physikunterricht erklärt den Treibhauseffekt, das Fach Erdkunde untersucht seine Folgen. Zusätzlich beleuchtet Biologie den Einfluss auf Pflanzen- und Tierwelt, während das Fach Sozialwissenschaften den klimaneutralen Umbau der Gesellschaft und politische Entscheidungsprozesse thematisiert. Für eine Krise, die Antworten in so gut wie allen Lebensbereichen erfordert, ist das ein guter Ansatz, da hier Kompetenzen in sehr unterschiedlichen Fächern gefragt sind.

Noch wird das nicht an allen Schulen praktiziert, obwohl es sich um das für junge Leute wichtigste Thema überhaupt handelt. Nur an einigen vereinzelten Schulen werden Fragen systematisch bearbeitet, die sich mit den aktuellen Umweltveränderungen und ihren Langzeitfolgen beschäftigen. In anderen Fällen macht das eine Schule mal kurz vor den großen Ferien in der Projektwoche, lädt zwei Referenten von Greenpeace ein und sucht sich im Internet interessante Erklärvideos. Das ist nicht das, was sich die Generation Greta unter einer Schule vorstellt, die sich den Herausforderungen der Gegenwart stellt.

Sozialverhalten

Wenn Tom auf den Pausenhof der Gesamtschule Rosenhöhe geht, zieht er seine weiße Warnweste über. Auf seiner Brust prangt dann das Logo der Schule, eine stilisierte Rosenblüte mit bunten Figuren als Blätter. In den Pausen lässt er seinen Blick über den Schulhof gleiten auf der Suche nach Konflikten. »Wenn es Stress gibt, kann man da hingehen, die Streitenden auseinander nehmen und eventuell zu Lehrern gehen.« Tom ist Pausenscout. Manchmal begleitet er auch einen Fünftklässler zurück in die Klasse, wenn dieser Angst vor einem älteren Schüler hat.

Was früher vielleicht mal als uncool gegolten hätte, ist heute hip. Der Generation sei es wichtig, füreinander da zu sein, beobachten Lehrer. 60 Prozent wollen in der Schule mehr lernen, wie man sich für andere einsetzt. Nur 34 Prozent geben an, dass ihre Schule dies vermittelt habe. Zudem wünschen sie sich Training in guten Umgangsformen (54 Prozent der Befragten, nur 17 Prozent haben es tatsächlich erlebt).[8]

Implizit wird damit auch zum Ausdruck gebracht: Unsere Elternhäuser, die wir sehr schätzen, sind nicht in der Lage, auf alle Bereiche und Eventualitäten des Lebens vorzubereiten. Die Schule muss deshalb mehr Aufgaben als bisher übernehmen. Sie soll zur erweiterten Familie werden. Die Lehrer sollen für alle Anliegen und Bedürfnisse ansprechbar sein.

Das ist der Grund für den Wunsch der Generation Greta, dass die Schule auch soziale Umgangsformen trainiert. Frühere Generationen wären nicht auf die Idee gekommen, dafür eine öffentliche Bildungsinstitution verantwortlich zu machen. Sie hätten sie hierfür als gar nicht geeignet eingestuft. Für sie war die Schule zur Wissensvermittlung da. All das, was mit der Bildung der Persönlichkeit und dem Erlernen von sozialen Umgangsformen zusammenhängt, hätten sie als Aufgabe der Familie eingestuft.

Aber heute müssen Jugendliche deutlich mehr Entscheidungen treffen als die Generationen ihrer Eltern und Großeltern. Die Möglichkeiten der individuellen Selbstentfaltung haben sich erhöht. Es gibt unendlich viele Wege, das Leben nach individuellen

Zielen und Bedürfnissen zu gestalten. Für die Bildungslaufbahn stehen Hunderte und Tausende von Alternativen zur Verfügung, im Freizeitbereich und in der Mediennutzung sind die Optionen praktisch unbegrenzt, die persönliche Wertorientierung ist nicht mehr durch die familiäre Herkunft festgelegt. Vieles steht zur Wahl, wenig ist festgelegt.

Damit ist auch die Wahrscheinlichkeit gestiegen, an den neuen Freiheiten zu scheitern. Und da ist Bildung eine Möglichkeit, den erhöhten Bedarf an Problemlösungskompetenzen zu erwerben, ja die Voraussetzung dafür, die Wahl- und Entfaltungsmöglichkeiten voll auszuschöpfen. Deshalb soll die Schule, die Bildungsinstitution per se, als erweiterte Familie einspringen. Deshalb mahnen junge Leute nicht nur thematische Defizite an, sondern weisen der Schule auch ein soziales Lernprogramm zu.

Verbindliche Vereinbarungen der Schulgemeinschaft über den gemeinsamen Umgang werden sehr geschätzt.[9] Sie können nur wirken, wenn sie in einem gemeinsamen Abstimmungsprozess festgelegt werden. Die Verbindlichkeit wird von der Generation Greta nicht etwa nur akzeptiert, sondern geradezu erwünscht. Sowohl die Schülerinnen als auch die Lehrenden sind im Idealfall an ihrem Zustandekommen beteiligt. Die Eltern werden, wenn irgend möglich, konsultiert. Es werden Regeln festgelegt, die allen Beteiligten so sinnvoll und hilfreich erscheinen, dass sie selbst auf deren Einhalten drängen.

Ein Beispiel sind die Vereinbarungen zum Umgang mit Gewalt und Aggressionen, die heute die meisten Schulen mit Erfolg praktizieren. Sie zu entwickeln kostet Zeit und Kraft, doch der Aufwand lohnt sich. Schulen mit verbindlichen Vereinbarungen bekommen inakzeptable Gewalt nachweislich besser in den Griff als Schulen ohne.[10] Eine Schulgemeinschaft, in der die Umgangsformen fest vereinbart sind, schafft Sicherheit für das eigene Verhalten, weil jeder Schüler die Kriterien kennt, nach denen Regelverletzungen beurteilt werden.

Neben Tom gibt es noch 13 weitere Pausenscouts an seiner Schule. Meistens gehen sie zu zweit oder dritt über den Schulhof, um Konflikte zu lösen oder einen Lehrer zu rufen. »Wir haben jetzt auch darüber gesprochen, wie wir das schneller sehen und wie wir das besser sehen.« Auch so vermittelt Schule Sozialverhalten.

Gesunde Schule

In einem Alltag mit hohen Leistungsanforderungen fit und ständig präsent zu sein – das wird heute immer mehr von Schülern verlangt. Denn letztlich wollen sie immer ununterbrochen auf Empfang und auf Sendung sein. Dafür brauchen sie im digitalen Zeitalter Aufmerksamkeit, Konzentration und Fitness.

In einer Gesellschaft, die Individualität und Autonomie so hoch schätzt wie vielleicht noch nie zuvor, werde selbstverantwortliches Handeln zum Schlüssel zum Erfolg, sagt der Historiker Jürgen Martschukat, Autor des Buchs *Das Zeitalter der Fitness*, im Interview mit Deutschlandfunk Kultur.[11] »Da sind Fragen der Prävention sehr wichtig und alle möglichen Verhaltensweisen, die vor allem auf den Körper gerichtet sind, weil der auf eine gewisse Art und Weise unser höchstes Gut ist.«

Ein gutes Gesundheitswissen und seine Anwendung sind somit zur Ressource geworden. Nur Menschen, die diese »Gesundheitskompetenz« haben und sich zutrauen, über ihre körperlichen oder psychischen Beeinträchtigungen gezielt die richtigen

Informationen einzuholen, und sich damit im Alltag von Wohnen, Essen und Arbeiten, aber im Bedarfsfall auch von Krankenversorgung zurechtfinden, können eine »Selbstwirksamkeit« aufbauen, wie man sie heute braucht. Die Gesundheitskompetenz sichert persönliches Wohlbefinden und stabilisiert die körperliche und psychische Gesundheit. Sie ist das Lebenselixier in modernen Gesellschaften.[12]

»Wir wissen das seit Langem aus den verschiedensten Studien, dass Körperform und Aussehen sehr wichtig sind für Erfolg im Bildungssystem, aber auch für beruflichen Erfolg«, sagt Martschukat. Aktuelle Studien zeigen, dass Jugendliche und junge Erwachsene eine unzureichende Gesundheitskompetenz besitzen. Sie vermissen es im Rückblick, in der Schule nicht systematisch über gesundheitliche Fragen aufgeklärt worden zu sein. Eine überwältigende Mehrheit von 80 Prozent der Befragten plädiert für die Einführung eines Schulfaches Gesundheit an allen Schulen.[13] Nur 25 Prozent haben bisher in der Schule gesundheitliche Informationen erhalten – meist konzentriert auf sexuelle Verhütung, Ernährung und Zahnpflege, Volkskrankheiten, Vorbeugung oder den Aufbau des Gesundheitssystems.

Es spricht also vieles dafür, auch dieses wichtige Gebiet in den Bildungs- und Lehrplänen von Grundschulen, weiterführenden Schulen, Hochschulen, Jugendbildungs- und beruflichen Ausbildungseinrichtungen zu verankern. In der Lehrerschaft mehren sich die Stimmen, Gesundheitsbildung zu einem regulären Unterrichtsfach zu machen.[14]

Wirtschaftsunterricht

Zurück im grünen Klassenzimmer der Sophie-Scholl-Oberschule. Schon jetzt verkauft der Schulshop Pesto, Brot und Honig frisch aus dem Schulgarten. Vor allem kümmere sich der Schulshop bislang aber um den Ein- und Verkauf von Schulmaterialien, sagt Schulleiterin Juliane Westphal. Doch die Schüler verwirklichen auch eigene Ideen wie Bauchtaschen oder USB-Sticks mit dem Schullogo. »Es gab mal einen Pulli. Den habe ich übrigens dabei«, sagt Westphal und kramt ein Sweat-Shirt hervor, auf das vorne das Schullogo mit dem Konterfei von Sophie Scholl gedruckt ist. »Hinten ist dann ein Spruch von Sophie Scholl, den sich ein Jahrgang mal ausgesucht hat.«

Zusätzlich plant die Sophie-Scholl-Oberschule für die kommenden Jahre, trotz all der Schwierigkeiten, die mit einer solchen Umorganisation verbunden sind, auf eigene Initiative ein Fach Wirtschaft einzuführen. Im Mittelpunkt sollten dabei Grundzusammenhänge ökonomischen Handelns stehen, sagt Westphal, etwa der Unterschied zwischen Umsatz und Gewinn und die Regeln einer elementaren Buchführung. Die Praxis könnte dann im grünen Klassenzimmer simuliert werden. Außerdem sollen rund um das Urban-Gardening-Projekt weitere Schülerfirmen entstehen.

Die Generation Greta fordert Wirtschaftsunterricht aktiv ein. Nach der McDonald's Ausbildungsstudie 2019 erwarten 52 Prozent der jungen Leute, die Schule sollte Wissen über wirtschaftliche Zusammenhänge vermitteln. Nur 32 Prozent glauben, dass dies ausreichend geschieht.[15] Ohne Wirtschaftsunterricht enthalten Schulen ihren Schülern einen zentralen Bereich unserer Gesellschaft vor. Jede Schülerin befindet sich tagtäglich in Lebenssituationen, in denen sie wirtschaftlich agiert, etwa beim Umgang mit dem Taschengeld, beim Eröffnen eines Bankkontos oder als Konsument im elterlichen Haushalt. Die gerechte Verteilung von knappen Gütern, der Umgang mit Ressourcen, Nachhaltigkeit und Effizienz der Produktion – all das sind Themen, die Schule erörtern sollte, damit Schüler kompetent urteilen und handeln können.

Aus einer Studie des Versorgungswerkes MetallRente geht hervor, dass sich junge Leute im Alter von 17 bis 27 Jahren heute intensiv mit finanziellen und wirtschaftlichen Fragen auseinandersetzen. Erstaunlich viele von ihnen suchen Wege, um langfristig Geld zu sparen und Beträge für spätere Lebensabschnitte, ja sogar für ihre Alterssicherung zurückzulegen.[16] Ohne ein zusätzlich in die Lehrpläne aufgenommenes Unterrichtsfach »Ökonomische Bildung« ist eine lebendige praktische Einführung in wirtschaftliches Denken und Handeln im Schulalltag nicht möglich. Nur mit einem eigenen Fach kann Aufgeschlossenheit gegenüber wirtschaftlichen Fragen und eine Offenheit gegenüber Selbstständigkeit und wirtschaftlichem Wagnis vermittelt werden.

Eurokrise, Handelskriege, Digitalsteuern – viele der großen politischen Weichenstellungen betreffen heute wirtschaftliche Fragen. Die Schule sollte auch hier aus Jugendlichen mündige Bürger machen. Wenn Schulen Wirtschaft, Finanzen und Vorsorge in den Unterricht und ins praktische Schulleben integrieren, werden sie den Herausforderungen gerecht, vor denen sich die junge Generation in einer Wirtschaftsgesellschaft tagtäglich sieht.

Ökonomische Bildung kann heute als ein unverzichtbarer Bestandteil der Allgemeinbildung eines jeden Menschen angesehen werden. Komplexität, Differenzierung und Dynamik des wirtschaftlichen Lebens verlangen den systematischen Erwerb von Kompetenzen, die es dem Individuum ermöglichen, sich im wirtschaftlichen Dasein zu orientieren, dieses zu verstehen, es zu beurteilen und mündig, kritisch und verantwortlich mitzugestalten. »Somit trägt die ökonomische Bildung zur Selbstverwirklichung und zur Persönlichkeitsentwicklung bei.«[17]

Allmählich fruchten diese Argumente. Die jungen Leute stehen mit ihrer Kritik nicht allein, auch viele Sozial- und Wirtschaftsverbände und einige Parteien setzen sich dafür ein. Der Druck wächst. Zwei der größten Bundesländer, Baden-Württemberg und Nordrhein-Westfalen, haben vor Kurzem beschlossen, das Fach Wirtschaft für alle allgemeinbildenden Schulen einzuführen. Das bedeutet auch, dass dort die wirtschaftswissenschaftlichen Fakultäten in Zukunft Lehrerinnen und Lehrer ausbilden – sowohl inhaltlich als auch didaktisch.

Schulstreik als Druckmittel

Die Einführung eines neuen Unterrichtsfachs Wirtschaft in zwei Bundesländern – eine Reform, die Schule ein Stück näher zur gesellschaftlichen Realität aufschließen lässt. Sie ist nur zustande gekommen, weil auf die Regierungen in diesen Ländern enormer Druck ausgeübt wurde. Die kritische Stimmung in der jungen Generation hat sicher mit dazu beigetragen.

Die Bewegung Fridays for Future versucht auf ihre Weise, Druck auf Parteien und Regierungen auszuüben. Sie bedient sich des Mittels eines »Schulstreiks« – einer Form des Protests, die es bisher nicht gab. Ihre Mitglieder schwänzen an einigen Freitagen die Schule, um an Demonstrationen für eine andere Umweltpolitik teilzunehmen.

In Deutschland besteht Schulpflicht. Deshalb stellt dieser Streik ein unerlaubtes Fernbleiben vom Unterricht dar, einen Verstoß gegen die Schulgesetze der Bundesländer, der mit einem Bußgeldverfahren gegen die Erziehungsberechtigten geahndet werden kann, im Wiederholungsfall sogar eine Freiheitsstrafe oder einen Entzug des Sorgerechts nach sich zieht. Volljährigen Schülern können Geldbußen oder Arbeitsstunden auferlegt werden.

Greta Thunberg und Fridays for Future liefern für diesen Rechtsbruch eine radikale Begründung: Es sei wichtiger, die Welt zu retten, als der Pflicht zum Lernen nachzukommen. Der Schulstreik sei wegen der Größe des existenziellen Problems des Klimawandels absolut angemessen. »Warum sollen wir für eine Zukunft lernen, die es schon bald nicht mehr geben wird, wenn niemand irgendetwas unternimmt, um diese Zukunft zu retten?«, fragt Thunberg. »Und welchen Sinn hat es, Fakten zu lernen, wenn die wichtigsten Fakten, belegt durch die modernste Forschung ebendieses Bildungssystems, unseren Politikern und unserer Gesellschaft offensichtlich nichts bedeuten?«[18]

Damit äußert sie zumindest indirekt scharfe Kritik an der Bildungsinstitution Schule: Was ihrer Generation dort an Wissen und Kompetenzen vermittelt werde, so lässt sich ihr Argument verstehen, trage den epochalen Herausforderungen der Zukunft nicht Rechnung. Für Thunberg rechtfertigt dies den Schulstreik. Der Kampf gegen die Klimakrise ist wichtiger als gute Noten in der Schule.

Der Jugendrat der Generationen Stiftung sieht die Schule ganz offen als Teil des Problems. »Sehr viele Erwachsene regen sich darüber auf, dass Jugendliche für ihren Protest die Schule schwänzen«, schreibt eine der Autorinnen des Manifests *Ihr habt keinen Plan, deshalb machen wir einen.* »Wir lernen in einem Bildungssystem aus dem letzten Jahrhundert, das auf Autorität und strikte Pläne setzt.« Schülerinnen verbrächten Jahre damit, Faktenwissen zu lernen, das jeder Computer schneller und detailliert ausspucken könne. »Warum lernen wir Dinge, in denen wir gegen allgegenwärtige Maschinen immer nur verlieren?«, fragen die Jugendlichen. »Stattdessen müsste das gefördert werden, was uns Menschen gegenüber diesen Maschinen auszeichnet: kritisches Denken, Teamarbeit, Kreativität, Empathie.«[19]

Das sind neue Töne. Für frühere Generationen wäre es undenkbar gewesen, aus politischen Gründen regelmäßig die Schule zu schwänzen. Zu groß wäre die Sorge gewesen, gute Noten zu gefährden.

Bei der Generation Greta ist das anders. Sie übt zivilen Ungehorsam gegen die Institution Schule. Der Widerstand der Kritiker ist durchaus einkalkuliert. Sowohl Politiker als auch Schulleiter und Vertreterinnen der Wirtschaft greifen die Schulstreiks scharf an. Das Schwänzen der Schule ist ein Bruch mit der öffentlichen Ordnung. Entsprechend groß ist die öffentliche Aufmerksamkeit.

Gleichzeitig erfährt Fridays for Future breite Unterstützung. Viele Eltern haben die Argumentation ihrer Kinder verstanden. Auch eine große Minderheit unter den Lehrerinnen zeigt sich solidarisch. Entgegen den Anweisungen von Schulbehörden konnten sie ihre Schulleitungen überzeugen, flexibel auf das »Fernbleiben von der Schule« zu reagieren. In manchen Schulen reicht eine Entschuldigung der Eltern, damit die Fehlstunden nicht auf dem Zeugnis auftauchen. Dabei müssten die Schulen per Gesetz eigentlich harte Strafen aussprechen. Den Eltern von minderjährigen Schülerinnen drohen Bußgelder.

Stattdessen suchen manche Schulen Kompromisse. Fehlzeiten bleiben ohne Konsequenzen, Schulschwänzer müssen Ordnungsdienste in den Pausen oder in der Schulbibliothek übernehmen, der Unterricht am Freitagmorgen wird verschoben oder durch Arbeitsgemeinschaften oder Projekte zu Umweltfragen ersetzt.

Diese Schulen und ihre Lehrerkollegien bringen damit zum Ausdruck, dass sie die Aktionen ihrer Schüler für nachvollziehbar und ihre Prioritätensetzung für akzeptabel oder sogar berechtigt halten und sehr wohl wahrnehmen, dass es sich hier nicht um ein Schwänzen aus Bequemlichkeit handelt. Damit teilen sie implizit auch die Losung, dass der Kampf gegen die Klimakrise wichtiger ist als Schule.

Welchen Charakter und welche Verbindlichkeit die Regeln zur Schulpflicht eigentlich haben, darüber ist inzwischen auch unter Rechtsexperten ein Streit ausgebrochen. Viele Juristen schätzen die rechtliche Verfolgung des »Fernbleibens von der Schule« angesichts der Klimakrise mit den zu erwartenden großen ökologischen Schäden und der existenziellen Gefährdung von Millionen von Menschen als unverhältnismäßig und nicht vertretbar ein und äußern erhebliche Zweifel, ob die Verpflichtung zum Schulbesuch ein höherrangiges Recht sei als die existenziellen Zukunftsinteressen der jungen Generation.[20]

Das Ziel der Proteste der Greta-Anhänger ist es, Druck auf die Umweltpolitik auszuüben. Faktisch aber greift – was bisher in der öffentlichen Diskussion kaum beachtet wurde – Fridays for Future damit auch in die Bildungspolitik ein.

Kapitel 9

WER IN DER JUNGEN GENERATION ZU KURZ KOMMT

Die Spannweite von Leistungen

»Redluff sah, das schrille Quietschen der Bremsen noch in den Ohren, wie sich das Gesicht des Fahrers ärgerlich verzog«, liest Juliane Westphal. »Mit zwei taumeligen Schritten war er wieder auf dem Gehweg.« 27 Siebtklässler lauschen Herbert Malechas Erzählung im sonnigen Klassenzimmer der Sophie-Scholl-Oberschule. Die meisten hängen förmlich an den Lippen ihrer Deutschlehrerin. Nur in den hinteren Reihen herrscht Unruhe – auch Digital Natives reichen im Unterricht ganz altmodisch Papierzettel unter der Bank durch. Nach ein paar Minuten hält Westphal im Lesen inne. »Was ist da gerade passiert?«, fragt sie in die Runde.

Anhand von Malechas Erzählung soll die Klasse ein Verständnis für die Erzählperspektive in literarischen Texten entwickeln. Als Hausaufgabe wird sie die Geschichte des nervösen Verbrechers Redluff, der sich das erste Mal mit gefälschtem Pass auf die Straße wagt und prompt von der Polizei kontrolliert wird, aus der Sicht anderer Protagonisten nacherzählen. Doch zunächst will Westphal sichergehen, dass auch alle in der Klasse die Handlung der Erzählung verstanden haben.

Ein paar Räume weiter auf der anderen Seite des Flurs bearbeitet Christoph Köhn mit seiner achten Klasse einen Text. Während ein Mitschüler noch seine Schulbücher aus seinem Spind an der Rückwand des Klassenraums holt, fordert Köhn eine Schülerin in der zweiten Reihe auf, mit dem Vorlesen zu beginnen. Die 14-Jährige liest den englischen Text flüssig, nur bei »alarmingly« hakt es ein wenig mit der Aussprache. Der Sachtext handelt von »Stop and Frisk«, der Praxis der New Yorker Polizei, willkürlich Menschen anzuhalten und auf Drogen- oder illegalen Waffenbesitz zu durchsuchen. Zu 90 Prozent sind Schwarze davon betroffen.

Im Anschluss stellt auch Köhn Fragen zum Textverständnis. Doch trotz der Fremdsprache sind sie ungleich detaillierter als bei Westphal. Die Klasse fasst gemeinsam die Fakten des Textes zusammen und erörtert die Haltung des Autors zur Praxis des »Stop and Frisk«. Danach führt Köhn anhand des Textes das Present Perfect Progressive ein. Das heißt – er lässt seine Schülerinnen die neue Zeitform selbst erschließen: »I would like you to find out what the rules are.«

Eng geführter Unterricht in der einen, selbstständiges Lernen in der anderen Klasse – in der Sophie-Scholl-Oberschule in Berlin ist quer über den Flur die große Spannweite der Leistungen zu besichtigen, die heute typisch ist. In Köhns Klasse streben die Schüler auf dem gymnasialen Zweig bilingual gemeinsam mit dem deutschen Abitur auch das französische Baccalauréat an. Westphals Klasse führt dagegen auch zu allen anderen Schulabschlüssen.

Die Spaltung, die sich in der Sophie-Scholl-Schule zwischen den einzelnen Klassen manifestiert, zieht sich quer durch die Generation. Da sind zum einen Schüler wie Nele und Karl. Nele will später Medizin studieren. Karl möchte erst mal ein möglichst gutes Abitur machen. Für das Studium danach kann er sich vieles vorstellen – auch Medizin. Schließlich sind beide Eltern Ärzte.

Beide belegen als Wahlpflichtfach die »Junior-Ingenieursakademie« ihrer Schule. Dort forschen die Schüler selbstständig, teils in Kooperation mit der örtlichen Fachhochschule. Mit einer Sondergenehmigung lernen sie zudem noch eine dritte Fremdsprache. In einer Klasse, in der Kapuzenpullis zur Grundausstattung gehören, trägt Karl einen beigen Strickpullover. Manchmal störe ihn zwar, dass er jeden Tag so lange in der Schule sei, sagt er. »Aber eigentlich bin ich gerade voll zufrieden.«

Beide gehören zu den rund 40 Prozent der Bildungsstarken der Generation Greta. Die meisten kommen aus gut situierten Elternhäusern. Sie gehen gerne zur Schule und lernen selbstbestimmt. Sie haben die Fähigkeit, ihr Können und ihre Entwicklung zu reflektieren und sich selbst zu steuern. Sie sind nicht nur im politischen Bereich die Engagierten, sondern ergreifen auch in Unterricht und Schulleben die Initiative.

Dann sind da Schüler wie Jolina oder Emil. Jolina überlegt noch, ob sie eine Ausbildung machen oder doch noch studieren möchte. Emil will in die Modebranche. Der rechte Ärmel seines schwarzen Kapuzenpullis ist weiß, der linke ockergelb. Der 14-Jährige hat ihn selbst aus drei alten Sweat-Shirts zusammengenäht. »Mathe juckt mich nicht«, gibt Emil unumwunden zu. »Aber ich weiß, dass ich das fürs Abitur brauche.« In Religion aufzupassen, sei dagegen wirklich schwierig. Auch Jolina will Abitur machen – auch bei ihr ist Mathematik die Herausforderung. »Mir fallen viele Dinge sehr schwer«, sagt sie. »Zum Beispiel Mathe.« Trotzdem ist ihr die Schule wichtig, »weil sie die Zukunft bestimmt«.

Jolina und Emil gehören zur zweiten Gruppe der mittleren 40 Prozent. Sie gehen ihren Weg, wenn auch mit größeren Schwierigkeiten. Beide werden wohl das Abitur schaffen. Der größere Teil aus dieser Gruppe macht einen mittleren Abschuss.

Und schließlich gibt es Schüler wie Joy und Tom. Tom hat in der zehnten Klasse in der Gesamtschule wegen zu schwacher Leistungen den Zugang zu seinem zweiten Ergänzungskurs verloren. Damit sind die drei Fächer auf höherem Niveau, die er braucht, um am Ende des Jahres Mittlere Reife zu machen, unerreichbar. Gerade bewirbt er sich auf Azubi-Stellen im Einzelhandel. Joy würde gerne Stewardess werden. Dafür will sie nach dem Hauptschulabschluss die Mittlere Reife auf dem Berufskolleg nachholen.

Der schwächsten Gruppe, den 20 Prozent mit den ungünstigsten Startbedingungen, fällt es immer schwerer, den Anschluss herzustellen. Längst nicht alle schaffen wie Joy und Tom einen Schulabschluss. Doch selbst mit Schulabschluss bleibt es für diese Gruppe trotz Wirtschaftsaufschwungs und Fachkräftemangels nicht leicht, einen Ausbildungsplatz zu finden.

Auch in der Schule gibt damit der Teil der Generation Greta den Ton an, der ihr den Namen verleiht – die hoch motivierten Schülerinnen an den Gymnasien. Fast die Hälfte der Generation besucht heute diese Schulform.[1] Vor allem die Mädchen sind hier erfolgreich. Von ihnen besuchen 53 Prozent das Gymnasium, bei den Jungen sind es nur 42 Prozent.

Gymnasien führen ohne Umwege zum Abitur, und darauf kommt es der Generation Greta an. Da spielt es keine Rolle, dass die meisten Gymnasien pädagogisch sehr konventionelle Schulen sind, die traditionellen Fachunterricht im lehrerzentrierten Modus betreiben. Fragt man Jugendliche, welchen Schulabschluss sie anstreben, geben 61 Prozent die Hochschulreife und sieben Prozent die Fachhochschulreife an. Zum Vergleich: 2002 waren es zusammen gerade einmal 53 Prozent.[2] Tatsächlich gehen heute schon deutlich über 50 Prozent mit einem dieser beiden Abiturabschlüssen von der Schule, mit steigender Tendenz.[3]

Das Abitur ist damit zum Goldstandard der deutschen Bildung geworden, eine Art Statussymbol der Mittelschicht. Eltern wünschen sich den Abschluss für ihre Kinder, weil er ihnen die meisten Optionen für die weitere Bildungslaufbahn eröffnet: eine berufliche Ausbildung ebenso wie ein Studium, eine Kombination von beidem oder eine duale Hochschulausbildung.

Die Lehrer-Schüler-Wohnung

»Das hier ist unser Wohnzimmer«, sagt Stefanie Grigo[4] und zeigt mit einer ausladenden Handbewegung auf einen loftähnlichen Bereich. Das »Cluster«, in dem die Lehrerin steht, muss früher ein Klassenzimmer gewesen sein. Heute weitet sich der Schulflur zu einer Freifläche. An der Wand hängen Pop-Art-Porträts der neunten Klassen. Gegenüber steht ein langer, niedriger Tisch mit umgedrehten Getränkekästen einer Hipster-Limonade als Hocker. Bodentiefe Fenster gewähren Einblick in das Lehrerzimmer des Jahrgangs. »Lehrer-Schüler-Wohnung« nennt Grigo das Raumkonzept. Das Setting erinnert mehr an ein Start-up-Büro, dränge nicht der Lärm vom Pausenhof durch die große Fensterfront. Grigo hat früher an einer Hauptschule Deutsch und Hauswirtschaft unterrichtet, heute lehrt sie an der Gesamtschule Rosenhöhe in Bielefeld.

Über Jahrzehnte hat die Schulpolitik in Deutschland über

Sinn und Unsinn des dreigliedrigen Schulsystems gestritten. Die Generation Greta ist nun die erste, für die die alte Aufteilung in Gymnasium, Real- und Hauptschule kaum noch gilt. Die meisten Länder haben Haupt- und Realschulen zusammengefasst.[5] In der Hauptstadt heißen sie Integrierte Sekundarschulen, in anderen Bundesländern Mittelschulen, Stadtteilschulen, Werkrealschulen oder Gesamtschulen. 26 Prozent der Generation gehen auf diese Art der Schulen, die Realschulen kommen noch auf 20 Prozent mit fallender Tendenz. Und weil es diese Schulform nur noch als Auslaufmodell gibt, ist der Anteil der Hauptschüler auf sieben Prozent gefallen.[6] Aus dem dreigliedrigen ist also fast schon ein zweigliedriges Schulsystem geworden. Weil die leistungsstarken Schüler aber mehr und mehr in die Gymnasien strömen, ist das Arbeiten an nichtgymnasialen Schulen in den letzten Jahren immer schwieriger geworden.

Das spürt auch die Gesamtschule in Bielefeld. Über 1100 Schülerinnen hat die Schule, gut 900 in den Klassen 5 bis 10. Schulkonzepte sprechen von einer multikulturellen Schülerschaft mit heterogener Sozialstruktur. Der Anteil derer, denen es an sprachlichen Kompetenzen mangelt, ist relativ groß. Gerade erst ist die Schule zur Talentschule geworden, ein Programm der Landesregierung, das eben solche Schulen fördert. Für die Gesamtschule bedeutet das mehr Lehrer, mehr Fortbildungen und eine Ausrichtung auf die MINT-Fächer.

Man setze viel auf kooperatives Arbeiten, sagt der Englischlehrer André Koch[7] mit Blick auf das Raumkonzept. Während der Unterrichtszeiten werde die Tür zur Freifläche aufgemacht. »Gruppenarbeiten können draußen ausgeführt werden, sodass es für die Ruhe ein wenig angenehmer ist«, erklärt er. »Es können theoretisch auch ganz andere Sachen gemacht werden: hier drinnen eine Höraufgabe und draußen eine Stillaufgabe im Sinne von Stationenlernen.«

Diese Art des kooperativen Lernens funktioniere in der Theorie auch bei Klassengrößen von 27 Schülern gut. »Das Problem, das wir hier haben, ist, dass die Gesamtklasse relativ schwach ist«, sagt Koch. »Die Drittel-Parität, die man so braucht, zwischen einem Drittel mit Gymnasialempfehlung, einem Drittel Mittlerer Reife und einem Drittel Hauptschule, die gibt es immer weniger.« Damit spielt er auf die ursprüngliche Zielsetzung der Gesamtschulen in Nordrhein-Westfalen an, die Schülerschaft zu jeweils gleichen Anteilen aus Jugendlichen mit starken, mittleren und schwachen Leistungen zusammenzusetzen, die im dreigliedrigen Schulsystem Hauptschulen, Realschulen und Gymnasien besucht hätten.

Schüler mit einer Gymnasialempfehlung der Grundschule aber brechen, wie an den meisten Schulen mit mehreren Bildungsgängen, auch an der Gesamtschule in Bielefeld immer öfter weg. In den fünften Klassen gebe es heute häufig nur noch zwei von 27 Schülerinnen, deren Noten in der Grundschule gut genug wären, um auf ein Gymnasium zu gehen. Ohne die leistungsstarken Schüler, die beim Textverständnis oder mit der Beantwortung von Fragen aushelfen können, so Koch, fehle aber bei der Gruppenarbeit einfach die Unterstützung für die schwächeren.

Die Idee der Schulen mit mehreren Bildungsgängen, durch leistungsgemischte Lerngruppen besonders schwächere Schüler zu fördern, lässt sich aus diesem Grund immer weniger realisieren. Wer es irgendwie schafft, der wechselt nach der Grundschule auf ein Gymnasium. Die Folge: Nach dem Wegfall der Hauptschule ist das inzwischen zweigliedrige Schulsystem nicht minder selektiv als das dreigliedrige zuvor.

Was daraus folgt, ist aus der jüngsten international vergleichenden PISA-Studie abzulesen: Die Bildungsungleichheit in Deutschland wurde in den vergangenen 15 Jahren nicht abgebaut. Im Gegenteil: Die Unterschiede haben sich in einigen Bereichen noch verstärkt, zum Beispiel bei der Lesekompetenz von 15-Jährigen. In Deutschland existiert eine Gruppe von besonders lesekompetenten Jugendlichen, die auch im internationalen Vergleich weit oben mitspielen kann. Zugleich liegen diejenigen auf den unteren Kompetenzstufen hinter denen anderer Länder. Der Graben zwischen beiden Gruppen ist in Deutschland so groß wie in keinem anderen der teilnehmenden OECD-Staaten. Und der Abstand ist im Vergleich zu früheren PISA-Studien weiter gewachsen.[8]

Den Bildungsschwachen ist der Abstand nur allzu bewusst. Auf die Frage nach dem Abschluss fragt Tom aus der 10. Klasse der Gesamtschule Rosenhöhe zurück: »Was wir jetzt anstreben oder was wir am liebsten haben würden?« Bei ihm werde es am Ende des Schuljahres wohl nur zu einem Hauptschulabschluss reichen, nachdem die Lehrer ihn »ohne einen Mucks« aus dem für einen mittleren Abschluss notwendigen Ergänzungskurs geworfen haben. Deswegen belasse er es jetzt dabei. »Aber sonst würde ich einfach Abitur haben wollen. Warum nicht das Beste haben?« Das Abitur helfe selbst bei der Bewerbung auf Ausbildungsplätze, die formal nur einen Hauptschulabschluss verlangten.

Da hat er recht. Laut einer Studie des DGB reicht der Hauptschulabschluss für 64 Prozent der offenen Ausbildungsplätze nicht mehr als Qualifikation. Tendenz steigend.[9] In immer mehr Ausbildungsberufen haben Abgänger mit einem Hauptschulabschluss ganz schlechte Chancen, sobald ein Mitbewerber mit mittlerem Abschluss oder Abitur auftaucht. Viele Ausbildungsplätze werden von vornherein nur für Absolventen mit mindestens Realschulabschluss ausgeschrieben. Hat das Unternehmen die Chance, einen Abiturienten anzuwerben, sticht der alle anderen Bewerber aus. Es hat sich ein harter Verdrängungswettbewerb etabliert. Toms Klassenkamerad Cihan, 15 Jahre alt, will nach der Mittleren Reife deshalb unbedingt versuchen, das Abitur zu schaffen. »Weil es mir einfach mehr Türen aufmacht.« Zudem habe er so mehr Zeit zu überlegen, in welche berufliche Richtung er gehen will.

Mit dem Trend zum Abitur wird die Luft jenseits des Gymnasiums dünner. Viele der schwachen Schüler sind durch den Fahrstuhleffekt im Bildungssystem entmutigt. Während Schulabgänger mit guten Schulabschlüssen mit sehr anspruchsvollen Vorstellungen an die Berufswahl herangehen können, sind die Möglichkeiten für schwache Schüler deutlich eingeschränkt. Wer den Hauptschulabschluss ncht schafft, und das sind bundesweit über 6 Prozent eines Jahrgangs, der hat fast gar keine Chancen mehr, einen Ausbildungsplatz zu bekommen.[10]

Tom hat eines seiner Schulpraktika bei einer Bielefelder Video-Produktionsfirma absolviert. In die engere Berufswahl kommt die Firma trotzdem nicht. »Das ist eine andere Liga«, sagt er. »Dafür braucht man Abitur.«

Soziale Herkunft entscheidet

Wenn André Koch an der Gesamtschule in Bielefeld mit seinen Schülern in Gesellschaftslehre über die Hyperinflation in der Weimarer Republik spricht, zeigt er zunächst Fotos von Kindern, die mit Geld spielen. »Dann frage ich: ›Was könnt ihr sehen?‹ Und sofort kommen Fragen: ›Wieso spielen die mit Geld? Ist das nichts wert? Was ist mit dem Geld los?‹« So weckt Koch Interesse für das Thema. Anschließend erklärt er anhand eines Spiels, wie Inflation funktioniert. »Angenommen, diese Süßigkeiten stellen alles dar, was man in unserem Land kaufen und verkaufen kann. Mehr gibt es nicht. Und jetzt kriegt jeder von euch Geld.« Auf die Menge der Süßigkeiten umgerechnet wird schnell klar, wie viel die Süßigkeiten kosten würden. Dann verdoppelte Koch die Geldmenge. »Dann ist auch klar, okay, wenn sich die Geldmenge verdoppelt, muss jede Süßigkeit doppelt so teuer sein. Und so kommen sie zu dem Schluss: Durch die Vermehrung der Geldmenge ergibt sich, dass das Geld weniger wert ist, und das ist Inflation.« Und der Grund für die Hyperinflation von 1923.

In seiner Klasse habe er überwiegend Schüler mit Migrationshintergrund, 50 Prozent hätten Schwierigkeiten mit der deutschen Sprache, vor allem wenn es um Fachbegriffe gehe. Für sie hat die Schule sprachsensiblen Unterricht ins Schulprogramm aufgenommen. Auch die Lesekompetenz sei nicht voll entwickelt. »Es sind sicher noch 30 Prozent, die beim Sprechen in der zehnten Klasse Grammatikfehler machen«, meint Koch.

Deshalb setzt er wie in der Stunde zur Hyperinflation auf Lernzugänge über Bilder oder Spiele. Die seien für alle Schüler möglich. Im Anschluss könne er immer noch mit Texten arbeiten. »Leseförderung muss ich natürlich zusätzlich betreiben.« Etwa reziprokes Lesen, bei dem mehrere Schüler einen Text lesen und sich anschließend über ihn verständigen. »Entscheidend ist, dass die Schüler, wenn sie lesen, sich die Mühe machen, das Textverständnis auch zu üben. Und nicht sagen, ich kann das vorlesen, kann aber den Sinn nicht entnehmen.«

Der eigene Schulabschluss hängt in Deutschland stark vom Bildungsniveau der Eltern ab. Leistungsschwache Schülerinnen stammen überwiegend aus sozial und wirtschaftlich benachteiligten Familien. Viele von ihnen leben an der Grenze zur relativen Armut. Eltern mit geringen beruflichen und schulischen Qualifikationen tun sich schwer damit, ihren Kindern die dauerhafte Anerkennung, Anregung und Anleitung zukommen zu lassen, die sie zum Aufbau einer starken Persönlichkeit benötigen. Sie haben oft selbst große Mühe, mit den Alltagsanforderungen zurechtzukommen.[11]

»Wenn ich jetzt zu meiner Mutter sage: ›Ich hab keinen Bock auf Hausaufgaben, die mache ich morgen.‹ Dann sagt die: ›Dann mach sie halt nicht‹«, erzählt Tom. »Sie sagt, ich gehe nicht für sie zur Schule, sondern für mich.«

»Eltern sind heutzutage wirklich sehr verunsichert, wie sie ihre Kinder erziehen wollen«, beobachtet Stefanie Grigo, die Klassenlehrerin in Toms Klasse. Aus ihrer Sicht dürften sie die Kinder nicht so alleinlassen. »Die brauchen jemanden, der ihnen wirklich zeigt: ›So und so musst du das machen. So sind die Schritte, und jetzt setzen wir uns mal zusammen und dann machen wir das.‹«

Grigo beobachtet, dass die Elternhäuser für die Entwicklung der Kinder eine immense Rolle spielen – heute mehr als früher. »Die Familiensysteme haben sich natürlich grundlegend verändert. Frauen sind berufstätig. Früher haben sie noch viel mehr an Kontrolle und Unterstützung übernommen, als sie es heute machen und auch machen können.« Sie habe in der Elternschaft viele Mütter, die alleinerziehend und berufstätig seien. »Dann ist es für sie schwer, alles unter einen Hut zu bekommen.«

Vor allem wenn die wirtschaftliche Lage des Haushaltes prekär ist. Deutschlandweit leben drei Millionen Kinder in relativ armen Familien – das ist jedes fünfte Kind. Das bedeutet, sie verfügen über ein Haushaltseinkommen, das nominell weniger als 60 Prozent des deutschen Durchschnitts beträgt. Bei Kindern von Alleinerziehenden steigt diese Quote auf über 45 Prozent. Ein großer Teil dieser Familien bezieht Grundsicherungsleistungen (Arbeitslosengeld II, oft Hartz IV genannt). Damit können sie sich das Wichtigste leisten, aber eben nur auf niedrigstem Niveau. Das schlägt sich bei fast allen Kindern und Jugendlichen in schwachen schulischen Leistungen nieder.[12]

Trotz formal gleicher Bildungschancen und trotz hoher Bildungsaspiration – die Mehrheit dieser Jugendlichen möchte einen deutlich höheren Schulabschluss als die eigenen Eltern erwerben – streben anteilsmäßig nur wenige von ihnen das Abitur an. Schüler mit Migrationshintergrund unterscheiden sich dabei kaum von solchen ohne, wenn die Eltern den gleichen Bildungs- und Berufsabschluss haben.[13] In den meisten Fällen ist es der niedrige ökonomische und soziale Status der zugewanderten Familien in Deutschland, der über den geringen Leistungserfolg der Kinder und Jugendlichen entscheidet. Ethnische und religiöse Zugehörigkeiten spielen hingegen nur eine sehr kleine Rolle.

Insgesamt ist der Anteil sowohl der Kinder aus einheimischen als auch aus eingewanderten Familien, die in relativer Armut leben, in den vergangenen zehn Jahren kontinuierlich angestiegen. Eltern sind durch die finanziellen Engpässe verunsichert. Sie sind so stark mit der Organisation des täglichen Lebens beschäftigt, dass sie ihre Kinder nicht ausreichend auf die Anforderungen der Schule vorbereiten. Das hat oft auch Folgen für die Gesundheit: ein beeinträchtigtes Selbstwertgefühl, ein gestörtes Verhältnis zum Körper oder zur gesundheitlichen Selbstpflege.

In Berlin-Schöneberg sieht auch Schulleiterin Juliane Westphal ihre Schule mit mehr Problemen der Kinder konfrontiert als früher: »Ein Trend ist, dass ganz viele Kinder mit ganz viel Gepäck kommen: mit kaputten Familien, Hilflosigkeit aufseiten der Eltern, mit irgendwelchen Schicksalsschlägen und solchen Dingen.«

Wenn sie im Förderunterricht Deutsch mit Siebtklässlern an Tablets arbeitet, fällt ihr auf, wie motiviert die Schülerinnen trotz allem sind. »Die sind ja willig. Sie machen ja nichts kaputt und werfen das Tablet nicht aus dem Fenster. Das könnten sie ja auch machen.« Vielmehr wollten viele Aufmerksamkeit. »Sie wollen, dass jemand kommt und ihnen sagt: ›Guck mal, da geht der Weg lang.‹«

In kaum einem anderen entwickelten Industrieland hängt der Schulabschluss der Kinder so stark vom Bildungsgrad der Eltern ab.[14] Eltern wissen, dass sie sich für die Bildungskarriere ihrer Kinder aktiv einsetzen müssen. »Was meinen Sie, was Sie heute an Gymnasien für eine Elternleistung erbringen müssen«, sagt Stefanie Grigo von der Gesamtschule in Bielefeld und verweist auf die intensive Betreuung bei den Hausaufgaben. Auch im Schulleben würden die Eltern gefordert. »Da gibt es einen Weihnachtsbasar, da müssen Sie backen.« Auch sie kenne natürlich Eltern, die Kuchen spendeten, aber das sei im Vergleich minimal.

Was für das Schulleben gilt, trifft häufig auch auf den Unterricht zu. »Ich hab das Gefühl, Lernen passiert im Gymnasium eher zu Hause als in der Schule«, sagt auch Grigos Kollege André Koch. »Weil der Lernerfolg davon abhängt, ob die Schüler zu Hause das lernen, was sie im Unterricht lernen sollten.«

Genau das will die Bielefelder Gesamtschule Rosenhöhe anders machen. »Wir versuchen, die Schüler auch unabhängig von ihrem Elternhaus mitzunehmen«, sagt Koch. »Wir versuchen auch, einen Ausgleich zu schaffen, indem wir ihnen hier auch Räume geben, um zu lernen.« Zwei Stunden Lernzeit haben die Schülerinnen der Gesamtschule in der Woche. In der Zeit machen sie ihre Hausaufgaben in der Schule, um Hilfe zu bekommen, wo ihre Eltern vielleicht nicht helfen können. Zwar ist das in den Augen Kochs noch nicht genug, aber doch deutlich mehr als an einem durchschnittlichen Gymnasium. Dort heiße es meist: »Hier sind die Hausaufgaben und ab nach Hause.«

»Auf meiner alten Schule wurde ich ins kalte Wasser geworfen. Da musste ich mir alles selber erarbeiten. Hier wird mir alles gut erklärt«, sagt Cihan, der vom Gymnasium hierher gewechselt ist. »Das gefällt mir auf jeden Fall besser.«

Neben der Lernzeit setzt die Bielefelder Gesamtschule auf eine enge Abstimmung im Kollegium. Die Lehrer unterrichten in Jahrgangsteams und treffen sich regelmäßig, um sich über ihre Klassen auszutauschen. »Man beobachtet die Schüler hier auch mehr und ist schneller im Gespräch«, sagt Grigo. »Und man hat schon das Gefühl, dass man etwas steuern kann.« Für Schülerschaften wie die ihre brauche es auch intensive soziale Unterstützung, um Probleme in den Elternhäusern zumindest teilweise aufzufangen.

Lernen lernen

Cihan ist noch nicht lange auf der Gesamtschule Rosenhöhe. Noch fünf Wochen vor den Sommerferien besuchte er ein Gymnasium der Stadt. »Ich hab mich da nicht mehr wohlgefühlt, wegen der Lehrer«, erzählt der 15-Jährige. »Ich wurde halt negativer beurteilt, und das hat mir nicht gefallen.« Als er keinen anderen Ausweg mehr gesehen habe, sei er an die Gesamtschule gewechselt.

Joy geht in Cihans Parallelklasse. Eigentlich wollte sie mit einer Mitschülerin zum Interview erscheinen. Doch die hat am Morgen im Sekretariat der Schule angerufen, sich als ihre eigene Mutter ausgegeben und selbst krankgemeldet. Joy hätte gerne mit Mittlerer Reife die Schule verlassen. »Momentan habe ich einen Haupt (-schulabschluss, d. Autoren), weil meine Lehrer hier Nichtsgönner sind«, erklärt sie. »Aber ich will meinen Real dann nachholen.«

Wer mit Jugendlichen über ihre schwachen Leistungen in der Schule spricht, dem fällt auf, wie oft sie die Schuld für ihre Noten bei den Lehrerinnen und Lehrern suchen. »Man merkt einfach auch an dieser Schule, dass deine Note vom Lehrer abhängt«, sagt Tom und führt zur Begründung an, wie stark sich seine Noten in Physik verbessert haben, seitdem er aus dem Ergänzungskurs in den einfacheren Grundkurs gewechselt ist.

Dabei ist die Fähigkeit, sich selbst einschätzen zu können, um dementsprechend zu lernen, oft der Schlüssel zu schulischem Erfolg. Ohne diese Meta-Fähigkeit, die ein hohes Ausmaß von Selbstdisziplin verlangt, kommen Jugendliche heute nicht mit den komplexen Entwicklungsanforderungen in den verschiedenen Lebensbereichen zurecht.[15]

»Unter den vermeintlich Schwächeren gibt es Schüler, die unheimlich viel tun«, beobachtet André Koch, der neben Gesellschaftslehre auch Englisch unterrichtet. »Die strengen sich an, haben aber manchmal die falschen Zugänge. Das heißt, die arbeiten ganz viel, arbeiten aber nicht zielorientiert.« Manche markierten Texte komplett, andere schrieben viel zu viel an den

Rand. »Das stellt eine unglaubliche Leistung dar, führt aber nicht ans Ziel, wenn ich den Text verstehen und inhaltlich herunterbrechen will.« Dadurch fühlten sich schwächere Schüler häufig überfordert. »Die andere Sache ist, dass viele sich sagen: ›Wenn ich mich anstrenge und eh keinen Erfolg habe, dann strenge ich mich nicht mehr an.‹«

Die Schwächen der Jungs

»Ich nehme die Schule jetzt auch ernster als davor«, sagt Cihan pflichtschuldig, nachdem er seinen Schulwechsel erklärt hat. Bei seinem Mitschüler Tom lockt das nur ein spontanes Lachen hervor: »Niemals.« »Also irgendwann muss man es ernst nehmen«, beharrt Cihan. »Irgendwann kommt dieser Klick, wo man sagt, ja okay, jetzt muss ich was machen.«

»Bei dem hat's noch nicht ›klick‹ gemacht«, ruft sein Mitschüler noch einmal lachend dazwischen. Tom meint es nicht böse, er rechnet sich selbst auch zu denen, die noch darauf warten, dass es »klick« macht. Cihan überlegt kurz, bevor er weiterspricht. Faulheit sei das größte Problem. »Man weiß, dass es wichtig ist, aber dann liegst du einmal auf diesem Sofa und willst nicht mehr aufstehen.«

Junge Männer aus bildungsfernen Elternhäusern wie Tom und Cihan bilden die Gruppe, die am höchsten von Bildungsarmut betroffen ist. Sie gehören zu denjenigen mit den größten Problemen, sich in der Wissensgesellschaft zurechtzufinden. Denn von der Bildungsexpansion profitiert haben vor allem junge Frauen. Gehörten sie in den 1960er-Jahren noch zu einer stark benachteiligten Gruppe, so stellen sie heute die Mehrheit auf den Gymnasien. Sie machen häufiger Abitur und schaffen öfter die Zulassung zu Studiengängen mit Numerus clausus.[16]

Was die Statistiken deutschlandweit belegen, beobachten Cihan und Tom bei sich im Kleinen. Wenn sie Hausaufgaben bei Mitschülern abschreiben, dann bevorzugt bei einem »leistungsstarken Mädchen«, wie Tom sich ausdrückt. »Man weiß einfach, die Mädchen haben sich mehr eingesetzt. Die haben vielleicht Texte nachgelesen. Jungs sagen sich: ›Ich schreib einfach was auf, vielleicht ist es ja richtig.‹« »Wenn ich bei Jungs abschreibe, kann ich gleich bei Wikipedia abschreiben«, sagt Cihan lachend.

Dann versucht er sich doch noch an einer Ehrenrettung für die Jungen: »Wenn ein Junge ein Fach mag, glaube ich, dass er schon stärker ist als die Mädchen«, erklärt er. »Aber wenn ein Junge ein Fach nicht mag, dann kann man tun und machen, was man will. Man hat immer eine Ausrede.«

Auch Stefanie Grigo beobachtet, dass Mädchen im Schnitt deutlich organisierter seien als Jungs. »Das, was man sich in den Stunden erarbeitet hat, sich regelmäßig aufzuschreiben und abzuheften, das fällt gerade auch Jungen doch sehr schwer«, sagt die Deutschlehrerin.

Tom hätte am Vorabend eigentlich seinen Mathewochenplan abarbeiten wollen. »Dann hab ich mir gedacht: ›Nee, ich sag einfach morgen meiner Lehrerin, hab ich vergessen, und mach ihn morgen.‹« Heute ist nun seine letzte Chance. Wenn er heute nicht fertig wird, muss er nachsitzen. Der Druck helfe, sagt Tom. »Ich musste noch nicht einmal nachsitzen.«

»Die gute alte Disziplin ist leider nicht bei allen vorhanden«, beobachtet Grigo. »Man muss auch sehr kleinschrittig mit ihnen besprechen, was man tun muss, um zum Ziel zu kommen.«

Dagegen sind Mädchen und junge Frauen geschickter darin,

sich in der Tugend von Selbstdisziplin und Selbstorganisation zu üben. Das könne auch daran liegen, dass Mädchen tendenziell in den Familien mehr Aufgaben übernähmen, glaubt Grigo. Sie haben gelernt, sich an Kindergarten und Schule anzupassen und die komplexen Anforderungen eines sozialen Systems zu akzeptieren.

»Mädchen wollen, dass es funktioniert. Sie bekommen dann ein gutes Feedback, wenn sie sozial sind.« Oft seien sie auch ehrgeiziger und bekämen mehr Unterstützung in der Schule. »Wenn ich an die Cliquen in meiner Klasse denke, dann hängen die fitten Mädels zusammen.« Manchmal werde auch ein schwächeres Mädchen in die Clique aufgenommen und unterstützt. Im Unterricht bringe man deshalb häufiger Jungs in diese Gruppen.

Junge Männer tun sich möglicherweise auch deswegen so schwer, weil ihnen im Alltag männliche Rollenbilder fehlen. In allen Erziehungseinrichtungen, besonders in Kindergärten, Grundschulen und weiterführenden Schulen, dominieren Frauen als Berufspädagogen.[17]

Junge Männer haben auch größere Probleme als junge Frauen, mit der Veränderung der eigenen Geschlechtsrolle zurechtzukommen. Sie haben zum Beispiel in der Schule große Sorge, als sanftes Weichei oder als anpasslerischer Streber angesehen zu werden. Viele flüchten unbeholfen in primitive Macho-Muster von Männlichkeit und setzen den Cowboyhut auf. Leistungsfördernd ist das nicht.[18]

Der Rückgriff auf die traditionellen Rollenbilder deutet auf eine starke Überforderung durch den gesellschaftlichen Wandel hin und zieht häufig eine Reihe negativer Konsequenzen nach sich – vom »heroischen« Widerstand gegen die Schule über die Neigung zum »männlichen« Risikoverhalten bei Freizeitbeschäftigungen bis zur erhöhten Gewaltbereitschaft und einer erhöhten Neigung zu kriminellen Handlungen. Diese Verhaltensweisen sind letztlich Reaktionen auf fehlende oder als fehlend empfundene Zukunftsoptionen.

In den letzten Jahren sind besonders unter Jugendlichen an Schulen mit einer leistungsmäßig schwachen Schülerschaft eine zunehmende Verunsicherung und ein gesunkener Zukunftsoptimismus zu beobachten. Davon sind besonders Jungen betroffen, für die durch den Strukturwandel viele der traditionellen Beschäftigungsmöglichkeiten wegfallen. Unter ihnen ist eine zunehmende Tendenz zur Resignation auszumachen, die sich wiederum negativ auf die schulische Motivation niederschlägt.[19]

Ohne Erfolg in der Schule suchen sich Jungs auf anderen Feldern Bestätigung. Häufig orientieren sie sich an der Peergroup. »Bei mir ist das so: Wenn ich sage, jetzt gehe ich nach Hause lernen, schreiben meine Freunde: ›Komm mal online‹«, erklärt Cihan. »Man sagt dann immer so: ›Okay, heute geh ich online, ich lerne morgen.‹ Am nächsten Tag: keine Lust. Und immer so weiter, und dann gehst du zur Schule: Scheiße, Klassenarbeit!« Dann klatscht er in die Hände.

Die jungen Männer brauchen neben der Leistungs- auch eine soziale Kompetenzförderung – das Training von sozialen Regeln und die Einübung von Spielregeln für den Umgang miteinander inklusive Gewaltprävention und Förderung von Konfliktfähigkeit. Eine zentrale Aufgabe ist es, den jungen Männern Spaß und Freude am Leben in einer sozialen Gemeinschaft zu vermitteln, bei dem sie sich auf bestimmte Prinzipien und Vorgaben einlassen müssen. Hierzu gehört eine Sensibilisierung für die Interessen anderer und die Möglichkeit von deren Durchsetzung. Und auch die Fähigkeit der Wahrnehmung von alltäglicher Aggression und das Eingeständnis der Betroffenheit durch Gewalt.

Tom und Cihan haben es geschafft, diesen Mustern zu entgehen. Tom patrouilliert regelmäßig als Pausenscout auf dem Schulhof. Er will also gerade helfen, Gewalt zu verhindern. Ohnehin mag er es, Menschen zu helfen. Auch deshalb bewirbt er sich auf Ausbildungsstellen als Einzelhandelskaufmann, spätestens wenn er erwachsen sei und einen Job habe, den er nicht möge, sagt Cihan. Spätestens dann werde er verstehen, warum Schule wichtig sei. »Dann bereut man es, dass man in der Schule Scheiße gebaut hat oder gar nicht erst aufgepasst hat«, fügt er mit einem Lachen hinzu.

Nach Jugendstudien werden die eigenen Aufstiegschancen von einer großen Mehrheit der Befragten sehr gut oder gut eingeschätzt. Der Äußerung »Jeder ist seines Glückes Schmied. Wer sich heute wirklich anstrengt, der kann es auch zu etwas bringen« stimmen 59 Prozent der 15- bis 24-Jährigen zu. 18 Prozent hingegen glauben: »Tatsächlich ist es so, dass die einen oben sind und die anderen sind unten und kommen bei den heutigen Verhältnissen nicht hoch, so sehr sie sich auch anstrengen.« Kommen sie aus einer Herkunftsfamilie mit einem sehr niedrigen sozialen und finanziellen Status, dann stimmen sogar 31 Prozent dieser fatalistischen Position zu.[20]

Zum »Statusfatalisten« wird man, wenn man das Gefühl hat, aus eigener Anstrengung nichts schaffen zu können, was die eigene wirtschaftliche Lage verbessert. Diese jungen Leute können sich des Eindrucks nicht erwehren, dass sie an den Rand gedrängt sind und den Anschluss an die Mehrheitsgesellschaft verloren haben. Was auch immer sie tun, so ihr Eindruck, sie haben keinen Hebel in der Hand, um sich aus ihrer benachteiligten

Lage herauszubringen. Und tatsächlich ist Aufstieg hierzulande, auch nach den internationalen Vergleichsstudien PISA, äußerst schwer zu bewerkstelligen.[21]

Es ist nicht überraschend, dass diese Zahlen mit der konjunkturellen Lage zusammenhängen. Der Pessimismus ist in Krisenzeiten besonders groß und erreichte während der letzten Weltwirtschaftskrise seinen Höhepunkt. Seit 2010, seit Entspannung am Ausbildungs- und Arbeitsmarkt eingetreten ist, schmilzt er wieder ab. In den letzten zwei Jahren ist allerdings ein leichter Anstieg zu beobachten, was darauf hindeutet, wie sensibel die jungen Leute auf kleinste Verschiebungen ihrer Chancen reagieren, die sich inzwischen aus der angespannten weltweiten Wirtschaftslage ergeben.[22]

Das grundlegende Muster des deutschen Wohlfahrtsstaates ist ein ausgleichendes und rehabilitatives Statusabsicherungssystem, das bevorzugt den stützt, der sich schon einmal einen Status erarbeitet hat, zum Beispiel als Berufstätiger. Das ist am Rentensystem, an der Unfall- und Krankenversicherung, an breit ausgebauten Transfersystemen im Falle von Arbeitslosigkeit abzulesen. Was dabei im Vergleich zu anderen Ländern auf der Strecke bleibt, ist eine fördernde und stärkende Komponente: Investieren in die, die noch nichts erreicht haben, vor allem in Kinder und Jugendliche, und in das Erziehungs- und Bildungssystem.

Deutschland steckt sechs Prozent seines Bruttosozialprodukts in die Bildung – die meisten OECD-Länder und besonders deutlich die skandinavischen Länder liegen mit rund zehn Prozent darüber. Zehn Prozent – das haben die Bildungsminister der Länder und die Bundeskanzlerin vor vielen Jahren in einem Bildungspakt auch für Deutschland beschlossen. Aber passiert ist seitdem nur wenig. Deswegen kommen selbst in Zeiten eines boomenden Arbeitsmarktes erschreckend viele in der Generation Greta zu kurz.

Umwelt- und Klimaschutz als wichtigste Themen der jungen Generation sind auch in Bielefeld Gesprächsstoff. 12 000 Menschen seien dort zur großen Klimademo gekommen, erzählt Nino. Manche hätten aber auch nur gesagt, sie kämen, und seien dann doch nicht hingegangen, wendet ihre Freundin Joy ein. Sie fände es schade, wenn Leute glaubten, ihre Teilnahme mache keinen Unterschied, meint Nino. »Ich sehe das immer wie so ein Puzzle. Keiner kauft ein Puzzle, bei dem ein Stück fehlt.« Deshalb sei es wichtig, sich dafür einzusetzen, was einem wichtig sei. Neben dem Demonstrieren verzichtet Joy bislang vor allem auf Plastiktüten im Supermarkt. Sie schreibt nur noch auf Recycling-Papier und gibt ihre alten Klamotten in einen Secondhand-Laden. »So kleine Dinge machen auch schon einen Unterschied«, sagt Nino energisch. »Kaum sagst du, du willst dich für die Umwelt einsetzen, wirst du kritisiert: Du musst vegan sein und musst nur öffentliche Transportmittel benutzen, sonst bist du ein Lügner.« Es ist in Bielefeld wie so oft bei Fridays-for-Future-Sympathisanten: im eigenen Leben konsequent zu sein, ist die größte Herausforderung.

Kapitel 10

ARBEIT IM WANDEL

Die Widersprüche des Arbeitsmarkts

»Es gab eben eine Frage, warum diese Blutgefäße so dunkel sind«, sagt Maciej Mularczyk auf Englisch. »Das sind Venen.« Mit zwei lässigen Fingerbewegungen legt der polnische Medizin-Dozent die beiden Venen in der Oberarmmuskulatur frei. Anatomie-Unterricht für Erstsemester an der Pommerschen Medizin-Universität in Stettin. Ein Dutzend Studierende folgt seinen Erklärungen. Sie sind Teil einer wachsenden Zahl junger Deutscher, für die der Weg in den Arztberuf über Osteuropa führt. In Stettin kommt mittlerweile fast die Hälfte der Medizinstudenten der beiden englischsprachigen Programme aus Deutschland. Die Abschlüsse sind EU-weit anerkannt.

Die Studierenden tragen weiße Kittel. Doch die Leiche vor ihnen existiert nur virtuell: Mularczyk bedient einen Simulations-Seziertisch mit Touchscreen-Display. Dementsprechend bedenkenlos übergibt er an einen Studenten. Beherzt schneidet Otto in den Oberkörper der Leiche vor ihm. Schicht um Schicht seziert er den virtuellen Arm. Unter Muskeln tauchen weitere Venen auf. Dann dringt er bis auf den Knochen vor. Otto hat sein

Abitur mit 2,1 gemacht. Ein Studienplatz in Medizin in Deutschland war aussichtslos – wie bei fast allen seiner deutschen Kommilitonen an der polnischen Hochschule. »Hier sind halt Leute, die mit dem NC nicht reinkommen würden«, sagt Otto. »Aber dafür wollen sie wirklich Medizin studieren.« Dabei sei das Studium in Polen nicht leichter als in Deutschland oder irgendwo anders, sagt Otto. »Wir sind halt alle ambitioniert, manchmal bis morgens um drei, und gucken uns an, wie der Körper aufgebaut ist.«

Die nächste Generation von Medizinern wird sich ihren Arbeitsplatz aussuchen können. In manchen Fachrichtungen werden händeringend Ärzte gesucht. Deswegen müssen viele Schulabsolventen den Eindruck gewinnen, der Studienplatzmangel sei auf eine künstliche Verknappung durch die Politik zurückzuführen. Immerhin würde jeder zusätzliche Studienplatz in Deutschland die Länderhaushalte etwa 32 000 Euro im Jahr kosten.

Es ist einer der vielen Widersprüche des Arbeitsmarkts, die auf die Generation Greta zukommen: Das Abitur ist ihr typischer Schulabschluss, doch der Wunschstudienplatz ist damit noch längst nicht sicher. 40 Prozent aller Studiengänge waren zum Wintersemester 2019/20 durch einen Numerus clausus beschränkt, ermittelte das Centrum für Hochschulentwicklung CHE. Auch wenn der Anteil leicht sinkt, in Fächern wie Medizin hat den Studienplatz nur sicher, wer ein Abitur mit einem Schnitt von 1,0 vorweisen kann. Die junge Generation trifft so auf einen Arbeits- und Ausbildungsmarkt, der immer schwerer zu navigieren ist – und das, obwohl Arbeitgeber sie bereits sehnlichst erwarten.

Denn eigentlich könnte die Generation Greta sich entspannt zurücklehnen, was die Berufsplanung angeht, und einfach den demografischen Wandel abwarten. In Zukunft werden jedes Jahr etwa doppelt so viele ältere Menschen in Rente gehen, wie junge neu auf den Arbeitsmarkt kommen. Bis zu 1,4 Millionen Babyboomer wurden zwischen 1955 und 1970 Jahr für Jahr geboren. In den vergangenen 20 Jahren waren es dagegen meist weniger als 700 000 Kinder pro Jahr. Schon jetzt herrscht in manchen Regionen Deutschlands fast Vollbeschäftigung. Viele Branchen plagen Nachwuchssorgen.

»Wir gehen da zurzeit alle relativ entspannt und relativ offen dran«, beobachtet Kurt, der in Potsdam Wirtschaft und Politik studiert. »Wir denken, wir finden alle einen Job, und zwar einen, der uns Spaß macht.« 79 Prozent der unter 25-Jährigen, die bereits arbeiten, gaben in der McDonald's-Ausbildungsstudie an, ohne Schwierigkeiten einen Arbeitsplatz gefunden zu haben – ein Rekordwert.[1]

Kommilitonen von Kurt jobben in einer Bäckerei. Selbst in diesen Aushilfsjobs verdienten sie mittlerweile elf bis zwölf Euro, beobachtet der 19-Jährige. »Noch vor drei, vier Jahren warst du froh, wenn du deine sieben oder acht Euro hattest. Jetzt liegen solche Jobs locker über dem Mindestlohn.« Natürlich sei das nicht überall so, räumt er ein. »Aber du merkst halt, dass die Wirtschaft gut läuft, sodass ich immer ganz entspannt war.«

Wo Betriebe früher körbeweise Bewerbungen erhielten, trudeln heute nur ein paar einzelne ein. Bei allen Sorgen ums Klima – was ihre eigene berufliche Zukunft angeht, sind große Teile der Generation Greta zuversichtlich. Eines lässt sich allerdings schon vorhersagen: Sie werden längst nicht alle unbefristete Arbeitsverträge erhalten, und viele müssen sich über längere Zeit als Solo-Selbstständige verdingen. Gegenüber den älteren Kollegen von der Generation X und den Babyboomern werden sie trotz der guten Konjunktur schlechter gestellt sein. Vor allem in den Nuller-Jahren sind Beschäftigungsrisiken gezielt auf die jungen Generationen umverteilt worden.

Ein Funken Wachsamkeit

Noch geht die Generation Greta in ihrer Mehrheit zur Schule. Nur die älteren Jahrgänge studieren bereits oder machen eine Ausbildung. Anders als frühere Generationen kennen heute nur wenige Jugendliche berufliche Existenzsorgen. Doch der Übergang von der Schule in den Beruf wird immer komplizierter und vielschichtiger, und das verunsichert viele junge Leute. Der Job fürs Leben ist mit großen Erwartungen aufgeladen – auch das macht Stress.

Carla will in jedem Fall studieren, vielleicht in Berlin. Auch ein gutes Gehalt ist ihr wichtig. All das spreche wohl dafür, lieber Psychologin zu werden als Kindergärtnerin, ihr zweiter Berufswunsch, sagt sie. Psychologie ist schon jetzt das liebste Schulfach der blonden 16-Jährigen im dunkelblauen Kapuzenpulli. Carla geht in die Oberstufe des Konrad-Wachsmann-Oberstufenzentrums in Frankfurt an der Oder. Gerade nehmen sie Tiefenpsychologie durch. Ungemein spannend sei das. »Dass der Mensch an sich so tiefgründig sein kann. Und dass man das selber gar nicht merkt.«

In ihrer Stufe spreche sie mit ihren Mitschülerinnen öfters darüber, wie es nach der Schule weitergehen soll, erzählt Carla. »Man merkt halt generell die Unsicherheit, weil man sich unschlüssig ist, in welche Richtung man gehen möchte.« Ausbildung oder Studium sei für viele die erste Frage. Angst davor, arbeitslos zu werden, habe keiner in ihrer Klasse, sagt Carla. Auch wenn manche Sorge hätten, ob sie das Abitur schaffen. »Man ist sich halt sicher, dass man schon irgendwas machen kann.« Das Schwierige sei dagegen, das Richtige zu finden. Und so schwingt in dem generellen Optimismus, mit dem Jugendliche heute in die Zukunft blicken, auch immer ein Funke Wachsamkeit mit. Denn die Arbeitswelt wandelt sich derzeit so schnell wie lange schon nicht mehr. Angesichts der rasanten Veränderungen fehlen vielen die Kriterien, um klare Entscheidungen treffen.

Das hat Folgen für die Berufswahl. Die Ausbildung bei der Sparkasse gilt in Zeiten von Niedrigzinsen und Konkurrenz herkömmlicher Banken durch internetbasierte Fintechs längst nicht mehr als Garantie für ein stabiles Leben in relativem Wohlstand. Die mächtigen Automobilkonzerne, das Rückgrat der deutschen Wirtschaft, haben durch Dieselskandal und Klimadebatte viel von ihrem Nimbus der Unverletzbarkeit eingebüßt. Zudem wird dort in einer elektrischen Zukunft deutlich weniger Wertschöpfung stattfinden als bisher. Und in vielen Bereichen der digitalen Informations- und Kommunikationstechnik droht Deutschland, von den USA und China abgehängt zu werden.

Jugendliche reagieren intuitiv auf diese Entwicklungen. Dabei scheinen sie oft in ihrer Analyse dessen, was die Zukunft bringt, näher an der Realität als so mancher Manager oder Politiker. Seit 2015, dem Jahr, in dem öffentlich wurde, dass Volkswagen und andere Autobauer Grenzwerte für Emissionen mit illegalen Abschalteinrichtungen umgangen hatten, ist das Ansehen der Branche bei den 15- bis 24-Jährigen um sechs Prozent gefallen (von 65 auf 59 Prozent). Noch schlimmer traf es Banken und Versicherungen. Dachten 2015 noch 44 Prozent, dass die Branche Auszubildenden interessante Möglichkeiten eröffne, waren es 2019 nur 32 Prozent. Gewinner waren dagegen Gesundheitsberufe – schon allein wegen des demografischen Wandels in Deutschland zukunftssicher –, die seit Jahren boomende Bauwirtschaft sowie das Handwerk.[2]

Knapp die Hälfte der Jugendlichen glaubt, dass sich ihr (zukünftiger) Beruf durch digitale Technologien stark bis sehr stark verändern werde.[3] »Es gibt jetzt ja immer mehr Berufe, die durch Maschinen ersetzt werden«, sagt Carla. »Da macht man sich natürlich auch Gedanken drüber, ob der Beruf, den man gern machen möchte, später nicht mehr vorhanden ist.« Sie selbst sieht sich auf der sicheren Seite: Sowohl Kindergärtnerinnen als auch Psychologinnen werden nicht so schnell verschwinden, glaubt sie. »Man muss da ja immer individuell mit Menschen umgehen. Und das kann eine Maschine nicht, denke ich mal.«

Die Einschätzung der Generation Greta teilen auch Forscher. Nach Berechnungen des Instituts für Arbeitsmarkt- und Berufsforschung (IAB) hat 2016 ein Viertel der sozialversicherungspflichtig Beschäftigten in Deutschland in Berufen gearbeitet, in denen Computer große Teile der Tätigkeiten übernehmen könnten. In Spezialisten- und Fachkraftberufen sei die Hälfte der Arbeit ersetzbar. Selbst bei Experten kann der IAB-Analyse zufolge noch ein Viertel der Tätigkeiten automatisiert werden. Nicht alles, was eine Maschine kann, wird sie auch tun. Trotzdem seien bis zu acht Millionen Arbeitsplätze potenziell bedroht.[4]

»Der Faktor, der die Zukunft der Arbeit am stärksten prägt, ist die Digitalisierung«, schreibt der Internetpublizist Sascha Lobo. »Und der Faktor, der die Digitalisierung in den kommenden Jahren am stärksten prägt, ist Künstliche Intelligenz.«[5]

Intelligente Maschinen tun bereits heute Dinge, die über lange Zeit als nicht wegrationalisierbar galten. »Wer bislang einen Essay las, hielt eine Art Zeugnis dafür in den Händen, dass ein Mensch daran beteiligt war«, zitiert die US-Zeitschrift *The New Yorker* Dario Amodei. Amodei ist Forschungsdirektor bei OpenAI, einer Firma, die Künstliche Intelligenz (amerikanisch: AI) erforscht. »Heute ist es kein Zeugnis dafür mehr, dass wirklich ein Mensch beteiligt ist.« Im Experiment produziert GPT-2, der Supercomputer der Firma, Text, der in Stil und Wortwahl den literarischen Stil des *New Yorker* ziemlich überzeugend trifft. Beim *New Yorker* fehlen noch Recherche und Sinnzusammenhänge, sodass der Text schnell in sinnloses Geschwafel abgleitet. In manchen Zeitungsredaktionen fassen Computer dagegen bereits das Börsengeschehen zusammen oder schreiben den Spielbericht zum Baseball in der Regionalliga.

Die technischen Möglichkeiten wachsen rasant. Innovationen im Design von Chips sowie in der Netzwerkarchitektur und im Cloud-Computing hätten die Leistungsfähigkeit von Computern deutlich schneller wachsen lassen als vorhergesagt, schreibt *The New Yorker*.[6] 2018 war demnach die gesamte verfügbare Rechenleistung schon 300 000 Mal höher als 2016.

»Bildung, Ausbildung, der Erwerb von ›Humankapital‹, eine hohe Motivation und Leistungsbereitschaft – all das scheint keine Garantie mehr zu sein für ein geordnetes Arbeitsleben mit einem Einkommen, das ein gutes Leben ermöglicht«, schreibt die Philosophin Lisa Herzog in ihrem Essay »Die Rettung der Arbeit«. »Zu unklar ist, wie die Umbrüche aussehen könnten, die Roboter, Algorithmen und Künstliche Intelligenz bringen werden.«[7]

Es sind diese Unwägbarkeiten, unter denen die Generation Greta ihre Traumjobs finden will. Der jungen Generation muss das jedoch zunächst deutlich weniger Sorge machen als den älteren. Denn die Forscher des IAB erwarten, dass der technologische Wandel im gleichen Tempo, wie er Arbeitsplätze vernichtet, auch neue schafft. Solange die Konjunktur nicht einbricht, dürfte die Generation Greta also auch weiterhin genügend offene Stellen vorfinden. Während ältere Arbeitnehmer häufiger in der Mitte des Arbeitslebens umschulen werden, können Jugendliche gleich auf Zukunftsbranchen setzen. Doch auch für sie wird lebenslanges Lernen zur Normalität.

Wenn sie denn wissen, welche Branchen Zukunft haben. Das Institut für Arbeitsmarkt- und Berufsforschung sieht neben der Digitalisierung als Trends die Energiewende sowie eine mögliche Rückverlagerung von Arbeitsplätzen nach Deutschland im Zuge der Individualisierung von Produkten. Eine alternde Gesellschaft werde außerdem andere Produkte und Dienstleistungen benötigen. Die Entscheidung für einen Beruf bedeutet für die Generation Greta also eine Wette auf die Zukunft mit ungewissem Ausgang. Wohl jedem in der Generation ist deshalb heute klar, wie schwierig ist es, sich für einen Beruf zu entscheiden, der auch in 15 Jahren noch Perspektive hat.

Fragt man die Generation, welche Chancen sie beruflich mit der Digitalisierung verbindet, ist sie dagegen ziemlich entspannt. Der digitale Wandel wird überwiegend positiv bewertet. Über die Hälfte sieht hierin für die Gesellschaft mehr Vorteile als Nachteile, wie die McDonald's Ausbildungsstudie 2019 zeigt. Auch für sich ganz persönlich erwarten über 60 Prozent überwiegend Vorteile.[8]

Und doch sind junge Menschen vorsichtig geworden. Sie klopfen potenzielle Arbeitgeber intuitiv besonders auf gute Zukunftsperspektiven ab. Dieses Kriterium steht ganz oben auf der Liste, wenn sie nach der Attraktivität von Unternehmen gefragt werden. Erst dann kommen die Kriterien, ob Arbeitsplätze sicher und die Verdienstmöglichkeiten gut sind.[9]

Obwohl oder gerade weil sie sich auf alle Eventualitäten einrichten – junge Menschen fühlen sich mit der Berufswahl häufig überfordert. Sie vermissen klare und gut strukturierte Informationen über berufliche Perspektiven, die ihre persönliche Situation berücksichtigen. Vor allem den Schulen und den Universitäten kreiden sie hier Defizite an. Nur 44 Prozent der Schülerinnen fühlen sich von ihren Lehrern ausreichend informiert, bei den Studierenden sind es 66 Prozent.[10] Stattdessen suchen sie Hilfe bei ihren eigenen Eltern. Sie sind die allerwichtigsten Berater. Auch andere Familienangehörige werden oft hinzugezogen. Ansonsten hören sie sich bei Freunden und Bekannten um oder recherchieren auf eigene Faust im Internet.

Die dominante Rolle der Eltern passt zum Lebensstil der jungen Generation. Viele Eltern übernehmen die Rolle des persönlichen Berufsberaters sehr gerne. Zu den Informationsveranstaltungen der Industrie- und Handelskammern für Berufsanfänger kommen oft mehr Eltern als Jugendliche. Die Fachhochschulen und Universitäten haben längst Hotlines für Eltern eingerichtet, weil die Hälfte aller Anfragen zu Studienangeboten und Zulassungsbedingungen von Eltern kommen. Auch Ausbildungsbetriebe reagieren inzwischen hierauf. Newsletter, Informationsveranstaltungen, Jobmessen, Betriebsbesichtigungen – alles wird nicht nur für die Schulabgänger angeboten, sondern auch für deren Eltern. Den Unternehmen und Hochschulen bleibt in Zeiten des Wettbewerbs um guten Nachwuchs nichts anders übrig, als die Eltern ihrer Zielgruppe voll einzubeziehen. Hat man sie einmal überzeugt, dann stehen die Chancen gut, dass die Tochter oder der Sohn nachziehen.

So wie schon die schulische Bildungslaufbahn mit den Eltern abgestimmt wurde, geht es bei Berufsorientierung, Berufswahl und Berufseinmündung weiter. Das Motto lautet: »Nichts ohne meine Eltern.«

Von der Suche nach dem Traumjob

Die Generation Greta leidet an zu vielen Optionen: Wer studieren will, hat nicht mehr die Wahl zwischen vielleicht 200 oder 300 Studiengängen, wie es noch bei den Eltern der Fall war. Heute müssen die Schulabgänger zwischen über 12 000 Bachelorangeboten den passenden für sich selbst finden und dabei manchmal auch schon einen planenden Blick auf die Anschlussfähigkeit zu den 8 000 Masterstudiengängen werfen. Hinzu kommen fast 400 Ausbildungen im dualen System und eine schnell wachsende Zahl von Angeboten in den Dualen Hochschulen. »Das macht schon Druck«, sagt Carla. »Denn das ist ja nicht nur eine kleine Entscheidung. Davon hängt das ganze Leben ab.«

Petra Ruthven-Murray ist ein Fels in diesem Meer von schier unbegrenzten Möglichkeiten. Ihre Beratung planZ verspricht auf ihrer Webseite: »Wir finden Ihren Traumstudiengang.« Darunter wirbt das Unternehmen mit Beratungserfolgen wie dem von Paul, einem lustlosen Abiturienten, der sich nur für Sport interessierte. Von der Persönlichkeitsstruktur sei Paul eher ein Tüftler. Die Berater empfehlen deshalb den Studiengang »Sports Equipment Technology« in Wien. Heute erforsche Paul als Doktorand an der Universität Calgary in Kanada die Rolle des Gehirns bei Bewegungsabläufen.

»Zu uns kommen die, die Lust haben, eine bewusste Entscheidung zu treffen«, sagt Ruthven-Murray. Viele hätten Ideen, manche suchten Bestätigung, andere bräuchten Rat, welche Schritte sie gehen müssen. Ihre Studienberatung wende sich an das Bildungsbürgertum. »Wie organisiere ich mein Leben selbst – damit haben die einfach relativ wenig Erfahrung in dieser Zielgruppe«, beobachtet Ruthven-Murray.

Wer sich von ihr beraten lässt, absolviert zunächst eine Reihe von Tests zu Persönlichkeitsstruktur, Interessen, Leistungsmotivation und Begabung. Dann folgt ein vier- bis fünfstündiges Beratungsgespräch, in dem die Beraterin Berufswelten mit den Abiturienten erörtert und anschließend den Weg in diese Berufe mit ihnen sucht. Die meisten kommen zu Beginn des letzten Schuljahres oder im Frühsommer kurz vor oder nach dem Abitur. Von wem die Initiative ausgehe, halte sich ungefähr die Waage. Mal suchten die Kinder Beratung, mal die Eltern, wenn sie das Gefühl haben, dass der Sprössling sich nun wirklich endlich entscheiden müsse. 1300 Euro kostet das Angebot.

Die Familien, die zu ihr kommen, versuchten häufig, diese Entscheidung outzusourcen – gerade weil das Verhältnis zwischen Eltern und Kindern heute so eng sei. »Die haben versucht, das in der Familie zu diskutieren. Dann wird unterstellt, die Kinder würden ja nur chillen wollen. Das führt zu Konflikt. Also lagere ich den Konflikt aus zum Coach«, sagt Ruthven-Murray. Manche wollten gerade dieses Thema ausnahmsweise nicht mit der Mutter diskutieren. »Da wollen sie endlich auch mal alleine sein.«

Sinnorientierung bei der Ausbildungs- und Studienwahl ist anstrengend. Viele fühlen sich so überrollt davon, dass sie nach dem Schulabschluss erst einmal eine Auszeit einlegen, ein »Gap Year«, um zu sich zu kommen und Orientierung zu gewinnen.

Sie reisen auf eigene Faust um die Welt, jobben mal hier und mal da, machen sich mehr oder weniger produktiv mit beruflichen Perspektiven oder Studiengängen vertraut. *Wozu nach den Sternen greifen, wenn man auch chillen kann* hat die Journalistin Ulrike Bartholomäus ihr Buch über den Übergang in Studium und Ausbildung genannt.[11]

Vielen Eltern spreche der Titel aus der Seele, beobachtet Ruthven-Murray. Sie sehen mit Unruhe, dass ihr Nachwuchs nach der Schule eine Warteschleife nach der anderen einlegt und dadurch aus dem Arbeitsrhythmus gerät. »Ich finde nicht, dass die nur chillen wollen«, widerspricht Ruthven-Murray. »Ich habe vermehrt junge Leute in der Studienberatung, die sich für den Klimastreik einsetzen, die ihr Leben und ihre Zeit für wirklich große gemeinschaftliche Ziele opfern. Das ist doch kein Chillen.«

Dennoch: Wer zu ihr kommt, sucht Unterstützung bei der Planung des nächsten Lebensabschnitts. Und so sitzen etwa 120 Jugendliche Jahr für Jahr gemeinsam mit Ruthven-Murray vor den Dossiers von 20000 Studiengängen. »Lesen, lesen, lesen« müsse auch sie selbst, um da den Überblick zu behalten. Bei ihren Klienten beobachtet Ruthven-Murray Verwirrung ob der Anzahl der Möglichkeiten. »Vieles können sie ja trotzdem in einen Topf schmeißen, obwohl es mit so wahnsinnig ›fancy‹ Namen ausgestattet ist«, sagt die Beraterin. »Wenn dieser Studiengang jetzt Media-Marketing heißt, dann ist das im Wesentlichen trotz allem noch ein BWL-Studiengang. Heißt nur geiler.« Neben dem Marketingeffekt sollten die Branchenbezüge häufig ein berufsbezogenes Lernen sicherstellen. »Dann habe ich auch manchmal den Aha-Effekt: ›Oh, das ist das Gleiche.‹«

Ruthven-Murray plädiert dafür, die Frage der Studienwahl entspannt anzugehen. Letztlich sei es nicht entscheidend, welche Studienrichtung ein junger Mann oder eine junge Frau einschlägt, vielleicht mit Ausnahme von Berufen wie Ingenieuren, Ärzten und Juristen – was wirklich zählt, sei der akademische Abschluss als solcher. Der eröffne den Zugang zu attraktiven Berufen.

In immer mehr Branchen erfordert der Arbeitsmarkt der Zukunft ein hohes Maß an Flexibilität. Wichtig ist einem Unternehmen, dass der Bewerber um einen Arbeitsplatz einen Abschluss geschafft hat. Welcher das ist, das wird immer unbedeutender. Mit einem Bachelor in Philosophie kann man heute in einer Personalabteilung reüssieren, selbst Ministerien stellen inzwischen keinesfalls mehr nur Juristen, sondern sehr gerne auch Wirtschafts- und Sozialwissenschaftler ein.

»Studier halt was. Zeig der Welt, dass du lernen kannst«, sei damit das Wichtigste, sagt Ruthven-Murray. Das nehme den Jugendlichen den Druck, und sie spürten: Es geht nicht nur um den Namen des Studiengangs, sondern auch noch um andere Parameter: Größe des Studienorts, Entfernung von zu Hause, offen angelegtes Universitätsstudium oder doch eher ein strukturiertes Programm an einer berufsnahen Fachhochschule – auch weiche Wohlfühlfaktoren entscheiden über den Erfolg.

Der ideale Arbeitsplatz

Arbeit bedeutet für die Generation Greta Selbstverwirklichung. Damit steht sie nicht allein. Unsere heutige »Gesellschaft der Singularitäten« ermögliche »die Selbstentfaltung der Individuen in einer Breite und Intensität, wie sie die klassische Moderne nicht kannte«, schreibt Andreas Reckwitz. Der Soziologe beobachtet eine »postromantische Authentizitätsrevolution in der neuen Mittelklasse«.[12]

Der Drang, authentisch zu sein, wirkt sich unverkennbar auf die Karriereplanung von Jugendlichen aus. Kurt wünscht sich nach seinem Politik- und Wirtschaftsstudium in Potsdam einen Job, der auch zu seinem Lebensinhalt wird. »Ich bin optimistisch, dass ich einen Job finde, der mir Spaß macht«, sagt der 19-Jährige. »Für mich wäre der Hauptgrund, etwas zu machen, was mich ausfüllt, nicht, irgendwann sehr viel Geld zu verdienen.« Der Pragmatismus früherer Generationen ist einer anspruchsvollen und diffizilen Sinnorientierung gewichen.

Die Generation Greta will etwas aus ihrem beruflichen Leben machen. Der Beruf soll ihr persönlich auf den Leib geschneidert sein, soll Spaß machen, sicher sein, den eigenen Fähigkeiten und Neigungen entsprechen und persönlich erfüllen. Selbstbestimmtheit, Sinnhaftigkeit und Nutzen für die Gemeinschaft sind weit oben in den Rankings, ebenso persönliche Wertschätzung, ein gutes Betriebsklima, flache Hierarchien mit dem Versprechen, mitmischen zu können und dafür regelmäßiges und ausführliches Feedback zu erhalten. Die jungen Leute wollen wahrgenommen werden.[13]

»Ökonomische Modelle unterstellen, dass Arbeit vor allem ein Mittel zum Zweck des Einkommenserwerbs ist«, schreibt die Philosophin Lisa Herzog. Allenfalls ›höhere‹ Berufe würden demnach eine Ausnahme darstellen. »Doch dies ist ein Vorurteil.« Arbeit sei mehr als ein Instrument zum Geldverdienen. Die Arbeitswelt sei »Teil unserer gemeinsamen, öffentlichen Welt und muss auch als solche verstanden werden«.[14]

Die Generation Greta würde das sofort unterschreiben. Für sie ist Arbeit Bestandteil ihres Soziallebens, wenn auch mit klarer

Trennung zwischen Arbeit und Freizeit. Wenn sie sich ihren späteren Arbeitsplatz selbst bauen könnte, sähe er wie folgt aus: ein Team aus netten Kollegen bei angemessener Bezahlung, klarer Rolle, Weiterbildung und selbstständiger Arbeitszeitplanung. Und wenn es so weit ist, möchte man auch Familie und Beruf miteinander verbinden können. Wer das als Arbeitgeber nicht bieten kann, hat heute schlechte Karten.

Zwei Drittel der Jugendlichen wünschen sich eine Arbeitszeit mit klar geregeltem Beginn und Ende. Gleichzeitig sind sie bereit, bei entsprechendem Freizeitausgleich auch am Wochenende zu arbeiten. Ähnlich viele stimmen der Aussage zu, dass es ihnen wichtig ist, einen Teil der Arbeit auch von zu Hause aus erledigen zu können. Knapp die Hälfte der Jugendlichen akzeptieren unter diesen Umständen auch Überstunden.[15]

Finde ich einen Job? Kann ich mich da ökonomisch absichern? Das sind immer noch zentrale Fragen für Jugendliche am Ende von Schule oder Studium. Doch der Unterschied zwischen der Generation Greta und der Vorgängergeneration Y, die heute ungefähr zwischen 20 und 35 Jahre alt ist, könnte größer kaum sein. In Zeiten von Massenarbeitslosigkeit nach der Jahrtausendwende und der Finanzkrise ein paar Jahre später mussten die Ypsiloner um ihren Berufseinstieg bangen. Viele hangelten sich zunächst von Praktikum zu Praktikum oder von einem Zeitvertrag zum nächsten, bis sie in eine sichere Festanstellung kamen.

Ihre Nachfolger plagen diese Sorgen nicht. Fragt man Auszubildende, ob es schwer war, einen Ausbildungsplatz zu erhalten, sind die Antworten klar. Nur noch jeder Vierte fürchtet, selbst einmal arbeitslos zu werden.[16]

Auch sonst sind berufliche und finanzielle Sorgen in der jungen Generation seit einigen Jahren rückläufig. Die gute konjunkturelle Entwicklung gibt ihr Hoffnung, nicht nur heute, sondern auch in Zukunft materiell abgesichert zu sein. Sogar die Sorge, im Alter nicht genügend Geld zur Verfügung zu haben, ist in dieser positiven Stimmung in den vergangenen fünf Jahren deutlich gesunken. Die Sorge vor finanziellen Schwierigkeiten sowieso. Auch die Befürchtung, jemand aus der eigenen Familie könnte von Arbeitslosigkeit betroffen sein, hat sich ganz deutlich reduziert.

Diese gute Ausgangslage macht die Generation Greta anspruchsvoll. Wegen der vielen Unwägbarkeiten der Entwicklungen in der Arbeitswelt plant sie ihre Zukunft aber vorsichtig. Anders als ihre Vorgängergeneration Y schreckt sie vor allzu idealistischen Erwartungen an die Berufstätigkeit zurück. Sie will Erfüllung und Sicherheit miteinander verbinden. Sie sieht, dass viele der Träume der Generation Y sich im digitalen Zeitalter mit schnell ändernden Arbeitsanforderungen nicht verwirklichen ließen. Auch die nicht, die sich auf eine völlige Verschränkung von Arbeit und Privatleben bezogen, auf ein Work-Life-Blending. Sie strebt die Vereinbarkeit von Familie und Beruf an, will aber Arbeitsleben und Privatleben wieder trennen, deutliche, klare Strukturen haben und nicht so offen gestalten, wie es die Generation Y tut.

Das gilt auch für junge Frauen. Wollten Frauen aus der Generation Y noch idealistische und materialistische Ansprüche an den Beruf kombinieren und Beruf und Familie irgendwie unter einen Hut bringen, so setzen junge Frauen in der Generation Greta trotz ihrer ehrgeizigen beruflichen Ambitionen auf eine gute Partnerschaft und wollen keine Experimente eingehen.

Deswegen neigen sie weiterhin zur klassischen Rollenaufteilung. Wenn es nach der Geburt eines Kindes zeitlich eng wird,

dann soll es die Frau sein, die nur Teilzeit arbeitet und die maßgeblich e Verantwortung für die Kindererziehung übernimmt.[17]
Darin sind sich junge Frauen und junge Männer einig. Angesichts der enormen Erfolge, die Mädchen in den vergangenen 20
Jahren auf allen Ebenen des Bildungssystems erzielt haben, ist
das erstaunlich. Auch deshalb, weil heute praktisch alle jungen
Frauen zu Beginn ihrer beruflichen Laufbahn viel Zeit und Energie investieren.

Die Angehörigen der Generation Greta sind aber auch in dieser Frage Realisten, und sie sehen nüchtern, wie schwierig es in
Deutschland nach wie vor ist, Familie und Beruf in Einklang zu
bringen. Die meisten Unternehmen tun sich schwer mit flexiblen Arbeitszeiten für Mütter und Väter. Fehlende Plätze in Kindergärten und wie der Mangel an Ganztagsschulen sind noto-
risch.

Schutz vor dem Burn-out

So schwer es für Unternehmen schon ist, die Generation Greta zu
rekrutieren – es ist noch viel schwerer, sie zu halten und zu verhindern, dass sie schon nach kurzer Zeit den Arbeitsplatz wechselt. Sie hat einfach sehr viele Möglichkeiten, und sie kann sich
immer die auswählen, die am meisten persönliche Befriedigung
und Erfüllung verspricht. Je stärker Arbeit mit Sinn aufgeladen
wird, desto leichter ist es, im Alltag frustriert zu werden. Denn
auch eine erfüllende Arbeit wird manchmal zu viel oder hält
Enttäuschungen bereit. Reckwitz spricht von einem hohen »Be-
sonderheits- und Selbstentfaltungsanspruch des Lebens in der
Kultur der Spätmoderne«.[18] Je höher dieser Anspruch ist, desto

größer das Risiko, daran zu scheitern und enttäuscht zu sein. Wichtig ist es für Chefs deshalb, ständig Kontakt zu den jungen Leuten zu halten und sofort zu reagieren, wenn sich Kritik regt. Wenn sie sich persönlich angesprochen und verstanden fühlen, sind die jungen Arbeitnehmer durchaus bereit, sich auf ein passendes Arrangement einzulassen. Sie suchen Beachtung und wollen, dass ihre Chefs ihre Bedürfnisse ernst nehmen.[19] In Zeiten der Erreichbarkeit rund um die Uhr wollen die Angehörigen der Generation Greta nicht überfordert oder gar ausgebeutet werden. Vor einer solchen Belastung ihrer Gesundheit haben sie große Sorge. Sie möchten kein Burn-out erleben.[20]

Für Nicolas ging der Stress im Studium schon im ersten Semester los. »Da ist mir aufgefallen, dass ich mich ein wenig gehen gelassen habe, weil das Studium so anstrengend war«, erinnert sich der Physikstudent. Weniger Sport, weniger Essen, weniger Zeit für Freunde und Familie. Das wolle er nie wieder erleben. »Klar ist es mir wichtig, einen guten Beruf zu haben«, sagt er. »Aber mir es ist viel wichtiger, dass es mir selber und meinem Umfeld gut geht.« Bei seinen Eltern sei das noch ganz anders gewesen. »Gerade bei meinem Vater merke ich, dass bei dem immer die Arbeit im Fokus stand.« Heute sei sein Vater Frührentner. Seine Eltern leben getrennt.

Es ist überraschend, dass bei solchen Grundeinstellungen die inhaltlichen und sinnstiftenden Aspekte des Berufslebens an der Spitze der Nennungen stehen. Generell muss für die junge Generation zwar auch das Geld stimmen, das ist aber nicht das Entscheidende. Mit einem besonders hohen Gehalt lassen sie sich nicht ködern, wenn nicht zugleich alle anderen ihrer Erwartungen an den Arbeitsplatz erfüllt werden. Auch besondere Anreize oder Privilegien wie das Bereitstellen eines Fahrzeugs oder

der freie Zugang zu einem Fitnessstudio werden nur gewürdigt, wenn sie tatsächlich Ausdruck von Wertschätzung sind und nicht als billige Anmache wahrgenommen werden.[21]

Aber die Generation Greta will natürlich auch Geld verdienen.[22] Wenn Paul und Jonas mit ihren Mitschülern über ihre Pläne nach der Schule diskutieren, spielt Geld durchaus eine Rolle. Die beiden gehen in die 12. Klasse der Sophie-Scholl-Oberschule in Berlin-Schöneberg. Viele Jugendliche stammen hier aus der oberen Mittelschicht. »Jeder denkt, dass man wahnsinnig viel Geld verdienen muss nach der Schule«, beobachtet Jonas. »Das ist, was unsere Gesellschaft uns beibringt: dass viel Geld wichtig ist, um eine Stellung in der Gesellschaft zu haben und eine Bedeutung.«

Die Generation Greta wächst in einer reichen Gesellschaft auf. Ihr eigenes Berufsleben soll dieses Niveau auf jeden Fall sichern, wenn auch unter deutlich verbesserten Bedingungen der Nachhaltigkeit. »Letztlich geht es immer wieder darum, den Lebensstandard der Eltern halten zu können«, beobachtet Ruthven-Murray. »Das ist ein Phänomen, das wollen alle. Und da haben wir in dieser speziellen Zielgruppe auch hohe Standards.« Nicht immer sorgt Fridays for Future in der Generation Greta für mehr Bescheidenheit.

Duale Ausbildung muss kämpfen

Eigentlich bildet Frank Bätje angehende Tischlergesellen aus. Jetzt baut er im Berufsbildungszentrum der Handwerkskammer Magdeburg Kerzenständer mit Achtklässlern. Die sind zwar die Fachkräfte von morgen, doch bislang haben sie noch Schwierigkeiten, ein Loch in die Mitte einer 40 Zentimeter breiten Platte zu bohren. »Das ist nicht die Mitte hier«, erklärt Bätje geduldig, nachdem er Maß genommen hat. »An der einen Seite haben wir 16 und an der anderen 24.«

»Seit 1900 erlebte das Handwerk immer die Situation: Wenn ich die Tür aufmache, stehen da draußen junge Leute, die wollen meinen Beruf lernen«, sagt die Leiterin des Berufsbildungszentrums, Viola Keuters. »Jetzt ist die Situation anders.« Innerhalb von fünf Jahren sei die Zahl der Lehrlinge um die Hälfte eingebrochen. »Das zeigt die Dramatik.«

Es ist eine Zeitwende in der dualen Berufsausbildung. Vielen gilt die berufliche Lehre als ein Schlüssel für den Erfolg des deutschen Wirtschaftssystems. Die Ausbildung im Betrieb macht sie praxisnah, der begleitende Unterricht in der Berufsschule gibt ihr das theoretische Fundament. Vom ersten Tag an verdient man sein eigenes Geld, ist in der Rolle eines Berufstätigen und nebenbei hat man oft schon von Beginn an den Anschlussvertrag in der Tasche. Auch deshalb ist die Jugendarbeitslosigkeit in Deutschland so niedrig wie nirgendwo anders in Europa.

Dennoch suchen Betriebe in manchen Branchen und Regionen händeringend nach Lehrlingen. Die Anziehungskraft der dualen Berufsausbildung schwindet. Zwar spielt der demografische Wandel eine wichtige Rolle, aber noch härter schlägt der Verfall des Images »Auszubildender« zu. Mehr als 60 000 Ausbildungsplätze blieben 2019 deutschlandweit unbesetzt.

Statt auf die duale Ausbildung setzt die Generation Greta ihre Hoffnungen verstärkt auf einen Bachelor oder Master. Über Jahrzehnte traten in Deutschland deutlich mehr junge Leute einen Ausbildungsplatz an als ein Studium. Seit 2013 hat sich das Verhältnis gedreht. Heute schreiben sich mehr junge Leute für ein Studium ein, als ihre Unterschrift unter einen Ausbildungsvertrag setzen. Laut dem Berufsbildungsbericht der Bundesregierung stehen 2019 fast 510 000 Studienanfängern 494 400 Lehrlinge im ersten Ausbildungsjahr gegenüber. Insgesamt gibt es ungefähr 1,3 Millionen Auszubildende, aber schon fast drei Millionen Studierende.[23]

Die traditionelle berufliche Ausbildung – ein System, für das Deutschland international bewundert wird – hat ihre Vormachtstellung eingebüßt. Weniger Azubis fallen mit einer geringeren Zahl an Betrieben zusammen, die überhaupt noch ausbilden. Es sind noch rund 20 Prozent.

Der Azubi 4.0, der Lehrling moderner digitalisierter Industrie- und Handwerksbetriebe, ist Mangelware. Immer mehr Betriebe haben es schwer, ihre Lehrstellen zu besetzen. Wenn der Trend so weiterläuft wie bisher, entwickelt sich die Hochschulbildung zum Normalfall, die berufliche Ausbildung zieht im Wettbewerb um kluge Köpfe den Kürzeren. Diese Entwicklung empfinden viele Unternehmen als eine enorme Bedrohung, vor allem die mittelständischen und kleinen, die dringend auf Auszubildende angewiesen sind. »Wir müssen schauen, dass dieser Wettbewerb nicht zulasten der Wirtschaft ausgeht«, warnt Martin Frädrich, IHK-Geschäftsführer für Aus- und Weiterbildung in Stuttgart. Ansonsten könne es zu dramatischen Fehlentwicklungen kommen.

Dabei ist für längst nicht alle das Studium die Lösung. 25 Prozent aller Studienanfänger brechen vorzeitig ab. Kevin Kaiser, der bei der Handwerkskammer Magdeburg für das Thema Berufsausbildung zuständig ist, träumt von »warmen Übergaben« von Studienabbrechern an das Handwerk. Aus den Fenstern seines Büros blickt Kaiser auf die Otto-von-Guericke-Universität in Magdeburg. »Ganz selten findet einer den Weg hier rüber.« Dem

System fehle die Durchlässigkeit. In der Universität gebe es kein Interesse an Beratungsangeboten der Handwerkskammer für Studienabbrecher direkt vor Ort.

Im Berufsbildungszentrum Magdeburg beugen sich deshalb 14-jährige Realschüler über die Schraubstöcke. »Ich schneide eine Gewindestange zu für meine Schraubzwinge«, sagt Christopher. »So eine Berufsorientierung ist ja schon eine gute Sache für das spätere Leben«, sagt Christophers Mitschüler Paul. »Aber ich mache auch noch ein Praktikum und so etwas. Ich probiere, mich immer ranzutasten, was ich am besten finde.«

Paul hat zwei Tage Schnupperkurs bei den Malern und Lackierern hinter sich. Ihm habe gefallen, dass er dort seiner Fantasie freien Lauf lassen konnte, erzählt er. Doch mit Metall zu arbeiten, das macht ihm auch richtig Spaß.

PÜSA, praxisorientierter Übergang von Schule in Ausbildung, heißt das Projekt, mit dem die Handwerkskammer Magdeburg die Generation Greta für ihre Gewerke gewinnen will. Metallbauer ist der vierte Beruf, den Christopher ausprobiert. »Ich hab noch zwei Jahre vor mir«, sagt Paul. »Dann werde ich entscheiden, was ich machen möchte.« Die Wahl: Weitermachen bis zum Abitur oder gleich in die Lehre. Früher einmal war die Lehre für Realschüler fast selbstverständlich.

Dass die Eltern engste Berater bei der Berufswahl sind, sieht die Handwerkskammer mit gemischten Gefühlen. Derzeit wandelten sich die Berufsbilder durch die Digitalisierung grundlegend, gibt die Leiterin des Berufsbildungszentrums, Viola Keuters, zu bedenken. »Der Metallbauer ist nicht mehr der Metallbauer, wie Papa das gelernt hat«, sagt Keuters. »Es ist ein ganz anderes Berufsbild. Moderner, du hast ganz viele Möglichkeiten, auch später einmal in Industriebetrieben zu arbeiten.«

Ein Bewerbermarkt

In den 70 Meter hohen Türmen direkt am Hannoveraner Hauptbahnhof herrscht ein Gewusel wie in einem Ameisenhaufen. Die Zentrale der Sparkasse Hannover wird von Grund auf saniert. Unzählige Gewerke arbeiten parallel. Dass hier Arbeitskräfte fehlen, ist bei dem regen Treiben nur schwer vorstellbar. Die Firma Schubert kümmert sich um die Elektronik. Stromanschlüsse, Bewegungssensoren und Licht auf insgesamt 36 000 Quadratmetern. Die Komplettsanierung ist nur eine der vielen Großbaustellen des Mittelständlers aus Tangerhütte in Sachsen-Anhalt. Der Elektrik-Handwerksbetrieb mit Filialen in Hamburg und Wismar beschäftigt 180 Mitarbeiter.

Wer in dem Geschäft mithalten will, braucht Fachkräfte. Doch Elektriker sind auf dem freien Markt kaum noch zu finden, sagt Geschäftsführer Volker Schubert. »Wenn wir mit einer riesengroßen Zeitungsannonce werben, kommt vielleicht eine Bewerbung.« Bei der Agentur für Arbeit habe der Handwerksbetrieb ständig offene Stellen gemeldet: »Null. Nicht eine einzige Bewerbung.«

Auf der Fahrt in die Firmenzentrale in Tangerhütte wechseln sich Felder mit kleineren Ortschaften ab. Die Region ist ländlich geprägt. Bis nach Magdeburg, die nächstgrößere Stadt, sind es 40 Minuten. Eine Ausbildung macht hier nur, wer aus der Region kommt. Er wolle vermeiden, dass sein Unternehmen wie viele andere in der Region überaltere, sagt Schubert. Nur: »Wie bekommt man das hin?«

»Die Auszubildenden wissen, dass sie Mangelware sind«, sagt Sandra Raebel, die das Ausbildungsprogramm bei der Schubert GmbH betreut. Als Unternehmen habe man nur wenig Auswahl. In der Folge sinkt das Niveau. Für die Generation Greta bedeutet das auch eine Chance. Wo früher jemand ohne eine Zwei in Physik und Mathematik umgehend aussortiert wurde, lädt Raebel jetzt auch Bewerber mit einer Drei oder Vier zum Vorstellungsgespräch.

Der alte Spruch von den Lehrjahren, die keine Herrenjahre seien, gilt in der Generation Greta schon lange nicht mehr. Die Unternehmen sind es, die sich heute anstrengen müssen: Probearbeiten vor der Ausbildung und enge Betreuung während der Lehre – all das gehört zum Programm.[24] Der sichere Job nach Abschluss der Ausbildung ist bei Schubert ohnehin schon garantiert. Zusätzlich experimentiert das Unternehmen mit Azubi-Prämien für gute Leistungen in der Schule: »Das ist auch wie eine Zielprämie anzusehen, die der Azubi monatlich bekommt«, sagt Geschäftsführer Volker Schubert. »Wenn er gut in der Berufsschule ist, bessert das sein Lehrlingsgehalt um das Doppelte auf.« Dadurch habe die Schubert GmbH auch wieder mehr Zulauf bei den Lehrlingen.

Zugleich wird die Belegschaft diverser. In den vergangenen Jahren hat das Unternehmen auch Geflüchtete als Lehrlinge eingestellt. »Das finde ich gut, da sehen unsere Mitarbeiter auch mal: Wir sind auf die Zuwanderung angewiesen«, sagt Volker Schubert. »Das ist ein Thema. Das begreifen ja viele nicht.«

»Wir müssen kreativer sein und den Azubis etwas bieten«, sagt Ausbildungsleiterin Sandra Raebel. Dabei geht es auch um die Wohlfühlfaktoren: Grillnachmittage, eine WhatsApp-Gruppe nur für Azubis – Schubert versucht, jeden einzelnen Auszubildenden noch stärker als Menschen anzusprechen. Wer heute eine Lehre mache, wolle nicht mehr als Handlanger anfangen, der dem Meister die Kabelrolle trägt, sagt Raebel. Junge Menschen wollten von Anfang an gefördert und gleichzeitig nicht überfordert werden. Eine Gratwanderung.

Und noch etwas sei wichtig, sagt Raebel. Wenn potenzielle Azubis zum Probearbeiten kommen, sei die wichtigste Botschaft: »Elektroniker, die kann man nicht wegrationalisieren.« Im Gegenteil: Die Digitalisierung werde mehr Arbeit schaffen, weil auch in Wohnungen und Häusern in Zukunft immer mehr Funktionen digital gesteuert werden. Genau damit sei auch die Generation Greta noch für das Handwerk zu begeistern.

Duales Studium: Sowohl als auch

Zurück in Hannover versucht Markus gerade, in dem Gewusel der Sparkassenbaustelle eine Leiter zu finden. Seit einem Dreivierteljahr arbeitet er hier als Azubi für die Schubert GmbH. Gerade soll er in der dritten Etage die Steuerungskästen anschließen. Die hängen unter der Decke. Deshalb braucht er die Leiter. »Das Gerät, an dem ich hier rumschraube, kostet übrigens 600 Euro«, erklärt Markus. »Allein hier auf der Etage haben wir 60 Kästen. Da kann man sich vorstellen, wie viel Geld hier noch dahintersteckt.«

Markus ist nicht nur Azubi. Er ist dualer Student bei dem Mittelständler aus Tangerhütte. Während des Semesters studiert er an der Universität Magdeburg Elektrotechnik, in den Ferien lernt er auf dem Bau. Hinzu kommt ein Praxisjahr. Studium gegen Bezahlung. So bindet die Schubert GmbH langfristig junge Leute an sich. Es ist eine der Antworten, die das Unternehmen auf den Nachwuchsmangel hat.

Das duale Studium ist dem konventionellen oft überlegen. Durch die ständige Abstimmung zwischen Hochschule und Betrieb werden die dualen Studierenden deutlich praxisnaher ausgebildet. Insgesamt sind in Deutschland schon etwa 50 000 Unternehmen mit dualen Studiengängen in Kontakt, in vielen Fällen ging von den Unternehmen sogar die Initiative aus.[25]

»Der duale Student ist für uns in erster Linie Student«, sagt Markus' Chef, Volker Schubert. Doch im Unterschied zu einfachen Studierenden kennt er den Beruf von der Pike auf. Für Betriebe wie die Schubert GmbH hat das Modell zudem den Vorteil, junge Menschen schon frühzeitig an sich zu binden. »Wenn ein Student mit einem regulären Studium fertig ist, wird er nicht zu einem kleinen Mittelständler gehen«, sagt. »Da stehen genügend Konzerne vor der Tür, die ihn mit Kusshand übernehmen wollen.« Doch »seine« Studenten sind bereits Mitarbeiter in seiner Firma. Deshalb sei das duale Studium eine charmante Lösung für die Nachwuchssicherung.

Die Generation Greta liebt diese Art der Ausbildung. Kein anderes Modell ist in den vergangenen Jahren so schnell gewachsen wie das duale Studium, von rund 50 000 Studierenden im Jahr 2009 auf schon fast 120 000 im Jahr 2019. Die jungen Leute reagieren so auf die Veränderungen am Arbeitsmarkt. Sie schätzen die Verzahnung der beiden Ausbildungslinien. Besonders große Nachfrage zeichnet sich in den Finanz- und Wirtschaftswissenschaften, im Ingenieurwesen und in der Informatik ab. Aber auch Studiengänge im Sozial- und Gesundheitsbereich und in Verwaltung und öffentlichem Dienst erweisen sich als sehr attraktiv.

Als alle Anschlüsse verdrahtet sind, geht Markus zurück ins Büro. Er dokumentiert seine Arbeit selbst. Als dualer Student wechsle er ständig die Rollen, erzählt er. »Ich soll ja später nicht als Monteur auf die Baustelle. Ich soll als Bauleiter und Projektleiter arbeiten.«

Schwieriger Arbeitsmarkt

Egal ob Fleischer, Elektroniker oder Zimmerer – Grundvoraussetzung für einen Ausbildungsplatz bleibt ein guter bis sehr guter Schulabschluss. Daran hat auch die Bewerberflaute nichts geändert. Den einen Ausbildungsmarkt gibt es in Deutschland ohnehin nicht. Immer noch suchen viele Jugendliche und auch viele Betriebe vor allem in ihrer Region – auch weil Ausbildungsvergütungen nicht immer ein Leben mit eigener Wohnung ermöglichen. Fast 70 Prozent der Azubis wollen laut der McDonald's Ausbildungsstudie in ihrer Heimatregion bleiben. Nur wenn es unbedingt sein muss, bewegen sie sich woandershin. Ostdeutsche Jugendliche sind deutlich mobiler als ihre westdeutschen Kolleginnen.[26]

Vor allem aber bestimmt der Schulabschluss, auf welche Stelle sich ein Jugendlicher überhaupt bewerben kann. Denn der Ausbildungsmarkt zerfällt in einzelne Teile. Und gerade für Schulabgänger mit dem Basisabschluss – der immer noch als Hauptschulabschluss bezeichnet wird, obwohl es diese Schulform kaum noch gibt – sind die Mauern vor den besseren Berufen in den vergangenen Jahren eher höher geworden.

Sozial an den Rand gedrängte Jugendliche spüren deutlich, in einer prekären Lebenslage zu stecken. In dieser Gruppe steigen deswegen die Werte für Angst und Unsicherheit, die trotz allem vorhandene Zuversicht wird von Ohnmacht und Frustration durchlöchert.[27]

Dabei bleiben Jahr für Jahr Ausbildungsplätze unbesetzt. Manche Regionen zwingt der demografische Wandel schon heute, neue Wege zu gehen. In Sachsen-Anhalt zum Beispiel hat der Nachwende-Knick bei den Geburtenzahlen längst den Ausbildungsmarkt erreicht. Innerhalb weniger Jahre halbierte sich die Zahl der Schulabgänger.

Die Hoffnung vieler Betriebe ruht deshalb auf Menschen wie Dirk Petri. Der Sozialpädagoge und sein Team betreuen Azubis in einer »Assistierten Ausbildung«, wie das Förderprogramm heißt. »Dieses Programm bietet die Möglichkeit, dass ich Jugendliche finde, die eben nicht hundertprozentig meinen Vorstellungen entsprechen, aber denen ich trotzdem die Chance geben kann«, erklärt Petri den Charme der Initiative.

Zwölf Lehrlinge betreut Petri. Regelmäßig fährt er auf Firmenbesuch. In einem Betrieb in Oschersleben in Sachsen-Anhalt betreut er Tobias. Das Unternehmen stellt Hydraulik-Anlagen her und leistet die Montage. Doch auch hier bewerben sich immer weniger junge Leute auf einen Ausbildungsplatz. »Wir brauchen Nachwuchs, das ist ja unbestritten«, sagt Gerhard Kleve, der für Personal zuständig ist. Für manche Positionen fehlten einfach junge Mitarbeiter. »Die Firma soll ja noch ein bisschen weiterarbeiten.«

Es ist auch dieser Leidensdruck, der das Unternehmen dazu gebracht hat, das Experiment mit der assistierten Ausbildung zu wagen. Schließlich verlassen Jahr für Jahr in Deutschland immer noch sechs Prozent der Schüler die Schule ohne und weitere 15 Prozent nur mit einem sehr schwachen Hauptschulabschluss. Viele von ihnen haben Probleme, einen herkömmlichen Ausbildungsplatz zu finden.[28]

Tobias ist ein Auszubildender, wie jeder andere es auch wäre. Nur bei Problemen unterstützt ihn Dirk Petri als Sozialpädagoge. Zusätzlich kann er Nachhilfe für die Berufsschule beantragen. »Die Arbeit läuft hier ordentlich, sauber und präzise ab«, erzählt der 24-Jährige und fügt mit einem Lächeln hinzu: »Pünktlich wird angefangen.« Gerade das frühe Aufstehen fällt ihm noch schwer. Zwischenzeitlich hatte der Betrieb sogar einen Weckservice für ihn eingerichtet.

Drei Jahre war Tobias arbeitslos, bevor er in die assistierte Ausbildung aufgenommen wurde. Es folgten eine Potenzialanalyse, dann Probearbeiten in mehreren Betrieben. »Je länger man arbeitslos ist, desto länger dauert es, bis man sich daran gewöhnt hat, wieder arbeiten zu gehen, desto schwieriger ist dann der Einstieg.« Der erlösende Anruf sei dann am Wochenende gekommen. »Sie hatten doch noch einen Ausbildungsplatz für mich gefunden. Da war ich schon überglücklich.« Sein Chef ist bislang zufrieden: »Im Moment müssen wir noch ein bisschen an der Disziplin arbeiten«, sagt Kleve. »Aber das gehört zum normalen Leben dazu, das ist erst mal nicht problematisch.« Denn fachlich sei Tobias einfach gut.

Eine Ausbildung nach der Schule – für viele Jugendliche ist das auch die Chance auf einen Neuanfang. Unternehmen, die sich engagiert um die benachteiligten jungen Menschen – das sind überwiegend junge Männer – kümmern und ihnen echte Perspektiven anbieten, haben gute Chancen, treue Mitarbeiter zu gewinnen.

Dafür braucht es mehr öffentlich geförderte Programme wie die assistierte Ausbildung in Sachsen-Anhalt. Die verlangt eine besondere Geschicklichkeit von Ausbilderinnen, die nur durch eine Weiterbildung erworben werden kann. Viele der benachteiligten Jugendlichen sind von einer gezielten Ansprache außerordentlich beeindruckt. Denn sie haben es noch nie erlebt, dass sich eine andere Person oder eine Institution für sie interessiert und wirklich bereit ist, mit ihnen zusammenzuarbeiten. Gelingt dieser Prozess, dann können sich hieraus besonders enge und intensive Kooperationsbeziehungen und Arbeitsverhältnisse entwickeln.

Studium als Normalfall

Nachbesprechung der Morgenvisite in der Psychiatrie in Teupitz südlich von Berlin. Chefarzt Stefan Kropp nimmt sich Zeit für die beiden Medizinstudenten, die gerade auf seiner Station lernen. Manie, Depression, Alkoholmissbrauch – im schicken Chefarztbüro diskutieren sie bei einer Tasse Kaffee die Krankheitsbilder des Vormittags. »Man muss sich auch kümmern«, sagt Kropp. »Man muss dem Nachwuchs auch sagen: Hier seid ihr willkommen, hier könnt ihr was lernen.«

Krankenhäuser waren früher dafür bekannt, angehende Ärzte mit 24-Stunden-Schichten auszubeuten. Mancher Assistenzarzt arbeitete Vollzeit trotz der Viertelstelle im Arbeitsvertrag. Heute hat sich die Situation gedreht: Gerade viele Krankenhäuser im ländlichen Raum bekommen auf Stellenausschreibungen oft nur eine bis zwei Bewerbungen. Deutschland habe zwar so viele Ärzte wie nie zuvor, sagt Kropp. »Aber es werden auch mehr gebraucht bei einer älter werdenden Bevölkerung, und dafür werden zurzeit nicht genug ausgebildet.«

Auf Medizinerkongressen ist immer wieder von jungen Kollegen die Rede, die auf Acht-Stunden-Schichten pochen oder auf 80 Prozent reduzieren wollen. Bei älteren Kollegen ruft das mal Kopfschütteln hervor – man selbst habe in dem Alter noch richtig geschuftet –, mal Anerkennung, wohl jeder hat schon einmal kurz vor dem Burn-out gestanden. Doch wenn die Klinik die Erwartung des Nachwuchses nicht erfüllt, zieht dieser eben weiter.

Das wissen auch die Studierenden, die in Stettin für ihr Studium zahlen. Der Seminarraum ist abgedunkelt. Ein Projektor wirft auch hier den schematischen Aufschnitt eines menschlichen Arms an die Leinwand. An zwei langen Tischen machen etwa 30 junge Leute eifrig Notizen, etwa ein Drittel von ihnen Deutsche.

Mit ihrer Entscheidung für ein Studium erkauft sich die Mehrheit der Generation Greta vor allem Zugang zu neuen Möglichkeiten. Höhere Bildung schafft mehr Optionen – so ihre Logik. Mehr Wissen hilft zudem, die Veränderungen der Arbeitswelt besser einzuschätzen. Auch deshalb strömt die junge Generation in die Universitäten, die Frauen mehr als die Männer. Die »Wissensgesellschaft« ist nicht nur durch die Zunahme an Experten oder technologische Entwicklungen gekennzeichnet, sondern auch durch eine Veränderung der Strukturen und Mechanismen der Wissensgenerierung und Wissensartikulation.

Fast alle Informationen, die früher einmal nur Experten exklusiv zur Verfügung standen, sind heute im Prinzip für jeden erreichbar. Weil täglich, im Grunde sogar stündlich, neues Wissen produziert wird, braucht die Generation Greta zugleich die Fähigkeit, es immer wieder neu einzuordnen. Statt Auswendiglernen wird so die Fähigkeit zur Informationsverarbeitung zu einer Schlüsselkompetenz.

Das erklärt den Trend zum Hochschulstudium. Allerdings bezweifeln Arbeitsmarktexperten, ob Deutschland in Zukunft tatsächlich mehr Akademiker als Facharbeiter brauche. Nach einer Studie des Instituts für Arbeitsmarkt- und Berufsforschung (IAB) arbeitet ein Viertel derjenigen mit Hochschulabschluss unterhalb ihrer Qualifikation. Besonders betroffen seien Frauen, Migranten und Personen aus nicht akademischen Elternhäusern – vor allem wenn mehrere dieser Merkmale zusammenkämen.[29]

Generation Zukunft

Digitalisierung und Globalisierung – die großen Trends, die das Berufsleben der Generation Greta entscheidend prägen werden – würden oft als unaufhaltsame Prozesse beschrieben, die nicht regulierbar seien, schreibt die Philosophin Lisa Herzog. »Aber wenn Politik und Zivilgesellschaft nichts unternehmen, um den digitalen Wandel zu gestalten, dann gestalten ihn andere.«[30]

Die Generation Greta will diesen Wandel gestalten. Sie ist noch jung und der Großteil von ihr noch nicht im Beruf. Die Engagierten unter ihnen diskutieren aber schon jetzt bei den Treffen der Ortsgruppen von Fridays for Future rege darüber, wie der Umbau der Wirtschaft im Angesicht der Klimakrise ablaufen kann.

Und auch der digitale Wandel steht auf ihrer Agenda, wie die Proteste gegen Uploadfilter gezeigt haben, aus Sorge, ihre Kreativität und Meinungsfreiheit würde eingeschränkt, um das Urheberrecht zu schützen. Nach der Ausbildungsstudie ist sich die Hälfte der Generation sicher, dass die Digitalisierung praktisch alles in Beruf und Leben verändern wird. Gleichzeitig ist eine Mehrheit optimistisch, dass diese Veränderungen ihr berufliche Chancen bringen.[31]

Veränderungen in der Arbeitswelt stehen für sie noch nicht an erster Stelle. Doch das dürfte sich ändern. Der stärkste Hebel bleibt dabei für die junge Generation die Klimakrise. Unternehmen, die weiterhin auf eine fossile Wirtschaft setzen, werden deutlich mehr Schwierigkeiten haben, sie für sich zu gewinnen. Das Klima ist in den Augen der jungen Leute ein Maßstab dafür, wie gut Unternehmen für die Zukunft gerüstet sind. Diese Zukunftsfähigkeit ist entscheidend bei der Berufswahl.

Ohne Nachwuchs wird es für die Unternehmen immer schwerer, in Zeiten der Digitalisierung innovativ zu bleiben. Die demografische Ohnmacht, die die Generation Greta oft im politischen Gefüge der Generationen fühlt, dreht sich damit in der Wirtschaft in eine demografische Macht um. Wenn die Babyboomer in Rente gehen, wird wohl kaum ein Unternehmen ohne die jüngste Generation auskommen.

Das gilt nicht nur für große Konzerne. In Brandenburg berichten Gärtnerbetriebe, dass ihre Lehrlinge darüber diskutieren, ob sie wirklich über 200 Pflanzenarten und ihre Blätter auswendig lernen müssten. Schließlich könnten sie diese mühelos mithilfe ihres Smartphones und Programmen wie Google Lens bestimmen. Mit einem Foto bestimmt Google dabei selbst die Pflanzenart. Die gängigsten Arten lernen sie so spielend nebenbei. Das Handy haben sie ohnehin immer in der Tasche.

Unternehmen sind deshalb gut beraten, die Jungen mit den Älteren in Generationenteams zusammenzubringen. Die 50 bis 65 Jahre alten Kolleginnen und Kollegen aus der Generation der Babyboomer stehen für Ausdauer und Zuverlässigkeit, die jungen Leute für Schnelligkeit und digitales Multitasking. Richtig eingesetzt, können die Alten den Jungen zeigen, wie man auch in schwierigen Situationen durchhält und eine langweilige Arbeit zu Ende bringt. Die Jungen können die älteren Generationen mit ihrer digitalen Neugier, ihrer Offenheit und Unbefangenheit anstecken.

Kapitel 11

GENERATION GRETA PRIVAT

Von hetero bis LGBTQI*

An dem Tag, an dem sich sein Leben verändern wird, sitzt Max im Treppenhaus der Sophie-Scholl-Oberschule in Berlin und starrt auf den Bildschirm seines Handys. Plötzlich reißt ihm ein Mitschüler das Telefon aus der Hand. Das Problem: Max hat sich Bilder von Jungen angeschaut. Die Nachricht, dass er schwul ist, verbreitet sich rasend schnell in der Schule.

Die Geschichte ist fiktiv, ausgedacht von Schülern für ein Videoprojekt. Trotzdem wird es für »Max« ein langer Weg, bis sich der Titel des Kurzfilms bewahrheitet: »Gay is okay«. Erst als er überlegt, die Schule zu wechseln, entschuldigen sich die Mitschüler bei ihm. »Durch dich ist uns klar geworden, dass es nicht geht, was wir gemacht haben«, sagt einer und fügt hinzu: »Wir haben alle gemerkt, dass wir anders sind.« Zwar kommt die Wandlung zum Schluss ein wenig überraschend. Doch das Fünf-Minuten-Video schaffte einen dritten Platz bei »Janz schöön anders«, einem Kurzfilmwettbewerb für Inklusion, gegen Ausgrenzung in Berlin und Brandenburg.

Schulleiterin Juliane Westphal beobachtet an ihrer Schule

mehr Toleranz für andere sexuelle Identitäten als noch vor vier oder fünf Jahren. »Es gibt Schüler, die outen sich ganz offiziell«, sagt sie. Andere trügen Nagellack auf den Fingern. »Das ist völlig okay und völlig akzeptiert.«

Es hat sich etwas verändert im Verhältnis zu anderen sexuellen Orientierungen. Gay ist tatsächlich okay für große Teile der jungen Generation. Nur neun Prozent der unter 25-Jährigen sagen in der Shell Jugendstudie, es würde sie stören, wenn nebenan ein homosexuelles Paar einziehen würde.[1] Für sie gehört es zum Alltag, dass Menschen unabhängig vom Geschlecht lieben, wer ihnen gefällt, und ihre Identität selbst definieren.

»Es ist schon wichtig, dass auch die ältere Generation, die das alles unterdrückt hat, sagt: Es ist okay«, fordert Erin, die in Gießen zur Schule geht. »Es ist okay, eine Frau sein zu wollen oder ein Mann sein zu wollen. Das ist ja das Menschenrecht auf freie Entfaltung der Persönlichkeit.« Ihre Mutter habe ihr gesagt, es sei egal, ob sie eine Frau oder einen Mann liebe. »Es wundert mich auch, dass es Menschen gibt, die das so schlimm finden, denn eigentlich ist es nur Liebe.«

Kaum ein Jugendmagazin kommt ohne regelmäßige Berichte über nicht heterosexuell orientierte Personen aus. LGBTQI* findet große Aufmerksamkeit. Das Kürzel steht im Englischen für lesbian, gay, bisexual, transsexual, queer und intersexual. Das Sternchen symbolisiert obendrein die absolute Auflösung jedweder sexueller Festlegungen. »Queer« alleine wird häufig als umfassender Begriff für alle Arten nicht hetero-normativer Sexualität verwendet.

Beim Blick auf Jugendwebseiten wie Bento vom Spiegel, Jetzt. de (SZ) , Ze.tt (Die Zeit) oder Funk (ARD und ZDF) scheint es, als ob offene Beziehungen oder Polyamorie, die Liebesbeziehung zu mehreren Partnerinnen und/oder Partnern, als gleichwertige Alternative neben der klassischen monogamen Zweierbeziehung stehen. Und wenn Erins Mutter ihr sagt, dass es egal sei, wen sie einmal liebe, dann bedeutet das vor allem: Sie hat die Wahl. Sie ist nicht mehr wie frühere Generationen darauf angewiesen, sich auf eine heterosexuelle Lebens- und Liebesart festzulegen, sondern sie kann ihre intimen Beziehungen nach ihren ganz persönlichen Empfindungen und Wünschen gestalten.

Die Generation Greta erntet die Früchte langer Kämpfe um die Menschenrechte von nicht heterosexuellen Menschen. Es hat Jahrzehnte gedauert, bis homosexuelle Handlungen nicht mehr gesetzlich verboten waren, und noch einmal Jahrzehnte, bis gleichgeschlechtliche Partnerschaften nicht mehr bloß geduldet, sondern anerkannt wurden. Auch in Deutschland. Erst im Juli 2017 setzte Bundespräsident Frank-Walter Steinmeier das Gesetz zur Öffnung der Ehe für gleichgeschlechtliche Paare durch seine Unterschrift in Kraft. In vielen Ländern sind aber homosexuelle und transsexuelle Menschen immer noch stigmatisiert oder gar per Gesetz verfolgt.

Auch hierzulande bestehen noch erhebliche Vorurteile und Diskriminierungen. Aber in der jungen Generation klingen sie so ganz allmählich ab. Inzwischen haben auch viele heterosexuelle Männer ihre Berührungsängste verloren. Jack, der nach dem Brexit-Referendum aus Großbritannien nach Berlin gezogen ist, geht im Berliner Nachtleben mit seiner Freundin am liebsten auf »Voguing«-Bälle, ursprünglich Teil der queeren Subkultur im New York der 1980er-Jahre. Kurt aus Eberswalde schwärmt ungefragt vom Christopher Street Day in Berlin: »Bei uns ist das eine Art Happening«, sagt der 19-Jährige. »Wir gehen dahin, weil es eine coole, weltoffene Stimmung ist. Wir sind da durchgegangen und haben mit vielen Leuten gequatscht.« Es sei einfach cool, dabei zu sein. »»Bist du schwul oder was?‹ In meiner Generation habe ich selten erlebt, dass das ein Vorwurf war.« Und in Ludwigsburg definiert sich Jakob als queer. Er habe zwar bislang immer nur Frauen attraktiv gefunden, sagt der 25-Jährige, wolle sich aber in Zukunft gedanklich nicht mehr einschränken.

Genau diese Abgrenzung schien vielen heterosexuellen jungen Männern vor 20 Jahren noch notwendig. Trotz Toleranz hielten sie Abstand zur Subkultur ihrer schwulen Freunde und waren darum bemüht, bei sich und anderen keine Fragen zur eigenen Sexualität aufkommen zu lassen. Heute scheint diese Sorge verflogen. Fast einstimmig erklären – heterosexuelle – Jugendliche, sich als schwul, lesbisch oder queer zu outen, sei für sie heute kein Problem mehr. Viele kennen homosexuelle Mitschülerinnen und Mitschüler zumindest aus Parallelklassen. Generell hat die Akzeptanz von Homosexuellen in der Gesellschaft in den vergangenen Jahren zugenommen.[2]

Natürlich liebt auch die Generation Greta in ihrer überwiegenden Mehrheit das andere Geschlecht, und die meisten suchen auch da klassische Zweierbeziehungen ohne Freundschaft Plus oder One-Night-Stands per Dating-App. Wie in anderen Generationen auch definieren sich 90 Prozent als heterosexuell. Doch die neue Offenheit schafft mehr Möglichkeiten, andere sexuelle Identitäten auszuprobieren, Rollen neu zu definieren oder Beziehungen anders zu leben.[3] Die meisten in der Generation Greta sehen das als Chance, auch wenn nicht alle diese Chance für sich selbst wahrnehmen wollen.

Suche nach Zugehörigkeit und Harmonie

»Vertrauen ist ganz doll wichtig«, sagt Lilli auf die Frage, was sie in Beziehungen sucht. »Und eigentlich kommt alles andere automatisch.« Die 18-Jährige aus Frankfurt an der Oder ist derzeit in ihrer zweiten festen Beziehung. Ihr Freund ist 23. »Ich war halt noch nie so sicher wie jetzt.«

Ihre Mitschülerin Lara ist (wieder) Single. Sie habe bislang immer Pech mit Jungs gehabt. Die meisten seien sportbegeistert gewesen, ihr dagegen sei Musik superwichtig. »Wenn man zu unterschiedlich ist, ist das auch nicht gut.« Ein Partner müsse ihr zuhören können, wenn sie ihm von ihren Problemen erzähle, und müsse ihr auch von seinen Problemen erzählen. »Und wenn er dann noch schnuckelig aussieht ...«

Die Mehrheit der Generation erlebt im Alter von 15 Jahren ihr »erstes Mal«. Vorausgegangen sind meist erotische Kontakte seit dem zwölften Lebensjahr sowie eine Phase des ersten Verliebtseins, meist aber ohne Geschlechtsverkehr. Vom 18. Lebensjahr an hat ein gutes Drittel, vom 22. Lebensjahr an die Hälfte eine feste Partnerschaft, die jungen Frauen häufiger als die jungen Männer.[4]

Auch wenn die Generation Greta medial ständig bunten Beziehungsmodellen ausgesetzt ist – in ihrer Mehrheit träumt sie wie Lilli und Lara von der ganz großen Romantik, von Erfüllung und Glück. Sie wünscht sich romantische Liebe zu einem Partner oder einer Partnerin und konfliktfreie Harmonie. »Wenn es passt, dann passt es, und wenn nicht, dann halt nicht«, sagt Lilli. Mit ihrem Freund passt es: »Ich kann mit ihm sehr viel reden. Ich will vor ihm so sein, wie ich bin.«

Lara möchte in jedem Fall heiraten: »In einem rein weißen Hochzeitskleid mit schön tiefem Rückenausschnitt, eng anliegend.« Im richtigen Leben trägt Lara einen weiten gelben Strickpulli und Nasenring. Ihre schwarz gefärbten Haare rücken sie irgendwo zwischen Punk und Goth. »Da bin ich ganz mädchenmäßig. Ich weiß, dass ich da ein wenig prinzessinnenhaft sein möchte.« Über Dating-Apps den nächsten Partner zu finden, oder auch einen One-Night-Stand lehnt Lara genauso ab wie offene Beziehungen. »Nee, gar nicht«, sagt sie. »Das ist überhaupt nicht meins.«

Tatsächlich sehnt sich die weitaus größte Zahl der jungen Frauen und Männer in Deutschland nach Zugehörigkeit und Harmonie in einer Zweierbeziehung. So pragmatisch die Generation Greta sonst auch ist, Familie ist ihr wichtig. Sie gibt im Leben Halt, aber auch Sinn. Für die Mehrheit gehört dazu selbstverständlich der Wunsch, eigene Kinder zu haben.

71 Prozent der Mädchen und Frauen zwischen 12 und 25 Jahren wollen Nachwuchs, bei den jungen Männern sind es 64 Prozent.[5] Diese Werte haben sich in den letzten 15 Jahren in der Tendenz nicht verändert. Damals wie heute wollen mehr junge Frauen als Männer eigene Kinder haben. Die jungen Männer sind im Vergleich eher zögerlich, bei ihnen schieben sich zunächst andere Perspektiven als der Kinderwunsch in den Vordergrund, vor allem die berufliche Ausbildung und die Erwerbstätigkeit. Aber grundsätzlich stellen auch sie Familie nicht infrage.

Die Vorstellungen, wie Familie aussehen soll, hat Lilli schon längst mit ihrem Freund abgeglichen. »Das Thema kommt immer beim Abendbrotessen auf, wenn man nicht weiß, über was man reden soll.« Lilli hätte am liebsten drei Kinder, ihr Freund möchte eines und ein weiteres adoptieren. »Da sieht man manchmal schon, dass das ganz schön unterschiedliche Vorstellungen sind.« Doch diese Unterschiede ließen sich überbrücken, ist sie sicher.

Der Kinderwunsch hängt stark davon ab, wie gut sich Jugendliche mit den eigenen Eltern verstehen. Je besser das Verhältnis, desto eher möchte man selbst eine Familie gründen. Ein weiterer wichtiger Faktor ist der Bildungsstand. Hier gilt: Je höher der erreichte oder der angestrebte Abschluss von Jugendlichen ist, desto größer ist der Wunsch nach Familiengründung.[6]

»Ich möchte mit 22 mein erstes Kind haben«, sagt Lilli. Auch ihre Mutter habe sie in dem Alter bekommen. »Wir haben so ein gutes Verhältnis. Sie ist auch meine beste Freundin, weil der Altersunterschied nicht so krass ist.« Genau das wünscht sie sich für ihre eigenen Kinder.

Leben im Hotel Mama

Wenn Lilli von ihrer Mutter erzählt, sagt sie: »Meine Mama.« Und auch sonst sind die Zeiten vorbei, in denen Jugendlichen ihre Eltern eher peinlich waren. 42 Prozent sagen in der Shell Jugendstudie 2019: »Wir kommen bestens miteinander aus.« 50 weitere Prozent kommen mit ihren Eltern gut klar, auch wenn es gelegentlich Meinungsverschiedenheiten gibt. Der Anteil derer, die mit dem Verhältnis zu ihren Eltern voll und ganz zufrieden sind, hat seit 2002 kontinuierlich zugenommen. Eltern sind die wichtigsten Vorbilder.[7] Wenn die Generation Greta über ihre Familie spricht, fallen Sätze wie: »Was wäre man ohne Familie?«, »Familie ist doch selbstverständlich« oder auch »Früher waren Eltern strenger«.

»Mir ist wichtig, dass die Person auch mit meiner Familie klarkommt«, sagt Lara über ihren idealen Partner. »Meine Mutter sagt, ich bin eine schwierige Person, ich brauche jemanden, der mich versteht und der vielleicht auch ruhiger ist, um mich runterzubringen.«

Die Generation Greta lebt unter dem Dach ihrer Eltern. Das gute Verhältnis zwischen Eltern und Kindern macht sich auch hier bemerkbar. Der erste Sex findet zu Hause statt, oft mit Einverständnis der Eltern. Eltern unterstützen die Jugendlichen in ihren Beziehungen. Häufig fungieren sie auch als Berater und sprechen unbefangen über die Kontakte zum geliebten Geschlecht.

Ganz besonders aussagekräftig sind die Antworten auf die Frage, ob man seine eigenen Kinder einmal genauso erziehen würde, wie man von den eigenen Eltern erzogen wurde. 2019 antworteten hier 74 Prozent positiv. 1985 votierten nur 53 Prozent so.[8] Diese Zahlen zeigen, wie eng und harmonisch das Verhältnis der Mehrheit der Generation Greta zu ihren Eltern heute ist.

Allerdings zeigen sich deutliche Unterschiede nach sozialer Herkunft. Besonders stark ist die Zustimmung bei Jugendlichen, deren Eltern einen hohen Bildungs- und Berufsstatus haben. Bei ihnen sind es sogar 86 Prozent, die sagen, dass sie den Erziehungsstil der Eltern übernehmen würden, gegenüber nur 51 Prozent bei denjenigen, die mit den größten sozialen Nachteilen aufwachsen.[9] Der Wert reduziert sich auf weniger als die Hälfte, wenn die Jugendlichen arbeitslos sind.

Je niedriger der soziale Status des Elternhauses, desto eher gibt es auch Spannungen und Missverständnisse. Oft entzünden sie sich an Geldfragen, einer beengten Wohnsituation und der fehlenden Unterstützung der Eltern bei allen wichtigen Fragen von der Vorbereitung auf die Schule über die Pflege von Freundschaften bis hin zur Bewältigung von Liebeskummer.

Bei der großen Mehrheit der Generation Greta strahlt das enge Verhältnis zu ihren Eltern dagegen sogar auf die Freizeitaktivitäten aus. Zwar stehen Treffen mit Freunden und Gleichaltrigen weiter hoch im Kurs. Auffällig ist aber, dass im Verlauf der vergangenen 15 Jahre ihre Bedeutung leicht abgefallen ist, während Jugendliche immer mehr mit ihrer Familie unternehmen. Fast ein Viertel der Generation gibt dies als häufigste Aktivität im Verlauf einer normalen Woche an.[10]

Ein spezielles Symptom dieser Entwicklung ist: Es wird für Eltern immer selbstverständlicher, mit ihren 20 oder 30 Jahre alten Kindern zusammen in den Urlaub zu fahren. Vorbei sind die Zeiten, als Eltern stolz waren, wenn ihre Kinder mit 16 Jahren noch ein letztes Mal mit in die Ferien fuhren. Gute Erziehung bedeutete bis in die 1980er-Jahre hinein, Kinder nach der letzten gemeinsamen Reise ihre eigenen Wege gehen zu lassen. Auf Familienurlaub folgte Interrail. Eltern waren ehrgeizig, ihren Nachwuchs schnell flügge werden zu lassen und das Haus wieder für sich zu haben.

Heute ist das anders. Auch aus wirtschaftlichen Gründen. Die Generation Greta geht eine strategische Allianz mit den Eltern ein. Die Jugendlichen können so bis zum 30. Lebensjahr unbeschwert »Kinder« sein. Sie nutzen die Zeit, um auszutesten, was sie mit ihrem Leben machen wollen. Ein Drittel der 22- bis 25-Jährigen lebt noch bei den Eltern. Sie möchten so lange wie möglich den Komfort der elterlichen Wohnung genießen und haben es mit dem Auszug nicht eilig. Die Eltern akzeptieren das meist gerne. Beide Seiten bemühen sich um eine spannungsfreie Beziehung.

Die Motive für den Verbleib im Hotel Mama sind nachvollziehbar. Weil die Eltern schon in jungen Jahren überfürsorglich sind, ist man ohnehin verwöhnt und geht gerne auf das Bleibeangebot ein. Die Eltern sind heute tolerant und offen, und so nimmt man auch die Lebens- und Liebesberatung gerne mit an. Das Leben zu Hause ist insgesamt bequem, es schont die eigene Kasse und man muss die angestammte Komfortzone nicht verlassen.

Problematisch dabei ist, dass die persönliche Selbstständigkeit dabei auf der Strecke bleiben kann. Den jungen Leuten fehlt es an der Erfahrung, einen eigenen Haushalt zu führen und Entscheidungen in eigener Verantwortung zu treffen. Das spüren vor allem die jungen Männer. Sie bleiben länger zu Hause wohnen, auch wenn sie schon mit einer Partnerin oder einem Partner zusammenleben, berufstätig sind und eigenes Geld verdienen.[11]

Bei Kindern ganz traditionell

»Ich würde nicht gerne jeden Tag zu Hause sitzen und mich um Haushalt und Kinder kümmern.« Wenn Lilli sich ihr Leben mit eigenen Kindern vorstellt, dann weist sie die traditionelle Arbeitsteilung weit von sich. »Beide sollen halt machen, worauf sie Lust haben.« Schließlich funktioniere das bei ihren Eltern auch so. »Die gehen beide arbeiten. Und abends essen wir zusammen und am Wochenende machen wir Familienausflüge.«

Es wird noch dauern, bis die Generation Greta in ihrer Mehrzahl Kinder bekommt. Für sie muss dafür alles stimmen: eine stabile Beziehung, eine abgeschlossene Ausbildung, ein sicherer Job und bei dem schwierigen Wohnungsmarkt oft auch noch die passende Wohnung. Im Schnitt bekommen junge Menschen deshalb erst nach dem 30. Lebensjahr Kinder. Dass Lilli schon mit 22 ihr erstes Kind bekommen möchte, ist da die Ausnahme. Ebenso ungewöhnlich ist es, dass sie gleichberechtigt arbeiten gehen will.

Dabei ist die Erwerbstätigkeit der Mütter in den letzten Jahren kontinuierlich angestiegen. Die dritte World Vision Kinderstudie zeigte eine historische Trendwende an: Zum ersten Mal in Deutschland gab es 2013 mit 35 Prozent mehr Elternhäuser, in denen beide Eltern erwerbstätig sind, als mit 32 Prozent Elternhäuser, in denen nur ein Partner (meist der Mann) das Geld verdient. Gegenüber der ersten Studie 2007 hat sich der Anteil Ersterer um satte zehn Prozent erhöht. Die klassische Einverdiener-Familie wird immer seltener. Der Anteil von Familien, in denen beide Eltern in Vollzeit arbeiten, liegt allerdings erst bei 13 Prozent. Das am meisten verbreitete Modell ist die vollzeitige Erwerbstätigkeit des Mannes und die teilzeitliche der Frau.[12]

Die junge Generation befürwortet dieses Modell. Nur eine Minderheit plädiert dafür, sich Kinder und Karriere gleichberechtigt zu teilen. Die Mehrheit orientiert sich an einem traditionelleren Muster: Nur acht Prozent der jungen Frauen wollen mit Kindern in Vollzeit arbeiten. Bei den Männern sind es 41 Prozent. Konflikte ruft das in der Regel nicht hervor. Beide stimmen vielmehr darin überein, dass bei Kindern die Frauen beruflich zurückstecken.[13] Dabei haben die Frauen sogar noch eine etwas traditionellere Vorstellung von der Vaterrolle als die Männer selbst. Der Mann soll der Haupternährer der Familie bleiben, auch wenn die Frau ebenfalls arbeiten geht.

Mit diesen Einstellungen spiegeln die jungen Leute das gesellschaftlich vorherrschende Muster wider. In den mittleren und älteren Gernationen gibt es nur sehr wenige Frauen, die während der ersten 10 bis 12 Lebensjahre ihrer Kinder voll erwerbstätig bleiben. Die Jugendlichen orientieren sich offensichtlich an diesem Muster, wenn sie an ihre eigene Familienplanung denken.

Es gibt allerdings einige unterschiedliche Akzentsetzungen nach der regionalen und sozialen Herkunft. In Ostdeutschland wünscht sich ein größerer Teil Geschlechtergerechtigkeit als in Westdeutschland. Mehr als die Hälfte der jungen Frauen im Osten wünscht sich mit einem Kind eine Arbeitswoche von 30 Stunden oder mehr, im Westen sind es nur halb so viele. Bei den Männern ist die Tendenz ähnlich. Die unterschiedliche Erwerbsbeteiligung von Frauen in der früheren DDR und der früheren BRD lebt also in den Vorstellungen offenbar immer noch weiter.[14]

Die Orientierung an älteren Mustern der familiären Arbeitsteilung ist überraschend. Seit über 20 Jahren befinden sich die jungen Frauen im Bildungssystem auf der Überholspur. Auch die jüngste internationale Vergleichsstudie PISA zeigt das.[15] Junge Frauen schneiden in den meisten Schulfächern besser ab als Männer. Inzwischen erobern sie hoch angesehene akademische Berufe wie Medizin, Rechtswissenschaft und Psychologie. Sie sammeln Bildungskapital an, das sich über kurz oder lang in Karrierekapital einlösen lässt. Pädagogische Berufe ebenso wie Medienberufe sind bereits in ihrer Hand. Trotzdem stecken viele nach der Familiengründung hinter den Männern zurück.

Solange es schwer bis unmöglich bleibt, Familie und Beruf zu vereinbaren, wird sich hieran nichts ändern. In Deutschland fehlt eine geeignete Infrastruktur zur Entlastung bei Haushalt und Kindererziehung ebenso wie die Bereitschaft von Unternehmen, bei der Gestaltung der Arbeitsbedingungen flexibel auf die Bedürfnisse von Arbeitnehmern und Arbeitnehmerinnen mit

Kindern einzugehen. Fragt sich nur, wie lange sich die Frauen in der Generation Greta das noch gefallen lassen. Der eigene Beruf ist für sie sinnstiftend. Es ist schwer vorstellbar, dass die starken jungen Frauen, die sich für eine Revolution in der Klimapolitik einsetzen, auf lange Sicht vor einer Revolution in der Familienpolitik haltmachen werden.

Verunsicherte Männer

»Oftmals merkt man auch, dass Jungs mit 17, 18 noch sehr unreif sind«, sagt Lilli. Sie habe ein paar Ex-Freunde in dem Alter gehabt, fügt Lara hinzu. »Die benehmen sich wie 13-jährige Jungs, die gerade in die Pubertät kommen.« Beide Mädchen sind selbst erst 18 Jahre. Doch das Phänomen ist altbekannt. Jungen hinken physisch und kognitiv in ihrer Entwicklung den Mädchen hinterher. Heute kommt hinzu, dass sie sich auch zunehmend schwer damit tun, ihre eigene Rolle zu finden.

Denn in der Generation Greta ist Erfolg verstärkt weiblich. In Schule und Studium haben die jungen Frauen längst die besseren Abschlüsse. Damit ist längst noch nicht alles gut. »Sexismus ist immer noch ein Thema«, sagt etwa Pia. »Frauen bekommen immer noch weniger Gehalt als Männer, und das stört mich halt schon.« Zudem müssen sie mehr leisten, um Karriere zu machen. Immer noch arbeiten Sozialarbeiterinnen gezielt mit Mädchen, um ihr Selbstbewusstsein und ihre Selbstbehauptungsfähigkeiten zu stärken.

Trotzdem ist die 14-Jährige aus Gießen optimistisch, dass sie selbst als Frau später keine Nachteile haben werde. »Ich glaube, das wird sich auch noch weiterentwickeln.« Mädchen haben so ihre eigene Rolle erweitert. Sie ziehen von der Bundeswehr über den Medien-, Theater- und Kulturbereich bis hin zum Fußball und zur Politik Berufe in Betracht, die früher Männerbastionen waren.

Junge Männer erweitern ihr Rollenspektrum bislang nur zögerlich. Die meisten von ihnen sehen keine Vorteile darin, sich in die bisher weiblich dominierten Berufsfelder hineinzubegeben. Sie erhalten wenig Ermunterung aus ihrem sozialen Umfeld, emotionaler und kommunikativer zu werden. Besonders in der schulischen Jungenclique können sie auf erhebliche Ablehnung stoßen, wenn sie sich angepasst und strebsam verhalten.[16]

Lilli und Lara wollen Erzieherinnen werden. »Da denke ich, dass die Männer es schwer haben wegen all der Vorurteile«, sagt Lilli. Dabei seien Männer als Erzieher durchaus wichtig, damit auch die Jungen von Anfang an Vorbilder haben.

Seit ihren ersten Strampelanzügen in Rosa oder Blau werden junge Menschen mit klischeehaften Mustern von Männlichkeit und Weiblichkeit konfrontiert – nicht zuletzt in den Medien. Weiblichkeit wird auf der Basis einer für Männer attraktiven körperlichen Erscheinung inklusive der dazu passenden Verhaltensweisen dargestellt; Männlichkeit im Hinblick auf Dominanz, Anerkennung durch die männlichen Peers und Bewunderung des weiblichen Geschlechts. Auch die Erziehung der Eltern richtet sich häufig – ob bewusst oder unbewusst – nach wie vor an geschlechtsspezifischen Normen aus. Lehrerinnen und Lehrer haben ebenfalls unterschiedliche Erwartungen an Mädchen und Jungen. [17]

Zugleich besteht heute durchaus die Chance, die Geschlechtsrolle für sich selbst zu definieren. Aber dazu muss man sich mit den Erwartungen vieler Eltern und Großeltern ebenso auseinandersetzen wie mit teilweise extrem klischeehaften Mustern von Männlichkeit und Weiblichkeit in den Medien. Das gilt für die Mehrheit der heterosexuellen ebenso wie für die Minderheit der Jugendlichen mit anderen sexuellen Identitäten.

Während junge Frauen insgesamt flexibler mit den hohen gesellschaftlichen und individuellen Anforderungen in der Lebensphase Jugend umgehen, halten junge Männer häufig an einseitigen und traditionellen Männlichkeitsentwürfen fest. Sie scheuen sich, zu dem traditionellen »K« der männlichen Rolle, der Karriere, die anderen drei »Ks« hinzuzufügen: die für Kinder, Küche und Kommune.

Das Zögern der jungen Männer, sich allen Bereichen der Lebensgestaltung gegenüber zu öffnen, ist gleichzusetzen mit einem Mangel an Bereitschaft, den Anforderungen moderner Gesellschaften gerecht zu werden. Allerdings sind bei immer mehr jungen Männern in den letzten Jahren Tendenzen der Flexibilisierung des Rollenbildes zu erkennen. Vor allem den gut Gebildeten wird klar, dass sie sich mit einer Fixierung auf die traditionelle Männlichkeitsvorstellung in eine Sackgasse begeben.

Die Gesellschaft hat sich gewandelt. Im Zeitalter der Digitalisierung zählen kommunikative Kompetenzen, im Zeitalter der Individualisierung soziale Empathie. Selbstmanagement und Selbstdisziplin werden immer wichtiger. Das spüren auch immer mehr junge Männer, und entsprechend wächst der Anteil von ihnen allmählich an, der die männliche Geschlechtsrolle öffnet.[18] Ein Symptom dafür: Die Hälfte der männlichen Jugendlichen findet es inzwischen wichtig, in Teilzeit arbeiten zu können, wenn sie eigene Kinder haben. Noch höher sind die Zustimmungswerte zu der Aussage, dass neben dem Beruf Familie und Kinder nicht zu kurz kommen dürfen.[19]

Liebe online

Die Generation Greta liebt selbstverständlich auch online. Oft ist das nicht viel anders als das, was ältere Semester der ersten Liebe sich über das Telefon zugehaucht haben: ein Kuss-Emoji oder ein Herz mit dem entsprechenden Text. Wie in jeder anderen Beziehung heutzutage spielen WhatsApp und Co. auch mit dem Partner eine Rolle.

Doch natürlich kann das Internet mehr. »Mein bester Freund guckt sich auf Lovoo gerne ein paar Mädels an«, erzählt Katherina (18). Das Dating-Portal bewirbt sich als »Ort, an dem du neue Leute kennenlernst. Für eine Nacht, für ein paar Monate, vielleicht für ein ganzes Leben.« »Er sagt, er möchte sich noch komplett ausprobieren und möchte gar keine feste Freundin haben.« Er fühle sich halt noch nicht so weit. »Dann scrollt er sich da durch: ›Oh ja, die könnte man ja mal anschreiben.‹«

Doch Katherina und ihre Mitschülerin Sophie bleiben skeptisch. »Ich würde mich nicht mit einer fremden Person treffen, um mit ihr zu schlafen«, sagt Sophie. »Ich könnte das nicht, bei mir müssen Gefühle mit im Spiel sein.« Außerdem wisse man ja nie, mit wem man sich da über das Internet verabrede. »Also ich glaube, diese Dating-Apps sind halt nur, um mal eben eine Nummer zu schieben. Und nicht, um was Festes zu suchen«, sagt Katherina. Gerade deshalb hat ihr Freund wohl Erfolg auf den Apps. Schließlich suchten die Mädchen, die sich dort anmelden, meistens auch nichts Festes.

Das »erste Mal« war für Jugendliche schon immer mit großen Erwartungen, vielleicht auch mit Befürchtungen aufgeladen. Sie sehen die freie Bestimmung über ihr sexuelles Verhalten als einen Ausdruck von Emanzipation und Mündigkeit. »Für Jungen und Mädchen bedeutet der Verlust der Jungfräulichkeit, dass sie sich in die soziale Klasse der sexuell begehrenswerten Menschen einreihen können«, schreibt die Soziologin Eva Illouz in *Warum Liebe endet*. Sex werde so zu einer Art Sozialkapital.[20] Durch das Internet habe Gelegenheitssex Warencharakter angenommen, denn die Technologie von Dating-Apps ermögliche die Organisation sexueller Begegnungen auf einer Art Marktplatz.[21]

»Es gibt Jungs oder auch Mädchen, die sich ausprobieren wollen und gucken, wie es funktioniert, bevor sie dann in eine Beziehung gehen«, beobachtet Katherina. Andere wollten sich ablenken, nachdem ihre Beziehung zu Bruch gegangen ist. »Dann holt man sich das, was man von der Person nicht mehr kriegt, die man jahrelang hatte, um nicht alleine zu sein.«

»Es gab mal ein Mädchen«, erzählt Anna über eine Begebenheit an ihrer alten Schule. »Von der wurde ein Nacktbild weitergeschickt. Erst da weiter, dann da weiter und da weiter. Und so hat es die Runde gemacht.« Man könne im Boden versinken, wenn man so bloßgestellt werde, fügt die 17-Jährige hinzu. Annas Geschichte zeigt, was passiert, wenn Sexting schiefgeht.

In den JIM-Studien berichtet ein knappes Drittel der 12- bis 19-Jährigen, dass in ihrem Bekanntenkreis schon einmal erotische Fotos oder Filme per Handy oder Internet verschickt worden sind. Die Mehrzahl dieser Botschaften sind dabei sexuell suggestive Textnachrichten, aber über die digitalen Plattformen werden Fotos und Filme immer beliebter.[22]

Auch Katherinas bester Freund sextet. »Er erzählt mir auch, wenn er mit einer Freundin Nacktfotos rumgeschickt hat«, sagt sie. »Dann prahlt er damit mir gegenüber.« Ihr sei das zwar egal. »Aber wenn er das gerne erzählen möchte, kann er das gerne erzählen.«

Das Verschicken von selbst gemachten Nacktbildern ist in den US-Medien stark diskutiert worden, weil es einzelne Fälle gegeben hat, in denen diese Fotos viral gegangen sind, also in einer breiten Öffentlichkeit geteilt wurden und auf diese Weise zur Bloßstellung und Diskreditierung der betreffenden Person führten. Einige Medien berichteten, dass sich daraufhin ein oder zwei betroffene Mädchen das Leben genommen haben, weil sie die Folgen der öffentlichen Wahrnehmung durch Verbreitung ihrer Fotos nicht ertragen konnten.

Viele junge Leute sind sich der enormen Risiken nicht bewusst, die sie eingehen, wenn sie sich nackt oder nur spärlich bekleidet fotografieren und diese »Sexy Selfies« an andere versenden – vor allem wenn die Bilder öffentlich werden oder Abhängigkeitsbeziehungen entstehen. Von vielen Nutzern wird Sexting unmittelbar in Verbindung mit zu großer Freizügigkeit oder der Gefahr von unkontrolliertem Geschlechtsverkehr oder sogar Prostitution gebracht und kann Mobbing und Belästigung zur Folge haben.

Studien zeigen, dass vor allem der Teil der Generation Greta sextet, der ohnehin sexuell aktiver ist. Die Auseinandersetzung mit Körper und Intimität gehört im Jugendalter zur Identitätsentwicklung und nimmt das Bedürfnis auf, enge Beziehungen einzugehen, den eigenen Körper zu erfahren und intime romantische Beziehungen zu erleben, die in sexuelles Verhalten übergehen können. In einem solchen Rahmen kann das Sexting eine anregende Aktivität sein, ein Zeichen für enge Verbundenheit, Vertrautheit und gegenseitige Anziehung. Problematisch wird es, wenn Jugendliche außerhalb fester Beziehungen sexten oder wenn sie sich von ihrer Peergroup unter Druck gesetzt fühlen. Der soziale Kontext entscheidet darüber, ob Sexting stimulierend und bindungsfördernd oder ein Symptom für sexuelle Unsicherheit ist.

Seit den 1960er-Jahren haben sich die sozialen Regeln rund um Liebe, Sex und Partnerschaft stark liberalisiert. Zu bindungslosen Beziehungsmustern hat das bis heute nicht geführt. Die große Mehrheit der Generation Greta betrachtet Sex als einen festen, aber nicht besonders herausgehobenen Bestandteil von Liebesbeziehungen und möchte darüber nach eigenen Maßstäben entscheiden.

Das gilt auch für den Umgang mit pornografischen Darstellungen. Hier sind ähnliche Tendenzen wie beim Sexting zu beobachten: Die Mehrheit der Jugendlichen geht gezielt und bewusst mit Porno-Videos im Internet um und sucht aktiv nach dem, was sie persönlich interessiert. Kritisch wird es, wenn durch Gruppendruck der selbstbestimmte Zugang blockiert wird und sie zum Beispiel zum Konsum entwürdigender, diskriminierender und gewalthaltiger Darstellungen gezwungen werden. Dann kann es zu Störungen bei der Entwicklung eigener Geschlechts- und Verhaltensmuster kommen. Äußerst problematisch ist auch der ungewollte Kontakt mit seriell verschickten pornografischen Darstellungen, zum Beispiel über Chatgruppen in der Schule, die jüngere Jugendliche wegen ihres Alters nicht verstehen und nicht einordnen können.[23]

Anders lieben

Ein Klingeln. Ein knappes Dutzend junger Erwachsener, Männer und Frauen, sitzt um den Tisch im Besprechungsraum des Jugendhilfswerks in Freiburg und spielt Scharade. Warum ein

Spieler aufgrund des Klingeltons umgehend den Begriff »Goethe« errät, ist für Außenstehende nicht ganz nachvollziehbar. In der Gruppe sorgt es für Erheiterung. Die Neonröhren der Deckenlampen sind abgeschaltet, eine indirekte Beleuchtung verbreitet rot-blaues Licht.

Hier treffen sich jeden Mittwoch und Freitag die Rosekids, eine schwul-lesbische Jugendgruppe in Freiburg. Die Jugendgruppe existiert bereits seit 25 Jahren. Heute sind die Buchstaben »BI« in »lesbisch« fett gedruckt. Keine sexuelle Orientierung werde ausgeschlossen, heißt es zur Erklärung auf der Webseite: »Egal, was du bist, komm vorbei, wenn du magst!«

Schätzungsweise zehn Prozent der Jugendlichen lieben Menschen des eigenen Geschlechts. Weitere zwei bis drei Prozent fühlen sich sowohl zu Männern als auch zu Frauen hingezogen. Eine kleine Zahl legt sich nicht klar auf eine der sozial definierten Rollen Mann oder Frau fest. Sie nennen sich meist queer, transsexuell oder intersexuell.

Für Daniel und Julien waren die Rosekids gewissermaßen der nächste logische Schritt nach ihrem Coming-out. »Ich hab angefangen, mir Gedanken zu machen: Was machst du aus deiner Sexualität? Was willst du daraus machen? Was für Menschen willst du treffen?«, erzählt Julien in einem ruhigen Nebenraum des Jugendtreffs. Ein Jahr zuvor hat er sich geoutet.

Daniel studiert Englisch und Politik auf Lehramt. »Ich bin erst relativ spät dahintergekommen«, sagt der 21-Jährige lachend über sein Coming-out. »Bei mir hat es länger gedauert als bei den meisten.« Die Rosekids waren für ihn die erste Veranstaltung, bei der er wusste, dass er andere schwule Menschen treffen würde. Er kam allein in die fremde Gruppe: »Normalerweise bin ich nicht der Typ, der so etwas macht.«

Auch wenn die Generation Greta tolerant gegenüber anderen sexuellen Orientierungen ist – das Coming-out ist für viele auch heute immer noch schwer. »Ich habe lange gebraucht, um mich zu outen«, sagt Julien. Dabei hatte er nie Sorgen, dass seine Familie schlecht reagieren würde. »Ich selbst habe es nicht akzeptiert.«

Gleichgeschlechtlich orientierte Jugendliche haben in der ungewissen Sondierungszeit bis zum Coming-out kaum jemanden, mit dem sie über ihre Gefühle sprechen können. Viele zögern, sich Eltern oder anderen Erwachsenen anzuvertrauen. Anders als Julien vor allem, weil sie Ablehnung fürchten. Tatsächlich kommen nach Untersuchungen etwa 40 Prozent der Eltern mit der sexuellen Identität ihrer Kinder nicht zurecht.[24]

Zunächst vertrauen sie sich deshalb zumeist Freundinnen, Mitschülern oder Geschwistern an. Bei Jugendlichen, deren Angst vor dem Coming-out zu groß ist, kann es im Extremfall zu Depressionen und Angststörungen bis hin zu Suizidgefährdungen kommen.

»Am Anfang hab ich mich gar nicht getraut, zu kommen«, sagt auch Julien über seinen ersten Besuch bei den Rosekids. Julien sprach – nach erfolgreichem Coming-out – mit seiner Familie darüber. »Alle haben gemeint: ›Geh doch mal dahin, was kann schon passieren.‹ Am ersten Tag war ich supernervös.« Doch dann lief alles gut. Julien unterhielt sich den Abend über nett mit verschiedenen Menschen, kam wieder und wieder. Mittlerweile kennt er die meisten in der Gruppe.

Julien trägt die blonden Haare kurz, beige Hose, brauner Rollkragen-Pulli – Typ Intellektueller. Der 19-jährige Franzose studiert in Freiburg Kulturanthropologie und Kognitionswissenschaft. Er habe noch viele Vorurteile gehabt, bevor er zu den

Rosekids gekommen sei, sagt er heute. »Ich hatte noch dieses Bild von der LGBT-Gemeinschaft als sehr bunt und extrovertiert. Und ich habe gedacht, das ist überhaupt nicht meins. Dann bin ich hierhin gekommen und habe gesehen: ›Das sind auch nur Menschen, und du hast deinen Platz da.‹«

»Wenn man sich selbst einen Teil dieser Identität eingesteht, den man so lange nicht beachtet hat, gibt das Selbstbewusstsein«, sagt Daniel. Viele sagten ja nach ihrem Coming-out, sie hätten schon immer gewusst, schwul zu sein. »Bei mir war das so ein Gespräch mit mir selbst, das ich mal hätte führen sollen. Bis ich 18 war, habe ich immer gedacht: ›Wenn ich schwul wäre, wüsste ich das ja wohl.‹«

Den ersten Freund oder die erste Freundin finden queere Jugendliche ganz ähnlich wie andere auch. Doch meist brauchen sie mehr Zeit. Vom ersten Gefühl, anders zu sein, über die Suche nach der eigenen Orientierung und Identität bis zum Coming-out vergehen oft Jahre. Als Markus in Frankfurt an der Oder das Erlebnis hatte, das er sein »inneres Coming-out« nennt, war seine erste Reaktion: »Ach du Scheiße, und was machst du jetzt?«

Die Gewissheit, eine andere sexuelle Identität als die große Mehrheit der Gleichaltrigen zu haben, bringt trotz wachsender gesellschaftlicher Akzeptanz häufig psychische und soziale Probleme mit sich. Viele befürchten ablehnende und abwehrende Reaktionen der Umwelt. Manche werden während der mitunter quälenden Phase des Suchens von den Gleichaltrigen in die Rolle eines sozialen Außenseiters gedrängt, weil sie anders als die Mehrheit sind und sich nicht so verhalten, wie es dem erwarteten Standard entspricht.

Julien fehlten vor allem Vorbilder. »Ich hatte so wenig Möglichkeiten, vorher über Normen und Sexualität nachzudenken, dass ich ein bisschen verloren damit war.« Er habe andere Schwule kennenlernen müssen, um das Gefühl zu bekommen, normal zu sein.

Heute überrascht er sich selbst: »Ich hätte nie gedacht, dass ich zum Christopher Street Day gehen und auf einem Wagen tanzen würde«, erzählt er lachend. »Dieses Gefühl, ich gehöre zu einer Gemeinschaft, ist sehr befreiend.« Wie viele hat ihn das Coming-out offener gemacht.

Daniel, der in Freiburg Politik und Englisch auf Lehramt studiert, lernte seinen ersten Freund beim Computerspielen im Chat kennen. Auf Gespräche während des Spiels folgten Unterhaltungen nach dem Spiel, dann buchte Daniel spontan einen Flug nach London: »Früher hätte ich so etwas nie gemacht«, sagt er immer noch ein wenig verwundert.

In der Sophie-Scholl-Schule in Berlin sollten Schüler eigentlich genügend Vorbilder haben, um ihr Coming-out selbstbewusst zu gestalten. Die Schule liegt im Stadtteil Schöneberg, einem Zentrum des schwulen Lebens der Hauptstadt. »Homosexualität war hier noch nie ein Thema, schon allein weil mein männliches Kollegium zu 50 Prozent homosexuell ist«, sagt Schulleiterin Juliane Westphal.

Trotzdem bemüht sich die Schule in den letzten Jahren verstärkt, es Schülerinnen und Schülern zu erleichtern, sich mit ihrer Sexualität auseinanderzusetzen. In der Vielfalt-Mediathek können sich Schüler anonym Bücher zum Thema ausleihen. Wenn gewünscht, kann die Übergabe auch außerhalb der Mediathek stattfinden, damit es niemand mitbekommt.

Die neue Toleranz erstreckt sich dabei nicht nur auf die Großstadt. »Vor allem in unserer Klasse wäre das kein Problem«, sagt

Erin auf die Frage, wie die 9c aus Gießen auf ein Coming-out reagieren würde. »Es würde überwiegend Unterstützung geben.«
»Es gab ja noch nie eine solche Situation«, wendet ihre Mitschülerin Pia ein. »Nee, noch nie«, sagt Erin mit einem Lächeln. »Aber
mal schauen, was noch kommt. Das kann man ja nicht wissen.«

Kapitel 12

WARUM DAS KLIMA ERST DER ANFANG IST

Politisiert für das Leben

»Wir sind jung, wir sind laut, weil ihr uns die Zukunft klaut!«

Die Generation Greta muss als erste in der deutschen Nachkriegsgeschichte wieder existenziell um ihre Zukunft kämpfen. Doch so sehr die Klimakrise auch ihre Lebensgrundlage gefährdet, die Tatsache, dass sie den Kampf aufgenommen hat, dürfte das Beste sein, was ihr passieren konnte. Wer sich in seiner Jugend politisiert, bleibt es oft ein ganzes Leben lang.

Mit Fridays for Future hat sich die Generation Greta die Autorität erworben, beim Umbau unserer Gesellschaft für eine klimaneutrale Zukunft ein gewichtiges Wort mitzureden – und zwar unabhängig davon, ob die Politik kurzfristig auf ihre Forderungen eingeht oder weiter Politik als das betreibt, »was möglich ist«, wie es Bundeskanzlerin Angela Merkel formulierte.

»Es wird nicht gefragt, welche Politik zu den Problemen passt, wie sie sind, sondern es wird gefragt: Welche Probleme passen zu der Politik, wie sie ist?«, beschreibt der ZEIT-Journalist Bernd Ulrich in seinem Buch *Alles wird anders* die Politik der vergangenen Jahre.[1] Die Fakten der Klimakrise sind der Wissenschaft seit Jahrzehnten bekannt. Doch unsere Gesellschaft hat viel zu lange die Konsequenzen ignoriert. Die Generation Greta hat diesen Bluff aufgedeckt. Es mussten erst Zehntausende von Kindern auf die Straße gehen, um den Erwachsenen die Dimension dieser Krise klarzumachen.

Protest erreicht selten genau das, wofür die Menschen auf die Straße gegangen sind. Das war bei den 68ern so und bei der Anti-Atomkraft-Bewegung nicht anders. Trotzdem haben beide Bewegungen langfristige Prozesse angestoßen, die Deutschland verändert haben.

Fridays for Future ist es schon jetzt gelungen, die Klimapolitik ganz oben auf die politische Agenda zu bringen. Die Bewegung ist durch ihren Erfolg elektrisiert, das Thema Umweltschutz in eine breite Öffentlichkeit getragen zu haben. Zwar herrscht Unzufriedenheit mit den gegenwärtigen Beschlüssen von Regierung und Parlament, aber es sieht nicht danach aus, dass sich FFF davon irritieren ließe.

Ihre schärfste Waffe ist ein Schulstreik, der längst über die Schülerschaft hinausgeht, seitdem Fridays for Future nicht nur die eigenen Eltern, sondern auch andere Angehörige der älteren Generationen von der Relevanz ihrer Ziele und der Ernsthaftigkeit ihrer Absichten überzeugt hat. Aus der reinen Schülerbewegung könnte so in den nächsten Jahren eine größere Bewegung werden, die immer stärker auch ältere Gruppen der Bevölkerung aufnimmt. Durch die vielen Tochterorganisationen – darunter Students for Future, Parents for Future, Teachers for Future, Psychologists for Future, Writers for Future, Artists for Future, Churches for Future, Farmers for Future, Entrepreneurs for Future und Scientists for Future – bleibt das Thema Klimakrise in der öffentlichen Wahrnehmung und findet immer wieder seinen

Weg in die Medien. Aus Schulstreiks am Freitag werden auf diese Weise Streiks und Demonstrationen an anderen Tagen an vielen verschiedenen Orten.

Die Schülerbewegung, viele davon noch im Grundschulalter, hat mit Leidenschaft, organisatorischer Geschicklichkeit und klarer Programmatik der gesamten Bevölkerung imponiert. Und das, obwohl ihre Kernbotschaft äußerst unbequem ist: Um die Klimakrise abzuwenden, müssen alle Menschen ihre Art zu leben radikal ändern.

Aus dem engsten Kreis der Aktivistinnen dürfte sich in den kommenden Jahren eine neue politische Kraft bilden. Die 68er bliesen zum »langen Marsch durch die Institutionen«; die Generation Greta treibt bislang ebenjene Institutionen von außen vor sich her.

Das muss nicht so bleiben. Wenn sie alt genug ist, selbst Verantwortung zu übernehmen, wird sie das tun. Politisches Engagement ist wieder hip geworden in der jungen Generation. Mit dem politischen Können, das sich die Aktivisten in ihrem Kampf gegen die Klimakrise erworben haben, werden sie auch nach Fridays for Future ihren Belangen politisch Gehör verschaffen. Schon als Schüler gelingt es jungen Aktivisten, komplizierte Sachverhalte so herunterzubrechen, dass sie breiten Schichten der Bevölkerung vermittelbar sind. Fridays for Future hat sie zu Polit-Profis gemacht. Sie haben gelernt, Demonstrationen für Zehntausende zu organisieren, konzipieren kreative Protestaktionen und schmieden Bündnisse mit anderen Organisationen. Und vor allem sind sie Profis darin, ihre Botschaften medial zu verbreiten. Die Protestformen werden sich über die Jahre verändern, ihr Aktivismus wird bleiben.

Denn das Klima ist erst der Anfang. Schließlich muss sich alles ändern, damit sich das Klima – und damit die Welt, in der wir leben – nicht zu stark verändert. Wer sich vergegenwärtigt, wie es Fridays for Future innerhalb weniger Monate gelungen ist, die Klimakrise in das Zentrum der öffentlichen Aufmerksamkeit zu rücken, kann nur den Hut ziehen vor der jungen Generation. Damit bleibt die Generation Greta eine einflussreiche Generation. Auch wenn die Politik noch bremst, lässt sie sich davon nicht irritieren.

Wer Klimaschutz so ernst nimmt wie Fridays for Future, erteilt sich de facto ein allgemeinpolitisches Mandat. Denn es bleibt viel zu tun – nicht nur in der Energie- und der Verkehrspolitik. Der Umbau der Landwirtschaft, eine klimafreundliche Ernährung, flächendeckende Gebäudesanierung, neue Lieferketten, eine klimaneutrale Wirtschaft und nicht zuletzt die Neuorganisation unserer autokonformen Städte – die Klimapolitik hat Auswirkungen auf alle Bereiche unseres Lebens.

In Sachen Ernährung ist die junge Generation bereits Vorreiter: Deutlich mehr junge Menschen leben vegetarisch oder vegan. Die Lebensmittelproduktion verursacht ein Drittel aller Treibhausgase und verschlingt 70 Prozent des Trinkwassers. Fleisch verbraucht dabei deutlich mehr Ressourcen als pflanzliche Ernährung.

Dass sie die Digitalisierung gestalten will, hat die Generation Greta längst bewiesen. Ihre Schulstreiks werden auch die Bildungspolitik verändern. Später könnten die Familienpolitik und sicher auch Fragen der Arbeit hinzukommen.

Greta und ihre Verbündeten schaffen es, die Eltern- und die Großelterngeneration zu verändertem Handeln zu motivieren. Mal kaufen die Eltern kein Plastik mehr, mal fährt die Familie mit dem Zug in den Urlaub, statt zu fliegen, mal ist das nächste Auto kleiner als ursprünglich geplant oder es kommt weniger Fleisch auf den Tisch. Das Private ist wieder politisch geworden (was es eigentlich schon immer war). Die Generation Greta nutzt ihr enges Verhältnis zu den Eltern, um kleine Veränderungen durchzusetzen.

Gleichzeitig gelingt es ihr, eine breite Öffentlichkeit von der Notwendigkeit einer neuen Politik zu überzeugen. Damit greift sie Machtstrukturen in unserer Gesellschaft frontal an. Und sie hat Erfolg, wo die Regierung sich lange Zeit vor der Verantwortung gedrückt hat.

Noch die Mehrheit der Vorgängergeneration, die heute über 20 Jahre alten, vor der Jahrtausendwende geborenen Millennials, war hauptsächlich mit sich selbst und der Sicherung ihrer schulischen und beruflichen Karriere beschäftigt. Die Angehörigen der heutigen jungen Generation, die nach der Jahrtausendwende geborenen Post-Millennials, sind anders. Sie sehen sich vom Klimawandel existenziell bedroht und betrachten es als ihre Aufgabe, aktiv dagegen vorzugehen. Sie sind bereit, selbst Verantwortung für den absolut notwendigen politischen Wandel zu übernehmen, spüren aber, dass sie gegen eine Mauer von Verdrängung und Ignoranz anrennen müssen. Deshalb überlegen sie sich immer wieder neue, möglichst überraschende und provokative Schritte, um auf ihr Kernthema aufmerksam zu machen. So bauen sie Handlungsdruck auf.

Die Post-Millennials sind »Ökotaktiker«, die sich permanent in der Öffentlichkeit zu Wort melden, sich laut Gehör verschaffen und immer wieder neue Ansätze entwerfen, um einen radikalen Kurswechsel in der Klimapolitik zu erkämpfen. Wenn sie ihr Engagement durchhalten, könnten sie sogar zu »Ökostrategen« werden.

So schnell wird die Generation Greta also nicht mehr aus der Öffentlichkeit verschwinden. Schließlich wird uns auch die Klimakrise noch über Jahrzehnte beschäftigen.

Weiser als die Eltern

Für die Klimawende ist die Jugend deutlich besser gerüstet als die älteren Generationen. Schon heute erfährt sie bei der Berufswahl, was es bedeutet, wenn alte Gewissheiten enden. Erwachsenwerden in Zeiten von Globalisierung und Digitalisierung bedeutet die permanente Auseinandersetzung mit Offenheit und Unsicherheit. Das trainiert eine starke Fähigkeit zur Selbststeuerung, um ein weitgehend autonomes Leben zu führen.

Als Jugendliche stellen Schüler gerade erst die Weichen für ihre Zukunft. Damit haben sie die Chance, ihr Leben von vornherein klimafreundlicher zu gestalten. Ein Arbeitsplatz, zu dem man Tag für Tag Dutzende Kilometer pendeln muss? Ein Haus ohne Anschluss an öffentlichen Nahverkehr? Jetzt, da klar ist, dass der Ausstoß von CO_2 auf lange Sicht einen hohen Preis haben wird, wird sich die junge Generation zweimal überlegen, solche Entscheidungen zu treffen.

Luisa Neubauer und Alexander Repenning entwerfen in ihrem Buch *Vom Ende der Klimakrise* die Vision einer Welt mit Zahnpasta ohne Mikroplastik, Gemüse aus der Region zu fairen Preisen für die Bauern, Fahrrad-Schwärmen auf der Straße und öffentlichem Nahverkehr für alle. Ein Bahnticket kostet nicht mehr als 25 Euro, Reparatur-Cafés bewahren Elektrogeräte vor der Verschrottung, Unternehmen müssen eine Gemeinwohlbilanz in ihrer Steuererklärung nachweisen, und es gilt die 30-Stunden-Woche samt bedingungslosem Grundeinkommen. Finanziert wurde der klima-neutrale Umbau unserer Gesellschaft in der Vision durch einen Klimafonds aus CO_2-Steuer, einer einmaligen Vermögensabgabe sowie der EEG-Umlage für erneuerbare Energien. Statt Windanlagen in der Nähe von Siedlungen zu verbieten, wurden Dörfer an ihren Gewinnen beteiligt, was den Ausbau der Windenergie exponentiell beschleunigte. Es versteht sich von selbst, dass Gebäude längst klimagerecht wärmeisoliert sind.[2]

Die Vision zeigt, dass die junge Generation die klareren Rezepte für die Zukunft hat. Greta Thunberg spricht von sich selbst als einem Kind, das früh erwachsen werden musste, weil die Erwachsenen auf unverantwortliche Weise kindlich geblieben seien.

Fridays for Future hat den Beginn eines großen Experiments eingeläutet. Die westlichen Demokratien hätten noch nie ohne Ausbeutung existiert – sei es anderer Länder, der Frauen oder eben der Natur, schreibt der ZEIT-Journalist Bernd Ulrich. Nun werde sich zeigen müssen, ob unser liberales Gesellschaftsmodell existieren könne, ohne sich mehr Ressourcen zu nehmen, als verantwortbar ist.

Gesellschaftliche Zustimmung kann also in Zukunft nicht mehr so einfach erkauft werden. Die Chance auf Konsum als Kompensation für Arbeitskraft, Leben in zerstörter Umwelt oder mangelnde Teilhabe – dieser ungeschriebene Gesellschaftsvertrag funktioniert in Zeiten der Klimakrise nicht mehr.

Die Generation Greta sieht darin auch eine Chance. Schon jetzt sucht sie bei der Arbeit Erfüllung statt Reichtum, schon jetzt will sie die Gesellschaft mitgestalten, statt sich durch Plastikkonsum glücklich zu kaufen. Sie weiß, dass unsere Art des fossilen Kapitalismus den Planeten längst an seine Grenzen gebracht hat. Und sie hat gelernt, mit den Unwägbarkeiten zu leben, die daraus folgen.

Die Generation Greta weiß, auf wen sie sich verlassen kann. Auch wenn Fridays for Future die Klimakrise als eine Frage der Gerechtigkeit zwischen Jung und Alt thematisiert, suchen junge Menschen heute den Schulterschluss mit ihren Freunden, Eltern und Großeltern. Politisch verleiht ihnen das enge Verhältnis innerhalb der Familie Überzeugungskraft, persönlich gibt es ihnen Rückhalt in unsicheren Zeiten.

Die Generation Greta streitet über den richtigen Weg. Wahlen wurden in der Bundesrepublik jahrzehntelang in der Mitte gewonnen, so eine alte Weisheit deutscher Politiker. Auf die junge Generation trifft das nicht mehr zu. Dort sind Union und SPD marginalisiert, die Grünen und die AfD steigen zu den Volksparteien der Jugend auf. Junge Menschen suchen unterscheidbare Angebote. Und sie sind bereit, diese Unterschiede auch auszuhalten. In Zukunft könnten sie damit auch offen für neue politische Kräfte sein, die konstruktivere Zukunftsvisionen anbieten. Schließlich braucht es den Streit konkurrierender Ideen, wenn unsere Gesellschaft die Klimakrise meistern will.

Die Generation Greta wartet nicht auf die Parteien. So politisch die Jugend auch geworden ist, Parteien lassen sie kalt. Bislang hat das unserer Gesellschaft gutgetan. Fridays for Future hat den Klimawandel über die Straße deutlich effektiver ins Zentrum der politischen Debatte gerückt, als ein paar Jusos oder Mitglieder der Jungen Union dies vermocht hätten. Gleichzeitig haben die Schülerdemos, aber auch das YouTube-Video von Rezo zur »Zerstörung der CDU« von außen Druck auf die Parteien ausgeübt.

Die Generation Greta denkt digital. Sie nutzt digitale Medien nicht nur zur persönlichen Kommunikation, sondern auch um Unterstützung für ihre Belange zu generieren oder ihren Aktivismus zu koordinieren. So wird sie auch in Zukunft ihr Wort mitreden wollen. Ihre Skepsis gegenüber großen Digitalkonzernen wie Google und Facebook gepaart mit ihrem Engagement für ein freies Internet zeigt: Hier wächst eine Generation heran, die die Zukunft des weltweiten Netzes aktiv mitgestalten will. Und zwar so, dass das Netz für sie funktioniert, nicht für Google und Facebook.

Die Generation Greta will interaktiv lernen. Lebenslanges Lernen ist schon lange ein Schlagwort. Für die junge Generation wird es unausweichliche Realität. Sie wird in einer Zeit arbeiten, in der Digitalisierung und Künstliche Intelligenz Berufsbilder schneller verändern, als sie studieren kann. Ihre Art, in der Schule selbstbestimmt mehr als nur Faktenwissen zu lernen, macht sie zukunftsfest.

Und die junge Generation lernt für das Leben. Ihre Kritik an der Institution Schule zeigt, dass sie verstanden hat, worauf es ankommt. Mehr digitale Fähigkeiten, mehr Wissen über die Gefahren des Internets, bessere Sozialkompetenzen. Jugendliche suchen sich damit die Unterstützung, die sie zu brauchen meinen, um im Leben Erfolg zu haben.

Doch die Generation Greta besteht aus verschiedenen Gruppen. Vor allem für diejenigen mit Problemen beim Lernen fehlt die notwendige Unterstützung in der Schule. Mit niedrigen Schulabschlüssen bleibt ihnen ein immer größerer Teil des Ausbildungsmarktes verschlossen. Hoffnung gibt, dass der bildungsstarke Teil der Generation sich wieder mehr für Fragen der Gerechtigkeit interessiert. Bei ihren Vorgängern, der Generation Y, haben sich Gymnasiasten noch eher von schwächeren Schülern abgegrenzt. Sich um Benachteiligte zu kümmern, ist im Wertekanon der Generation Greta dagegen weit nach oben geklettert.

Die Generation Greta trifft auf einen Arbeitsmarkt, der schon längst auf sie wartet. Der demografische Wandel, aber auch der lange Wirtschaftsaufschwung in ihrer Jugend haben den Markt für Fachkräfte leer gefegt. Dementsprechend entspannt gehen große Teile der jungen Generation an die Jobsuche. Sie sehen die Digitalisierung als Chance. Gleichzeitig sind sie sich bewusst, dass diese gemeinsam mit der Globalisierung noch für viele Wandel und Brüche in ihren Erwerbsbiografien sorgen wird. Die Klimakrise kann ihnen da sogar Orientierung geben. Denn die junge Generation sucht Sinn bei der Arbeit. Welchen größeren Sinn als die Rettung der Welt könnte es da geben?

Glück sucht die Generation Greta wie jede andere auch jenseits der Arbeit. Frauen und Männer haben deutlich mehr Spielraum, ihre eigene Identität zu definieren – auch die sexuelle. LGBTQI* ist für die junge Generation in fast jedem Buchstaben selbstverständlich geworden. Trotzdem bleiben Coming-outs mit vielen Unsicherheiten und Ängsten verbunden. Junge Frauen sind auch im privaten Leben längst das starke Geschlecht in der Generation Greta geworden.

Die Klimawende kommt den Wertorientierungen der jungen Leute durchaus entgegen. Weniger Konsum kann weniger Arbeit bedeuten, um diesen zu finanzieren. Nicht umsonst träumen Luisa Neubauer und Alexander Repenning von der 30-Stunden-Woche. Die gewonnene Zeit würde die Generation Greta insbesondere mit Freunden und Familie verbringen. In der Shell Jugendstudie 2019 steht das eindeutig an der Spitze ihrer Wertorientierung. Die junge Generation sucht nachhaltige soziale Bindungen, in die sie gerne investiert.[3] Sie leidet, wenn die Zeit dafür fehlt.

Rücksicht auf die Umwelt, aber auch auf die eigene Gesundheit zu nehmen, steht in der Wertorientierung an zweiter Stelle. Im Laufe der letzten 15 Jahre ist vor allem das Umweltbewusstsein stark angestiegen, parallel zu der positiven Bewertung des politischen Engagements. Beachtlich ist auch die gestiegene Bereitschaft, sich um benachteiligte Menschen zu kümmern und unterschiedliche Einstellungen zu tolerieren.

Es sei ein Trugschluss, dass Klimaschutz nur dann funktioniere, wenn niemand etwas verliere, weil er sonst ungerecht und nicht durchsetzbar sei, schreibt Felix Ekardt. »Richtig dagegen ist, dass es sozial viel fataler ist, nichts oder viel zu wenig gegen den Klimawandel zu tun.«[4] Fridays for Future fordert deshalb »Climate Justice«, Klimagerechtigkeit, und bezieht damit auch diejenigen mit ein, die wirtschaftlich prekär leben. Auch darin liegt die Chance des Kampfs gegen die Klimakrise.

Insgesamt haben bei der Generation Greta die Werte Bedeutung, die Sinn stiften und eine hohe Lebensqualität sichern. Dazu gehören ein guter Lebensstandard, aber auch Gesetz und Ordnung zu respektieren sowie fleißig und ehrgeizig zu sein. Demgegenüber verlieren materialistische Orientierungen und solche, die auf persönliche Macht und Durchsetzungskraft ausgerichtet sind, an Bedeutung. Dagegen will die Generation Greta sich deutlich stärker mit Zukunftsfragen auseinandersetzen, ihre eigenen Belange artikulieren und sich Gehör verschaffen.

Die junge Generation trägt den Namen einer jungen Frau, weil alle diese Tendenzen besonders stark bei den Mädchen und jungen Frauen ausgeprägt sind. Sie sind die Trendsetter. Bei ihnen sind zum Beispiel die Akzentsetzungen in Richtung eines gesundheits- und umweltbewussten Verhaltens sowie Hilfe für sozial Benachteiligte deutlich gestiegen und liegen deutlich über den Werten bei den jungen Männern.[5] Wahrscheinlich ist durch diese aktive Orientierung inzwischen auch ihr Bestreben, sich selbst und ihre Bedürfnisse gegenüber anderen durchzusetzen, genauso hoch wie das der jungen Männer. Die Männer sind im Vergleich stärker materialistisch und auf Macht und Einfluss ausgerichtet und betonen die Werte von Tradition und Konformismus stärker als die Frauen.

Von einer Überlegenheit der Erwachsenen gegenüber den Jugendlichen kann deshalb auch keine Rede mehr sein. Im Grunde nämlich wirft Fridays for Future den älteren Generationen vor, kein angemessenes Konzept für die Gestaltung ihres Lebens entwickelt zu haben, sondern in trägen und bequemen Konsum- und Mobilitätsmustern stecken geblieben zu sein.

So sehr die Klimakrise also auch ihre Lebensgrundlage gefährdet – nicht nur für sie, auch für die Gesellschaft dürfte die Tatsache, dass sie den Kampf aufgenommen hat, das Beste sein, was passieren konnte. Wer die Generation Greta ernst nimmt, kommt nicht umhin zu denken: Hätten wir doch früher auf sie gehört. Denn das Klima ist erst der Anfang.

ANMERKUNGEN

Vorwort

1 Thunberg 2019b.

Kapitel 1: Warum das Klima der Anfang ist

1 Neubauer und Repenning 2019, S. 73.
2 Wahlström et al. 2019.
3 Wahlström et al. 2019.
4 Shell Deutschland 2019, S. 49.
5 Shell Deutschland 2019, S. 63.
6 World Vision Deutschland 2010, S. 196.
7 Hurrelmann und Albrecht 2014.
8 Haunss et al. 2019.
9 Shell Deutschland 2019, S. 91.
10 Shell Deutschland 2019, S. 63.
11 Shell Deutschland 2019, S. 56.
12 Shell Deutschland 2019, S. 183.
13 Haunss et al. 2019.
14 Neubauer und Repenning 2019, S. 33.
15 Neubauer und Repenning 2019, S. 15.
16 Fridays for Future Deutschland 2019.
17 Lobo 2019, S. 10.

18 CNN 2018.

19 Wahlström et al. 2019.

20 Schelsky 1963, S. 381.

21 Haunss et al. 2019, S. 78.

Kapitel 2: Gretas Generation

1 Alles auf einmal. In: *Die Zeit*, Nr. 36/2019 vom 29.8.2019.

2 Goltz 2011, S. 203.

3 Mannheim 1928.

4 Interview mit Ulrike Jureit 2016.

5 Schröder 2018.

6 Schröder 2018.

7 Hurrelmann und Quenzel 2016; Hurrelmann und Albrecht 2014.

8 Scholz 2014; Seemiller und Grace 2017.

9 Thunberg 2019, S. 50.

10 Thunberg 2019, S. 31.

11 Thunberg 2019, S. 25.

12 Thunberg 2019, S. 53.

13 https://climateactiontracker.org/countries

14 Thunberg 2019, S. 48.

15 Studien im März 2019 ergaben, dass zwischen 55 und 59 Prozent Frauen waren. Vgl. Haunss et al. 2019, S. 72.

16 Shell Deutschland 2019, S. 52.

Kapitel 3: Schulterschluss statt Generationenkonflikt

1 https://www.theguardian.com/politics/datablog/ng-interactive/2017/jun/20/young-voters-class-and-turnout-how-britain-voted-in-2017

2 Inman 2017.

3 Koppetsch 2019, S. 11.

4 Ankenbrand und Bollmann 2014.

5 Hurrelmann, Karch und Traxler 2019, S. 41.

6 Hurrelmann, Karch und Traxler 2019, S. 39.

7 Hurrelmann, Karch und Traxler 2019, S. 41.

8 Ankenbrand und Bollmann 2014.

9 Piketty 2016, S. 46.

10 Friedrichs 2015.

11 Stiftung für die Rechte zukünftiger Generationen 2015.

12 Neubauer und Repenning 2019, S. 58.

13 Neubauer und Repenning 2019, S. 48.

14 Shell Deutschland 2019, S. 137.

Kapitel 4: Klimaprotest versus Populismus

1 Rucht 2019.

2 Neubauer und Repenning 2019, S. 184.

3 Shell Deutschland 2019, S. 77.

4 Shell Deutschland 2019, S. 61.

5 Shell Deutschland 2019, S. 79.

6 Shell Deutschland 2019, S. 51.

7 Shell Deutschland 2019, S. 81.

8 Eribon 2010, S. 134.

9 Koppetsch 2019, S. 38.

10 Zitiert nach Manow 2019, S. 34.

11 McDonald's 2019, S. 26.

12 Shell Deutschland 2019, S. 86.

Kapitel 5: Kein Bock auf Parteien

1 Shell Deutschland 2019, S. 52.

2 Shell Deutschland 2019, S. 93.

3 Forschungsgruppe Weltanschauungen in Deutschland 2019.

4 Brandt 2018; Übelhack 2019.

5 Jugendrat 2020, S. 150.

6 Shell Deutschland 2019, S. 94.

7 Ludwigsburger Kreiszeitung 2019.

8 https://www.facebook.com/f4fludwigsburg/videos/1192346880951762/

9 Reckwitz 2019.

10 Röhlig 2019.

11 Shell Deutschland 2019, S. 56.

Kapitel 6: Digital immer einen Schritt voraus

1 Lobo 2019, S. 386.

2 mpfs 2018.

3 Cuthbertson 2019.

4 Mozilla 2019.

5 Children's Commissioner 2018.

6 Shell Deutschland 2019, S. 214.

7 Baumann und Mai 2019.

8 Shell Deutschland 2019, S. 227.

9 Shell Deutschland 2019, S. 237.

10 mpfs 2018, S. 58.

11 mpfs 2018, S. 58.

12 Shell Deutschland 2019, S. 217.

13 mpfs 2018, S. 60.

14 Süddeutsche Zeitung, 9.2.2019, S. 9.

15 McDonald's 2019, S. 47.

16 Stiglic and Viner 2019; Twenge 2017a, 2017b.

17 Seemiller und Grace 2019.

18 Shell Deutschland 2019, S. 274.

19 Newman et al. 2019, S. 58.

20 Lobo 2019, S. 375.

21 Handelsblatt 2019.

22 Shell Deutschland 2019, S. 311.

23 mpfs 2018, S. 31 ff.

24 Shell Deutschland 2019, S. 53.

25 Schulz 2016, S. 167.

26 Shell Deutschland 2019, S. 54.

27 Shell Deutschland 2019, S. 243.

28 Guess et al. 2019.

29 Newman et al. 2019, S. 58.

30 Rezo 2019.

31 Beckedahl 2019.

32 Brodnig et al. 2019, S. 4.

33 Reuter 2019.

Kapitel 7: Bildung interaktiv

1 McDonald's 2019, S. 44.

2 McDonald's 2019, S. 52.

3 Fraillon et al. 2019, S. 43.

4 McDonald's 2019, S. 55.

5 Fischer 2017.

6 KMK 2015.

7 Fraillon et al. 2019, S. 121.

8 Fraillon et al. 2019, S. 42.

9 Scheiter 2017.

10 McDonald's 2019, S. 44.

11 Eickelmann 2019; Lehrer Schmidt 2019.

12 Kring und Hurrelmann 2019.

13 http://gesamtschule-rosenhoehe.de/ueber-uns/

Kapitel 8: Was der Schule fehlt

1 https://www.iwkoeln.de/institut/tochterunternehmen/iw-junior.htlm

2 https://www.betterplace.org/de/projects/22346-das-grune-klassenzim mer-nachhaltiges-wirtschaften-fordern

3 Penning 2017.

4 McDonald's 2019, S. 53.

5 McDonald's 2019, S. 51.

6 McDonald's 2019, S. 51.

7 Zitiert nach La Republicca 2019.

8 McDonald's 2019, S. 53.

9 Büchner, Cornel und Fischer 2019.

10 Melzer und Schubarth 2015.

11 Jantschek 2019.

12 Nationaler Aktionsplan Gesundheitskompetenz 2018, https://www. nap-gesundheitskompetenz.de

13 Stada Gesundheitsreport 2017, https://www.stada.com/de/medien/ge sundheitsreport/gesundheitsreport-2017

14 Marchwacka 2016.

15 McDonald's 2019, S. 53.

16 Hurrelmann, Karch und Traxler 2019, S. 25.

17 Deutsche Gesellschaft für Ökonomische Bildung 2004.

18 Thunberg 2019, S. 14.

19 Heinisch 2019.

20 Ekardt 2019b.

Kapitel 9: Wer in der jungen Generation zu kurz kommt

1 Shell Deutschland 2019, S. 166.

2 Shell Deutschland 2019, S. 167.

3 Autorengruppe Bildungsberichterstattung 2018, S. 120.

4 Name geändert.

5 Hurrelmann 2013.

6 Shell Deutschland 2019, S. 166.

7 Name geändert.

8 Reiss et al. 2019, S. 60.

9 Kramer 2019.

10 Autorengruppe Bildungsberichterstattung 2018, S. 121.

11 Reiss et al. 2019.

12 AWO Bundesverband 2019.

13 Hurrelmann und Bauer 2020, S. 201.

14 Blossfeld, Blossfeld und Blossfeld 2019.

15 Quenzel und Hurrelmann 2019.

16 Reiss et al. 2019.

17 Quenzel und Hurrelmann 2010.

18 Quenzel und Hurrelmann 2010.

19 Quenzel und Hurrelmann 2019, S. 16.

20 McDonald's 2019, S. 26.

21 Reiss et al. 2019.

22 Shell Deutschland 2019, S. 184.

Kapitel 10: Arbeit im Wandel

1 McDonald's 2019, S. 92.

2 McDonald's 2019, S. 65.

3 McDonald's 2019, S. 47.

4 Dengler und Matthes 2018, S. 10.

5 Lobo 2019, S. 220.

6 Seabrook 2019.

7 Herzog 2019, S. 7.

8 McDonald's 2019, S. 44.

9 McDonald's 2019, S. 66.

10 McDonald's 2019, S. 80.

11 Bartholomäus 2019.

12 Reckwitz 2018, S. 19 ff.

13 McDonald's 2019, S. 60.

14 Herzog 2019, S. 12.

15 Shell Deutschland 2019, S. 191.

16 McDonald's 2019, S. 13.

17 Shell Deutschland 2019, S. 148.

18 Reckwitz 2018, S. 22.

19 Kring und Hurrelmann 2019, S. 79.

20 Kring und Hurrelmann 2019, S. 139.

21 Kring und Hurrelmann 2019, S. 84.

22 Shell Deutschland 2019, S. 190.

23 Autorengruppe Bildungsberichterstattung 2018, S. 140.

24 Kring und Hurrelmann 2019, S. 48.

25 Bundesinstitut für Berufsbildung 2017.

26 McDonald's 2019, S. 33.

27 McDonald's 2019, S. 28.

28 Autorengruppe Bildungsberichterstattung 2018, S. 121.

29 Kracke 2016.

30 Herzog 2019, S. 19.

31 McDonald's 2019, S. 47.

Kapitel 11: Generation Greta privat

1 Shell Deutschland 2019, S. 86.

2 Küpper, Klocke und Hoffmann 2017.

3 Heilmann, Richter und Moor 2019.

4 Shell Deutschland 2019, S. 143.

5 Shell Deutschland 2019, S. 140.

6 Shell Deutschland 2019, S. 141.

7 Shell Deutschland 2019, S. 138.

8 Shell Deutschland 2019, S. 138.

9 Shell Deutschland 2019, S. 139.

10 Shell Deutschland 2019, S. 214.

11 https://www.spiegel.de/panorama/gesellschaft/nesthocker-warum-
viele-erwachsene-noch-im-elternhaus-wohnen-a-1165435.html.

12 World Vision Deutschland 2013, S. 83.

13 Shell Deutschland 2019, S. 147.

14 Shell Deutschland 2019, S. 149.

15 Reiss et al. 2019.

16 Quenzel und Hurrelmann 2010.

17 Winter 2014.

18 Winter 2014.

19 Shell Deutschland 2019, S.189.

20 Illouz 2019, S. 113.

21 Illouz 2019, S. 102.

22 Medienpädagogischer Forschungsverbund Südwest (mpfs), JIM 2018,
S. 99.

23 Vogelgesang 2017.

24 Küpper, Klocke und Hoffmann 2017.

Kapitel 12: Warum das Klima erst der Anfang ist

1 Ulrich 2019, S. 79.

2 Neubauer und Repenning 2019, S. 225.
3 Shell Deutschland 2019, S. 109.
4 Ekardt 2019a.
5 Shell Deutschland 2019, S. 114.

LITERATUR

Ankenbrand, Hendrik; Bollmann, Ralph (2014): Deutschland wird zur Rentnerdemokratie. In: *Frankfurter Allgemeine Zeitung* 2014, 02.02.2014. Online verfügbar unter https://www.faz.net/aktuell/wirtschaft/wirtschaftspolitik/ueberalterung-deutschland-wird-zur-rentnerdemokratie-12780830.html, zuletzt geprüft am 10.11.2019.

Autorengruppe Bildungsberichterstattung (2018): Bielefeld: wbv media.

Bartholomäus, Ulrike (2019): Wozu nach den Sternen greifen, wenn man auch chillen kann? Die große Orientierungslosigkeit nach der Schule. Berlin 2019.

Baumann, Marc; Mai, Meike (2019): »Ich habe Papa schon oft gesagt, dass ich sein Handy nicht mag«. In: *SZ Magazin* 2019, 30.10.2019 (44).

Beckedahl, Markus (2019): Rezo vs. CDU – Wer ist hier alternativlos? Netzpolitik.org. Online verfügbar unter https://netzpolitik.org/2019/rezo-vs-cdu-wer-ist-hier-alternativlos/, zuletzt geprüft am 03.11.2019.

Blossfeld, Hans-Peter; Blossfeld, Gwendolin; Blossfeld, Pia (2019): Soziale Ungleichheiten und Bildungsentscheidungen im Lebenslauf. *Journal of Educational Research* 11, S. 16–30.

Brandt, Mathias (2018): Parteinachwuchs. Jugendorganisationen. Statista. Online verfügbar unter https://de.statista.com/infografik/15667/mitgliederzahl-von-partei-jugendorganisationen/, zuletzt aktualisiert am 04.10.2018, zuletzt geprüft am 26.11.2019.

Brodnig, Ingrid; Fuchs, Martin; Hammer, Luca; Holnburger, Josef (2019): Wie funktioniert Social-Media-Wahlkampf ? Eine Analyse der digitalen Wahlkampfstrategien zur Europawahl 2019 in Deutschland und Österreich. Hg. v. Friedrich-Ebert-Stiftung. Online verfügbar unter http://library.fes.de/pdf-files/id/ipa/15655.pdf.

Büchner, Roland; Cornel, Heinz; Fischer, Stefan (2019): Gewaltprävention und soziale Kompetenzen in der Schule. Wiesbaden: Springer VS.

Bundesinstitut für Berufsbildung (2017): Ausbildung Plus: Duales Studium in Zahlen. Bonn: BIBB.

Calmbach, Marc; Borgstedt, Silke; Borchard, Inga; Thomas, Peter Martin; Flaig, Berthold Bodo (2016): Wie ticken Jugendliche 2016? Lebenswelten von Jugendlichen im Alter von 14 bis 17 Jahren in Deutschland. Springer. Online verfügbar unter http://www.doabooks.org/doab?func=full text&rid=19074.

Children's Commissioner (2018): Who knows what about me? A Children's Commissioner report into the collection and sharing of children's data. Online verfügbar unter https://www.childrenscommissioner.gov.uk/publication/who-knows-what-about-me/, zuletzt geprüft am 15.12.2019.

Cuthbertson, Anthony (2019): Who controls the internet? Facebook and Google dominance could cause the »Death of the Web«. In: *Newsweek*, 02.11.2019. Online verfügbar unter https://www.newsweek.com/facebook-google-internet-traffic-net-neutrality-monopoly-699286, zuletzt geprüft am 01.11.2019.

Dengler, Katharina; Matthes, Britta (2018): Substituierbarkeitspotenziale von Berufen: Wenige Berufsbilder halten mit der Digitalisierung Schritt. In: *IAB-Kurzbericht* (04).

Döring, Nikola (2014): Erotischer Fotoaustausch unter Jugendlichen. Verbreitung, Funktionen und Folgen des Sexting. Zeitschrift für Sexualforschung 25, S. 4–25.

Eickelmann, Birgit (2019): Schule und Lernen unter Bedingungen der Digitalisierung. Pädagogik, Heft 3, S. 34–37.

Ekardt, Felix (2019a): Die Kretschmannisierung der Klimapolitik. In: *Zeit online* 2019, 09.12.2019b. Online verfügbar unter https://www.zeit.de/politik/deutschland/2019-12/klimaschutz-klimapolitik-gruene-massnahmen-treibhausgase-co2/, zuletzt geprüft am 16.12.2019.

Ekardt, Felix (2019): Fridays for Future: Verfassungsschranken für Sanktionen bei schulischer Abwesenheit. Frühe Kindheit 4, S. 74–77.

Eribon, Didier (2010): Retour à Reims. Paris: Flammarion.

Fischer, Christian (2017): Pädagogischer Mehrwert? Digitale Medien in Schule und Unterricht. Münster: Waxmann.

Forschungsgruppe Weltanschauungen in Deutschland (Hg.) (2019): Partei-mitglieder 1946-2018. Online verfügbar unter https://fowid.de/mel dung/parteimitglieder-1946-2018, zuletzt aktualisiert am 13.09.2019, zuletzt geprüft am 26.11.2019.

Fraillon, Julian; Ainley, John; Schulz, Wolfram; Friedman, Tim; Duckworth, Daniel (Hg.) (2019): ICILS 2018. Preparing for life in a digital world. IEA International Computer and Information Literacy Study 2018 International Report. IEA.

Fridays for Future 2019: Unsere Forderungen an die Politik, https://fridays forfuture.de/forderungen/, zuletzt geprüft am 0.1.01.2020.

Friedrichs, Julia (2015): Wir Erben. Was Geld mit Menschen macht. Berlin: Berlin-Verlag.

Goltz, Anna von der (2011): A polarized generation? Conservative students and West Germany's »1968«. In: Anna von der Goltz (Hg.): »Talkin' 'bout my generation«. Conflicts of generation building and Europe's »1968«. Göttingen: Wallstein-Verl., S. 195–215.

Guess, Andrew; Nagler, Jonathan; Tucker, Joshua (2019): Less than you think. Prevalence and predictors of fake news dissemination on Facebook. In: *Science advances* 5 (1), eaau4586. DOI: 10.1126/sciadv.aau4586. https://advances.sciencemag.org/content/5/1/eaau4586.full

Handelsblatt (2019): Die Proteste gegen Änderungen beim Urheber-recht breiten sich aus. In: *Handelsblatt*, 02.03.2019. Online verfüg-bar unter https://www.handelsblatt.com/politik/international/upload filter-die-proteste-gegen-aenderungen-beim-urheberrecht-breiten-sich-aus/24054960.html, zuletzt geprüft am 03.11.2019.

Haunss, Sebastian; Rucht, Dieter; Sommer, Moritz; Zajak, Sabrina (2019): Germany. In: Mattias Wahlström, Piotr Kocyba, Michiel De Vydt und Joost de Moor (Hg.): Protest for a future: Composition, mobilization and motives of the participants in Fridays for Future climate protests. https://www.researchgate.net/publication/334745801_Protest_for_a_future_Composition_mobilization_and_motives_of_the_participants_in_Fridays_For_Future_climate_protests_on_15_March_2019_in_13_European_cities, S. 69–81.

Heilmann, Konrad; Richter, Matthias; Moor, Irene (2019): Jugendsexualität in Deutschland. Früher und riskanter? *Das Gesundheitswesen* 81, S. 55–61

Heinisch, Franziska (2019): Wir sind sauer auf unsere Eltern. In: *Zeit Campus* 2019, 29.03.2019. Online verfügbar unter https://www.zeit.de/campus/2019-03/klimastreik-fridays-for-future-schulstreiks-demonstrationen-klimawandel, zuletzt geprüft am 16.11.2019.

Herzog, Lisa (2019): Die Rettung der Arbeit. Ein politischer Aufruf. Berlin: Hanser Berlin.

Hurrelmann, Klaus (2013): Das Schulsystem in Deutschland. Das Zwei-Wege-Modell setzt sich durch. *Zeitschrift für Pädagogik* 59, S. 455–467.

Hurrelmann, Klaus; Albrecht, Erik (2014): Die heimlichen Revolutionäre. Wie die Generation Y unsere Welt verändert. Weinheim: Beltz.

Hurrelmann, Klaus; Bauer, Ullrich (2020): Einführung in die Sozialisationstheorie. 13. Auflage, Weinheim: Beltz.

Hurrelmann, Klaus; Karch, Heribert; Traxler, Christian (2019): Jugend, Vorsorge, Finanzen. Wird das Vertrauen einer Generation verspielt? MetallRente Studie 2019.

Hurrelmann, Klaus; Quenzel, Gudrun (2016): Lebensphase Jugend. Weinheim: Beltz Juventa

Illouz, Eva (2019): Warum Liebe endet. Eine Soziologie negativer Beziehungen. Unter Mitarbeit von Michael Adrian. Sonderausgabe für die Bundeszentrale für politische Bildung. Bonn: bpb Bundeszentrale für politische Bildung (Schriftenreihe/Bundeszentrale für politische Bildung, Band 10393).

Inman, Phillip (2017): Pensions triple lock: what you need to know. In: *The Guardian* 2017, 27.04.2017. Online verfügbar unter https://www.theguardian.com/money/2017/apr/27/pensions-triple-lock-questions-answered, zuletzt geprüft am 09.11.2019.

Jantschek, Thorsten (2019): Schlanke Körper für schlanke Unternehmen (Tacheles). Deutschlandfunk Kultur, 26.10.2019. Online verfügbar unter https://www.deutschlandfunkkultur.de/fitness-und-politik-schlanke-koerper-fuer-schlanke.990.de.html?dram:article_id=461878, zuletzt geprüft am 02.12.2019.

Jugendrat der Generationen Stiftung (2020): Ihr habt keinen Plan, darum machen wir einen! 12 Forderungen für eine bessere Zukunft. Mit einem Vorwort von Harald Lesch. Hg. v. Claudia Langer. München: Blessing.

KMK (2015): Bildung in der digitalen Welt. Bonn: KMK

Koppetsch, Cornelia (2019): Die Gesellschaft des Zorns. Rechtspopulismus im globalen Zeitalter (X-Texte zu Kultur und Gesellschaft).

Kracke, Nancy (2016): Unterwertige Beschäftigung von AkademikerInnen in Deutschland. In: *SozW* 67 (2), S. 177–204. DOI: 10.5771/0038-6073-2016-2-177.

Kramer, Bernd (2019): Die Abgehängten von morgen. In: *Süddeutsche Zeitung* 2019, 14.12.2019.

Kring, Wolfgang; Hurrelmann, Klaus (Hg.) (2019): Die Generation Z erfolgreich gewinnen, führen, binden. Herne: Kiehl.

Küpper, Beate; Klocke, Ulrich; Hoffmann, Lena-Carlotta (2017): Einstellungen gegenüber lesbischen, schwulen und bisexuellen Menschen in Deutschland. Baden-Baden: Nomos.

La Republicca (2019): Fioramonti: da settembre il clima sarà materia di studio a scuola. In: *La Repubblica* 2019, 05.11.2019. Online verfügbar unter https://www.repubblica.it/ambiente/2019/11/05/news/fioramonti_da_settembre_il_clima_sara_materia_di_studio_a_scuola-240307556/, zuletzt geprüft am 02.12.2019.

Lobo, Sascha (2019): Realitätsschock. Zehn Lehren aus der Gegenwart. 4. Auflage. Köln: Kiepenheuer & Witsch.

Ludwigsburger Kreiszeitung (2019): Lautstarker Protest von Fridays for Future endet mit Platzverweis. In: *Ludwigsburger Kreiszeitung* 2019, 20.07.2019. Online verfügbar unter https://www.lkz.de/lokales/stadt-ludwigsburg_artikel,-lautstarker-protest-von-fridays-for-future-endet-mit-platzverweis-_arid,547729.html, zuletzt geprüft am 14.11.2019.

Mannheim, Karl (1928): Das Problem der Generationen. *Kölner Vierteljahreszeitschrift für Soziologie* 7, S. 303–330.

Manow, Philip (2019): Die politische Ökonomie des Populismus. Sonderausgabe für die Bundeszentrale für politische Bildung. Bonn: bpb, Bundeszentrale für politische Bildung (Schriftenreihe/Bundeszentrale für politische Bildung, Band 10394).

Marchwacka, Maria Anna (2016): Gesundheitsbildung als Herausforderung für den Schulentwicklungsprozess. *Die Deutsche Schule* 108, Heft 3, S. 239–255.

McDonald's (2019): Die McDonald's Ausbildungsstudie 2019. Kinder der Einheit. Same same but (still) different. Unter Mitarbeit von Renate Köcher, Michael Sommer und Klaus Hurrelmann. https://karriere.mcdonalds.de/ausbildungsstudie

Medienpädagogischer Forschungsverbund Südwest (mpfs) (Hg.) (2018): JIM-Studie 2018. Basisuntersuchung zum Medienumgang 12- bis 19-Jähriger. Online verfügbar unter https://www.mpfs.de/studien/jim-studie/2018/, zuletzt geprüft am 27.10.2019.

Melzer, Wolfgang; Schubarth, Wilfried (2015): Gewalt in der Schule und die Gesundheit von Schülerinnen und Schülern. Bundesgesundheitsblatt. DOI 10.1007/s00103-015-2270-y.

Mozilla (2019): Internet Health Report. https://internethealthreport.org/2019/?lang=de, zuletzt geprüft am 18.12.2019.

Neubauer, Luisa-Marie; Repenning, Alexander (2019): Vom Ende der Klimakrise. Eine Geschichte unserer Zukunft. Stuttgart: Tropen.

Newman, Nic; Fletcher, Richard; Kalogeropoulos, Antonis; Nielsen, Rasmus Kleis (2019): Digital News Report 2019. Hg. v. Reuters Institute. http://www.digitalnewsreport.org/, zuletzt geprüft am 18.12.2019.

Penning, Isabelle (2017): Schülerfirmen aus der Sicht von Lehrenden. Wiesbaden: Springer VS.

Piketty, Thomas (2016): Das Kapital im 21. Jahrhundert. Unter Mitarbeit von Ilse Utz und Stefan Lorenzer. München: C. H. Beck (C. H. Beck paperback, 6236).

Quenzel, Gudrun; Hurrelmann, Klaus (2010): Geschlecht und Schulerfolg. *Kölner Zeitschrift für Soziologie und Sozialpsychologie* 62, S. 61-91.

Quenzel, Gudrun; Hurrelmann, Klaus (Hg.) (2019): Handbuch Bildungsarmut. Wiesbaden: Springer VS.

Reckwitz, Andreas (2018): Die Gesellschaft der Singularitäten. Zum Strukturwandel der Moderne. 6. Auflage. Berlin: Suhrkamp.

Reckwitz, Andreas (2019): Ein Ordnungsruf. In: *Die Zeit* 2019, 14.11.2019 (Nr. 47), S. 55.

Reiss, Kristina; Weis, Mirjam; Klieme, Eckhard; Köller, Olaf (Hg.) (2019): PISA 2018. Grundbildung im internationalen Vergleich. 1. Auflage. Münster: Waxmann.

Reuter, Markus (2019): Studie zur Europawahl: AfD dominiert Facebook, die PARTEI Twitter. Netzpolitik.org. Online verfügbar unter https://netzpolitik.org/2019/studie-zur-europawahl-afd-dominiert-facebook-die-partei-twitter/, zuletzt aktualisiert am 24.06.2019, zuletzt geprüft am 04.11.2019.

Rezo (2019): Die Zerstörung der CDU. Online verfügbar unter https://www.youtube.com/watch?v=4Y1lZQsyuSQ, zuletzt aktualisiert am 18.05.2019, zuletzt geprüft am 03.11.2019.

Röhlig, Marc (2019): Drei Gründe, warum so viele Ost-Millennials AfD gewählt haben – oder die Grünen. In: *Bento*, 02.09.2019. Online verfügbar unter https://www.bento.de/politik/landtagswahlen-warum-junge-waehler-in-sachsen-und-brandenburg-so-anders-gewaehlt-haben-a-3b981b09-b02a-48e7-a6d9-048ed68dfd96#, zuletzt geprüft am 26.11.2019.

Rucht, Dieter (2019): Jugend auf der Straße. Fridays for Future und die Generationenfrage. *WZB Mitteilungen* Heft 165, S. 6–8.

Scheiter, Katharina (2017): Lernen mit digitalen Medien. Schulmanagement Handbuch 164, S. 33–47.

Schelsky, Helmut (1957): Die skeptische Generation. Eine Soziologie der deutschen Jugend. Düsseldorf: Diedrichs

Scholz, Christian (2014): Generation Z. Weinheim: Wiley.

Schröder, Martin (2018): Der Generationenmythos. In: *Kölner Zeitschrift für Soziologie und Sozialpsychologie* 70, S. 469,494.

Schulz, Stefan (2016): Redaktionsschluss. Die Zeit nach der Zeitung. München: Carl Hanser Verlag.

Seabrook, John (2019): The next word. Where will predictive text take us? In: *The New Yorker* 2019, 14.10.2019.

Seemiller, Corey; Grace, Meghan (2017): Generation Z. Educating and Engaging the Next Generation of Students. In: *About Campus* 22 (3), S. 21–26. https://onlinelibrary.wiley.com/doi/abs/10.1002/abc.21293

Seemiller, Corey; Grace, Meghan (2019): Generation Z. A century in the making. London, New York: Routledge Taylor & Francis Group.

Shell Deutschland (2019): Jugend 2019 – 18. Shell Jugendstudie. Unter Mitarbeit von Mathias Albert, Klaus Hurrelmann und Gudrun Quenzel. Weinheim: Beltz

Stada Gesundheitsreport (2017): Die Gesundheitsbildung junger Erwachsener in Deutschland. Von Kantar Health. Bad Vilbel: Stada.

Stiftung für die Rechte zukünftiger Generationen (2015): Positionspapier. Der Generationen-Soli. Stuttgart: SRzG.

Stiglic, Neza; Viner, Russell M. (2019): Effects of screentime on the health and well-being of children and adolescents. A systematic review of reviews. BMJ Open, https://bmjopen.bmj.com/content/9/1/e023191.

Thunberg, Greta (2019): Ich will, dass ihr in Panik geratet! Meine Reden zum Klimaschutz. Originalausgabe. Frankfurt am Main: Fischer Taschenbuch.

Twenge, Joan M. (2017a): iGen. New York: Simon & Schuster.

Twenge, Joan M. (2017b): Have smartphones destroyed a generation? Atlantic: https://www.theatlantic.com/amp/article/534198.

Übelhack, Helene (2019): Demokratie der Alten? www.ipw.rwth-aachen.de/wp/wp-content/uploads/SSP_69_Uebelhack.pdf, zuletzt geprüft am 16.01.2020.

Ulrich, Bernd (2019): Alles wird anders. Das Zeitalter der Ökologie. 1. Auflage. Köln: Kiepenheuer & Witsch.

Vogelgesang, Verena (2017): Sexuelle Viktimisierung, Pornographie und Sexting im Jugendalter. Wiesbaden: Springer VS.

Wahlström, Mattias; Piotr Kocyba, Michiel De Vydt und Joost de Moor (Hg.): Protest for a future: Copmosition, mobilization and motives of the particpants in Fridays For Future climate protests. Online verfügbar unter https://www.researchgate.net/publication/334745801_Protest_for_a_fu ture_Composition_mobilization_and_motives_of_the_participants_ in_Fridays_For_Future_climate_protests_on_15_March_2019_in_13_ European_cities, zuletzt geprüft am 18.11.2019.

Winter, Roland (2014): Jungen brauchen klare Ansagen. Weinheim: Juventa.

World Vision (2010): Kinder in Deutschland 2010. 2. World Vision Kinderstudie. Unter Mitarbeit von Klaus Hurrelmann und Sabine Andresen. Frankfurt am Main: Fischer (Fischer, 18640).

World Vision Deutschland (Hg.) 2013: Kinder in Deutschland. Weinheim: Beltz.

Jenseits von Rosa und Hellblau

Wir haben feste Erwartungen an die Geschlechterrollen, die Jungen zu erfüllen haben. Noch immer sollen sie stark sein, ab einem gewissen Alter lieber nicht mehr weinen und keine Röcke tragen.

Der Feminist, Journalist und Vater Nils Pickert hat ein leidenschaftliches, gedanklich präzises und berührendes Plädoyer für die Freiheit von Geschlechterrollen in der Erziehung unserer Söhne geschrieben. Er beschreibt, wo diese Männlichkeits-Normierung beim Spielzeugkauf, auf dem Schulhof oder im Gefühlsleben stattfindet und wie sehr sie Jungen in ihrer Entfaltung schadet. Der Autor zeigt, wie sehr viele Jungen Fürsorglichkeit und Puppen lieben – und brauchen. Es gibt eine unendliche Vielfalt an Wegen, vom Jungen zum Mann zu werden. Wie Eltern ihre Söhne dabei unterstützen können, schildert Nils Pickert mit vielen Hinweisen und Beispielen.

Nils Pickert
Prinzessinnenjungs
Wie wir unsere Söhne aus der
Geschlechterfalle befreien
Klappenbroschur
254 Seiten
ISBN 978-3-407-86587-8

www.beltz.de **BELTZ**